墨香财经学术文库

"十二五"辽宁省重点图书出版规划项目

国家社会科学基金教育学青年课题项目(CIA140181）研究成果

石河子大学"中西部高校综合实力提升工程"高水平学术专著

Research on Investigation of Entrepreneurship Competencies
of Minority College Students and
Development Strategies in Xinjiang

新疆少数民族大学生创业能力现状调查及开发策略研究

刘追 ◎ 著

东北财经大学出版社
Dongbei University of Finance & Economics Press

大连

图书在版编目（CIP）数据

新疆少数民族大学生创业能力现状调查及开发策略研究 / 刘追著. —大连：东北财经大学出版社，2019.6

（墨香财经学术文库）

ISBN 978-7-5654-3528-7

Ⅰ．新… Ⅱ．刘… Ⅲ．少数民族–大学生–创业–调查研究–新疆 Ⅳ．G647.38

中国版本图书馆CIP数据核字（2019）第093785号

东北财经大学出版社出版发行

大连市黑石礁尖山街217号 邮政编码 116025

网 址：http：//www.dufep.cn

读者信箱：dufep @ dufe.edu.cn

大连永盛印业有限公司印刷

幅面尺寸：170mm×240mm 字数：224千字 印张：15.75 插页：1

2019年6月第1版 2019年6月第1次印刷

责任编辑：石真珍 责任校对：伊 人

封面设计：冀贵收 版式设计：钟福建

定价：45.00元

前言

　　"大众创业、万众创新"热潮在全国各地迅速兴起，大学生作为最具创新创业潜力的群体之一，其创业活动一直受到政府和高校的高度重视。在高等学校开展创新创业教育，积极鼓励高校学生自主创业，是教育部门推行的一项重要决策。少数民族大学生是民族地区创业的重要力量，政府为鼓励当地少数民族大学生自主创业，在创业教育、创业指导、行政审批、税收减免等方面加大了扶持力度。然而，少数民族大学生创业活动依旧存在创业参与度低、创业层次低、新创企业存活率低和创业绩效低等突出问题。少数民族大学生创业能力关系着其创业实践的成败，将直接影响新创企业的定位、成长和发展。

　　本书是在国家社会科学基金教育学青年项目"新疆少数民族大学生创业能力现状调查及开发策略研究"研究报告的基础上修改完成的。本书聚焦于新疆少数民族大学生创业能力开发研究，从创业能力开发的基本理论入手，在对新疆少数民族大学生创业能力现状及影响因素展开调查的基础上，分析新疆少数民族大学生创业能力目前存在的问题及原因，提出一系列符合新疆少数民族大学生特点的创业能力开发策略。全书内容共分为8章：

第1章，绪论。基于少数民族大学生创业能力课题提出的背景，介绍研究的目的、意义与研究方案设计，对研究设计的核心概念进行界定，形成研究的总体概览。

第2章，少数民族大学生创业能力开发的理论分析。通过文献梳理，厘清少数民族大学生创业能力的内涵、结构维度和影响因素，分析少数民族大学生创业能力开发的理论和方法，为后续研究奠定理论基础。

第3章，新疆少数民族大学生创业能力现状调查与分析。根据新疆教育统计资料，分析新疆少数民族大学生的基本情况；通过文献梳理和对被调查的在校少数民族大学生的实地访谈，开发少数民族大学生创业能力量表；基于问卷调查和访谈结果，分析新疆少数民族大学生创业能力的现状；基于问卷调查结果，对新疆少数民族大学生创业能力的影响因素差异性进行统计分析，探索新疆少数民族大学生创业能力在性别、民族、年龄、年级、专业、考试类别、汉语水平、亲友是否创业、使用信息技术频率、参加创业教育情况等方面的差异性。

第4章，新疆少数民族大学生创业能力的影响因素分析。分析少数民族大学生创业能力的八大影响因素现状，包括创业意愿、创业动机、创业导向、不确定性规避、全球化导向、创业学习、创业教育与民族网络。

第5章，新疆少数民族大学生创业能力存在的问题及原因分析。根据调查问卷和访谈分析结果，剖析新疆少数民族大学生在创业能力上存在的突出问题，并从个人、家庭、学校、区域四个方面探讨新疆少数民族大学生创业能力存在问题的原因。

第6章，新疆少数民族大学生创业能力的实证分析。基于"原生态"地展现少数民族大学生创业能力的形成机理，结合少数民族大学生拥有独特的文化背景、传统习俗等民族因素，用实证研究方法验证了创业动机、不确定性规避、创业学习、全球化导向、民族网络与少数民族大学生创业能力的关系，发现其创业能力形成的某些特殊性。

第7章，新疆少数民族大学生创业能力开发的典型案例。选取新疆少数民族大学生创业成功的典型案例，针对其创业经历进行分析，探讨少数民族大学生创业能力及其影响因素，对前面的理论研究和结论进行验证和回应。

第8章，新疆少数民族大学生创业能力的开发策略。基于少数民族大学生特点，从个人层面、家庭层面、学校层面、政府层面提出新疆少数民族大学生创业能力开发策略和建议。

本书将定性分析和定量分析结合，在研究过程中使用了文献研究法、问卷调查法、访谈法和案例分析法等多种方法，开发了少数民族大学生创业能力量表，全面地诠释了新疆少数民族大学生创业能力的现状及存在的突出问题，从人力资源开发视角提出相应的对策，部分研究结论对指导新时期少数民族大学生创业教育和创业实践具有参考价值。

本书是集体智慧的结晶，刘追、汤伟娜、张志菲、姜海云、闫舒迪、王玉、刘孟、陈利芳等参与了课题调研或研究报告初稿的撰写，刘追负责研究报告终稿和全书的修改、统稿工作。

由于时间仓促和能力有限，本书难免有错漏之处，希望广大读者批评指正，也希望该研究成果能为相关部门决策提供参考。

著　者

2019年3月

目录

第1章 绪论

1.1 研究背景

"创新创业"是当今最重要的关键词之一。创新型经济需要以人才和知识为依托，大学生是创新创业人才的主要源泉，其创业能力培养成为时代的必然要求。然而，大学生就业难问题在我国已有数年之久。2018年全国高校毕业生人数达820万人，较2017年增加25万人；自2011年以来，全国毕业生人数以2%～5%的同比增长率逐年增长，8年间累计毕业生人数达到5 895万人，就业形势一直严峻。教育部要求各地各高校做好大学毕业生就业创业工作，将就业创业结合起来，释放创业带动就业的"倍增效应"。创业促就业成为解决就业难问题的有效途径之一。

《全球创业观察2016/2017中国报告》显示，中国创业活动的质量不断提高，创业生态环境不断改善，但在教育培训、商务环境和研发成果转移方面改善缓慢或停滞不前。中国最活跃的创业者是18～34岁的青年，占总体创业者的比例为44.39%，可见，青年是中国创业活动的主体。

在"大众创业、万众创新"的背景下，大学生作为创业活动的主体之一，具有独特性。中国人民大学发布的《2017年中国大学生创业报告》显示，大学生创业意愿持续高涨，其中26%的在校大学生有强烈的创业意向，相应地，大学生创业比例连续5年持续增长，2015届大学生创业比例达3%，但创业成功率仅有5%左右。尽管大学生有较高的创业热情，但由于缺乏商业实践等原因，相比于社会创业者而言，创业能力明显不足。由此可见，无论是在国家层面还是在大学生群体层面，创业能力不足均是影响创业者创业成功的主要原因，因此如何提升大学生创业能力是目前应关注的问题。

少数民族大学生作为大学生中独具特色的群体，是民族地区创业的重要力量，培养与提升其创业能力对民族区域稳定与发展具有重要意义。虽然目前国家出台了较多针对大学生的创新创业政策，有较多学者关注大学生群体的创业能力，但对少数民族大学生有针对性的政策与理论研究均较少。本书将关注点移至具有特色文化背景的少数民族大学生群体，综合政府、学校、家庭及个人等多方协同视角，全面、系统地分析新疆少数民族大学生创业能力的现状及开发策略。

1.2 研究目的与意义

1.2.1 研究目的

本书聚焦于少数民族大学生创业能力开发，研究目的有三个：一是从创业能力开发的基本理论入手，采用文献研究法、问卷调查法、访谈法和案例分析法对新疆少数民族大学生创业能力现状进行调查，深入剖析新疆少数民族大学生创业能力存在的问题及其原因；二是采用实证研究方法对新疆少数民族大学生创业能力进行定量与定性分析；三是从少数民族大学生创业能力提升角度提出一系列符合少数民族大学生特点的创业能力开发新策略。

1.2.2　研究意义

1.理论意义

第一，本书系统、全面地梳理了少数民族大学生创业能力结构维度的文献，在此基础上，通过多次预调研工作，开发了新疆少数民族大学生创业能力量表，这为后续关于少数民族大学生创业能力的研究提供了新的工具。

第二，本书从多角度、多层次分析了新疆少数民族大学生创业能力现状、存在的问题及其原因，不仅为后续学者研究新疆少数民族大学生创业能力提供了系统性的分析框架，而且积累了新的资料和数据。

第三，从文化的视角分析了影响新疆少数民族大学生创业能力的关键因素，包括创业动机、不确定性规避、创业学习、全球化导向和民族网络等，并对其与新疆少数民族大学生创业能力之间的关系路径进行了演绎推理和实证检验，这为后续关于少数民族大学生创业能力的研究提供了新视角。

2.现实意义

第一，由于新疆特殊的地理环境和文化背景，新疆少数民族大学生的创业能力具有一定的特殊性，本书揭示了新疆少数民族大学生在创业能力方面的主要问题及其原因，为政府和高校开展创业教育提供了方向。

第二，本书为缓解或解决文化冲突提供了理论依据，有助于培育和提升少数民族大学生创业意识，提升少数民族大学生创业能力，培养新疆少数民族创新创业人才。

第三，本书对真正落实以创业带动就业、促进大学生充分就业、缓解少数民族就业压力、维护新疆的稳定和民族团结具有重要意义。

1.3　研究方案设计

1.3.1　研究思路

本书以新疆少数民族大学生为研究对象，通过文献研究厘清少数民族大学生创业能力的结构维度、影响因素和作用机理，形成新疆少数民族大学生创业能力调查问卷，以此剖析新疆少数民族大学生创业能力现状、存在的问题及其原因；在此基础上，对创业动机、创业学习等因素与少数民族大学生创业能力的关系进行实证分析，并通过研究创业成功的典型案例对前面的理论研究和调查结果进行验证；最后结合人力资源开发理论从政府、学校、家庭、个人等不同层次有针对性地提出培养与提升少数民族大学生创业能力的策略建议。具体的研究技术路线见图1-1。

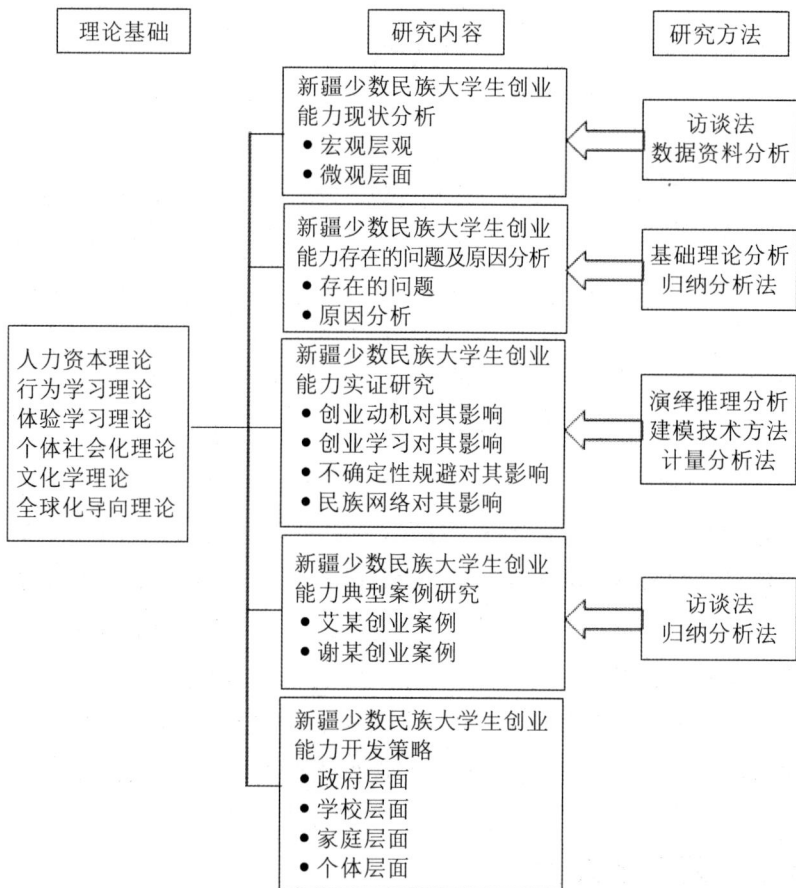

图1-1 研究技术路线图

1.3.2 研究方法

本书在研究过程中主要使用了4种研究方法：

第一，文献研究法。本书主要通过文献研究法确定大学生创业能力的相关理论和政策信息，系统梳理少数民族大学生创业能力的结构维度和影响因素。

第二，问卷调查法。本书的信息收集、相关数据的定量分析都建立在问卷调查的基础之上。在研究过程中研究团队选取8所新疆高校，对其在校少数民族大学生发放816份问卷（有效问卷745份），充分掌握新疆少数民族大学生创业能力的现实状况。

第三，访谈法。研究团队与新疆部分高校的创业教育负责人、地方创业管理负责人以及少数民族大学生创业者进行深入访谈，深度挖掘相关信息，为本书中的量表开发、策略提出奠定了基础。

第四，案例分析法。本书选择新疆少数民族大学生创业成功的典型案例验证创业能力的影响因素，并进一步研究培育和提升新疆少数民族大学生创业能力的内在机理。

1.4 研究内容

本书围绕新疆少数民族大学生创业能力开展系统性研究，内容共有8章，主要安排如下：

第1章，绪论。介绍本书的研究背景、研究目的、研究意义、研究思路、研究方法、研究内容等。

第2章，少数民族大学生创业能力开发的理论分析。首先，根据国内外研究成果的梳理与分析，对创业能力、大学生创业能力、少数民族大学生创业能力的概念与内涵进行了讨论和界定，梳理了少数民族大学生创业能力的结构维度；其次，归纳总结了少数民族大学生创业能力的影响因素，包括个人因素、家庭因素、学校创业教育、社会网络、社会氛围等5个方面；最后，结合人力资源开发、创业能力开发相关文献研究，梳理了创业能力开发相关的理论基础，归纳了少数民族大学生创业能力开发的方法。

第3章，新疆少数民族大学生创业能力现状调查与分析。首先，基于文献研究和描述性统计，分析了新疆少数民族大学生的基本情况。其次，基于文献研究与访谈法，设计开发出具有良好信度和效度的少数民族大学生创业能力量表，确定了衡量创业能力的8个维度：机会识别能力、人际关系能力、战略管理能力、创新能力、学习能力、资源整合能力、受挫能力、跨文化能力等。基于问卷调查，对新疆少数民族大学生创业能力的现状进行描述性分析。基于问卷调查，对新疆少数民族大学生创业能力的影响因素进行差异性统计分析，探索新疆少数民族大学生创业能力在性别、民族、年龄、年级、专业、考试类别、汉语水平、亲友是否创业、使用信息技术频率、参加创业教育情况等方面的差异性。

第4章，新疆少数民族大学生创业能力的影响因素分析。基于相关理论，利用调查数据分析了新疆少数民族大学生在创业能力的8个影响因素即创业意愿、创业动机、创业导向、不确定性规避、全球化导向、创业学习、创业教育与民族网络方面的现状及差异性。

第5章，新疆少数民族大学生创业能力存在的问题及原因分析。基于访谈和调查数据，从创业能力的区域差异及各维度、少数民族大学生个体特征、对培养自身创业能力的态度等3个方面对少数民族大学生创业能力存在的问题进行了剖析，并从个人、家庭、学校、区域4个方面探讨了新疆少数民族大学生创业能力存在问题的原因。

第6章，新疆少数民族大学生创业能力的实证分析。在文献回顾的基础上提出了创业动机与少数民族大学生创业能力，不确定性规避、创业教育与少数民族大学生创业能力，创业学习与少数民族大学生创业能力，全球化导向、创业学习与少数民族大学生创业能力，民族网络、创业学习与少数民族大学生创业能力之间的研究假设与理论模型，对创业动机、不确定性规避、创业学习、全球化导向、民族网络与少数民族大学生创业能力的关系进行实证分析，发现其创业能力形成的某些特殊性，从而验证了少数民族大学生创业能力的影响因素与作用机理。

第7章，新疆少数民族大学生创业能力开发的典型案例。选取新疆少数民族大学生创业成功的典型案例，基于深度访谈，对两名少数民族大学生创业者的创业实践进行细致研究，真实地展现了创业者创业的现实进程，系统地归纳和阐述了创业者在创业过程中体现出的创业能力及其存在的问题，从定性的角度对实证研究结论进行验证。

第8章，新疆少数民族大学生创业能力的开发策略。在对理论与数据分析、实证和案例研究部分做出总结的基础上，从个人层面、家庭层面、学校层面、政府层面提出符合少数民族大学生特点的创业能力开发策略和建议。

1.5 主要贡献

本书的研究贡献主要体现在4个方面：

第一，现有研究对新疆少数民族大学生创业能力的特殊性分析不够，本书结合少数民族大学生拥有独特的文化背景、传统习俗等民族因素，开发了新疆少数民族大学生创业能力量表，为后续研究提供了借鉴，弥补了这一研究领域的不足。

第二，本书较全面地展示了新疆少数民族大学生研究创业能力的现状，从人力资源开发视角提出了新疆少数民族大学生创业能力开发的策略，为验证创业教育的有效性提供了一个新的视角。

第三，目前少数民族大学生创业能力的研究成果较少，对其影响因素和形成机理的探讨还不充分，本书从多个变量"原生态"地展现新疆少数民族大学生创业能力的影响因素和形成机理，推动了这一领域的研究。

第四，国内外已有文献对大学生创业能力的研究更多的是定性研究，定量分析少，本书采用定性研究和定量研究相结合的方法，全面探究少数民族大学生创业能力的内在机理和开发规律，在研究方法上具备更强的科学性。

1.6 不足之处与研究展望

第一，本书的样本虽然来自多个民族（维吾尔族、哈萨克族、回族、柯尔克孜族、锡伯族、蒙古族等），但是所有的样本均来自于新疆地区，未来的研究可以在全国范围内进行随机抽样，进一步提高少数民族大学生创业能力研究的普适性。

第二，由于资源及时间的限制，本书所选取的少数民族大学生以维吾尔族学生居多，文化背景多元性不足，未来的研究可以进行多民族对比，特别是与汉族大学生进行对比，进一步探讨不确定性规避的影响，从而提高检验结果的普适性。同时，文化具有复杂性和多元性，本书仅从不确定性规避一个维度进行了探讨，未来的研究可以从不同维度分析文化对创业能力的影响。

第三，本书采用自评的方式采集数据、测量研究变量，因而存在一定的共同偏差问题，未来的研究可以采用配对调查或其他测量方法尽量避免此问题。

第四，本书未就民族网络对少数民族大学生创业能力中具体的能力，如机会识别能力、创新能力、资源整合能力等的影响进行深入研究，后续的研究可以在本书基础上进一步细化。

第五，本书仅探索了创业教育、创业学习的中介效应，未来的研究可以进一步识别出其他中介变量，建立更为完善的理论模型，有针对性地开展深入研究。

第2章　少数民族大学生创业能力开发的理论分析

2.1　少数民族大学生创业能力的内涵

2.1.1　少数民族大学生创业能力的基本概念

1.创业能力概念界定

"创业能力"最早由 Chandler 和 Hanks 于 1993 年提出，他们从机会视角将其定义为"识别、预见并利用机会的能力"，侧重发现和捕捉商机以获得创业成功。Cross 和 Bird（1995）从个人特质视角认为创业能力是个人拥有的特质，是个人的特殊知识、动机、性格、自身形象、社会角色和才能等经过内化、概括后形成的，通过有效利用组织的资源和机会以实现创业企业成功、发展和成熟。Man 等（2002）认为创业能力是创业者拥有的关键技能和隐性知识，是个体拥有的一种智力资本，其中包含个性、技能和知识，被视为创业者能成功履行职责的整体能力。

还有学者从综合视角定义创业能力，认为它是与创业成功和企业成长相关的一组特殊能力（Bertoni et al.，2005；Nuthall，2006），这种能力在创业实践活动中表现为复杂而协调的行为动作（张玉利和王晓文，2011），由知识、技能和态度组合形成综合能力（Kyndt & Baert，2015），具体包括机会识别能力、承诺能力、创新和创造能力、沟通能力、组织能力、管理能力、战略能力、资源整合能力、风险承担能力、洞察力、创立新企业所需的知识和技能、将创意转化为产品的实践能力等（Shane & Venkataraman，2000；Nicolaou et al.，2008；唐靖和姜彦福，2008；Zahra & Wright，2011；Bikse et al.，2011）。

可见，学者们对创业能力的定义主要分为两种观点：一种观点认为创业能力就是实现创新和企业成长的一种能力；另一种观点认为创业能力是创业者在创业活动中识别商机、抓住机会、整合资源从而实现产品、战略创新，促进企业发展的一种实践性的、创造性的、综合性的能力组合。本书综合以上两种观点，将创业能力界定为既包含创新企业的能力，又包含创业实践的综合能力，是在创业背景下，创业者能够敏锐识别商机，并迅速整合周围资源、抓住机会以实现企业创新、促进创业企业成长的综合能力。

2.大学生创业能力概念界定

大学生创业能力具有创业能力的基本内涵，但由于大学生群体的特殊性，其又富有自身的特征（纪玉超和林海涛，2011）。相对于社会从业人员和成功创业者，大学生参与的创业实践较少、社会经验不足，正处于创业能力培养和形成阶段。对大学生的创业教育不再仅仅关注创新企业或专门培训如何创建企业，而是从改变学生创业思想和行为出发，塑造个人品质、态度和技能，具体包括创新、决策、沟通、责任、风险承担、独立、自信、领导、团队精神等（Bikse & Riemere，2013）。从大学生的特征和创业教育的内容可以看出，大学生的创业能力难以通过创业实践结果衡量，目前学者们主要从大学生拥有的静态能力和活动过程中表现的动态能力两种角度展现大学生创业能力。

从静态视角界定大学生创业能力的观点主要分为两种：一种认为大学生创业能力是个人的整体品质，强调在专业领域内，个人的欲望和能力（意愿）与完成活动的潜能（知识、能力、经验、个人品质等）相适应，这种良好的品质使大学生在专业领域不断成长，并创造出新的东西，成为一个具有特殊价值和竞争能力的创业者（Makeev，2013）；另一种认为大学生创业能力是个体所拥有的利于创业成功和创业企业成长的技能和能力的综合（高桂娟和苏洋，2013），是一种高层次的综合能力（曾春水等，2005）。

从动态视角界定大学生创业能力的学者认为，大学生创业能力是活动过程中的行为展现，是大学生运用自身能力和各种资源创造财富的过程；是个人将创意转化为行动的过程，以实现创业目的（Nová，2015）；也是个人利用已有的知识和经验，创造出新颖独特的产品、成果的能力（林佩云等，2014）。在这些过程中，创业者所展现的知识、心理素质、创新精神、社交能力、道德品质等因素组成了大学生的创业能力。

综上所述，从静态和动态角度来界定大学生创业能力的内涵时，以上观点都把创新作为这一能力的核心，把实现创业作为最终的目的，并且忽视了大学生创业的"独立性"。实际上，创业者在创业之初是孤独的，他不仅要一个人研发产品、生产产品或提供服务，还要掌握资源分配的过程，有效地管理企业资金，建立良好的信誉，发展合作伙伴等。大学生普遍缺乏创业经验、人脉、资金，创业"独立性"强，这也构成了大学生创业能力的核心。本书认为，大学生创业能力是指大学生独立管理创业活动，整合资源、创新产品和服务的综合能力。

3.少数民族大学生创业能力概念界定

少数民族大学生是一个比较特殊的群体，他们长期生活在本民族的文化氛围中，其认知结构、行为方式和技能均带有鲜明的民族特色（曾维希和张进辅，2007）。调查发现，少数民族大学生创业能力体现的民族特色有：第一，少数民族大学生的创业意愿和创业技能受家庭和民族网络影响较大，当其家庭或关系网络中有创业者时，他们的创业意愿较强烈，在学校的各类活动或创业实践中发挥出较强的创业能力；第二，多数少数民族大学生把自身拥有的在民族语言和手艺、多样化的社交网络等方面的优势作为自己创业的核心竞争力；第三，民族地区具有独特的宗教和文化，少数民族大学生也具有其独特的行为特征，如喜欢与同民族的大学生交往、喜欢聚集交流等。可以看出，少数民族大学生创业能力既包含大学生创业能力的基本内涵，又有其群体特殊性，本书将少数民族大学生创业能力定义为在民族文化背景下，独立管理创业活动、整合资源、承担风险来创造社会经济价值的综合能力。

2.1.2 少数民族大学生创业能力的维度划分

为了解大学生创业能力内在构成的基本情况，本书以创业能力为关键词，在中国知网、万方、百链外文学术等数据库进行搜索，截止到2016年，获得与创业能力有关的实证及量表开发类文献共50余篇，其中英文文献20余篇，中文文献30余篇。经翻译和整理后可知，目前学者们对创业能力的结构划分并不统一，测量维度从2个至12个不等。

国外比较经典的划分是五维度和六维度创业能力结构。五维度结构包括管理能力、机会识别能力、承诺能力、技术能力和政治能力（Chandler & Jansen，1992），以及市场能力、创新能力、管理能力、风险承受能力和财务控制能力（Chen et al.，1998）；六维度结构包括风险和不确定管理能力、创新和产品开发能力、人际关系网络能力、机会识别能力、关键资源配置能力、创新环境发展能力（Noble et al.，1999），以及机会识别能力、关系能力、概念能力、组织能力、战略能力和承诺能力（Man，2001）。

国内被引用较多的是唐靖和姜彦福（2008）提出的六维度结构，即机会识别能力、机会开发能力、组织管理能力、战略能力、关系能力和承诺能力，以及张炜和王重鸣（2004）提出的八维度结构，包括概念、机会、承诺、关系、学习、组织、战略和情绪等要素。虽然学者们对创业能力的结构划分不同，但是其所表达的核心能力具有共同性：通过文献分析发现，学者们提及最多的是机会识别能力（Chandler & Jansen，1992；Noble et al.，1999；Man，2001；Naktiyok，2010；Koryak et al.，2015；唐靖和姜彦福，2008；郭海，2010；马鸿佳等，2010；张玉利和王晓文，2011；梅伟惠和徐小洲，2012；尹苗苗和费宇鹏，2013；谢雅萍和黄美娇，2014），其次是关系能力和管理能力（Chandler & Jansen，

1992；Chen et al.，1998；Man，2001；贺小刚和李新春，2005；唐靖和姜彦福，2008；马鸿佳等，2010；张玉利和王晓文，2011；尹苗苗和费宇鹏，2013；谢雅萍和黄美娇，2014），再次是战略能力、创新能力和承诺能力（Chandler & Jansen，1992；Man，2001；唐靖和姜彦福，2008；张玉利和王晓文，2011；谢雅萍和黄美娇，2014）。此外，还有学者从不同的研究视角给出了其他维度，如专业技术能力、概念能力、风险承担能力等。

在创业能力结构研究的基础上，部分学者研究了具有群体特色的大学生创业能力的结构划分，如陈晨（2011）将大学生创业能力分为核心创业能力和基础创业能力，其中核心创业能力包括创新精神和创新能力、市场分析和判断能力、组织和管理能力，基础创业能力包括道德和法律素养、心理素质和适应能力、社会活动能力；王辉和张辉华（2012）通过案例和数据分析得出了七维度的大学生创业能力模型，即机会把握力、创业坚毅力、关系胜任力、创业原动力、创新创造力、实践学习力、资源整合力；高桂娟和苏洋（2013）从专业、方法和社会3个方面构建了由实践能力、市场机遇捕捉能力、分析决策能力、创新能力、人际交往能力、挫折承受能力、谈判能力等15项能力特征组成的大学生创业能力模型；杨道建等（2014）将大学生创业能力划分为机会发掘能力、组织管理能力、战略决策能力、资源整合能力、创新创造能力和挫折承受能力；孔洁珺和臧宏（2015）从创业全过程视角提出大学生创业能力包括汇聚资源能力、机会识别能力、创业实施能力、创业管理能力及风险控制能力；陆晓莉（2015）通过专家访谈确定了七维度大学生创业能力模型，包括人际交往力、机会识别力、创新创造力、资源整合力、创业原动力、创业意志力、创业学习力；韩晨光等（2015）基于文献梳理、访谈与案例分析提出"机会-资源-团队-运行"四维度大学生创业能力评价模型；金昕（2016）从学生、社会与文献角度出发，通过数据分析得出了大学生创业能力四维度模型，在核心与基本创业能力基础上增加了创业人格与社会应对能力；陈旭阳和陈松（2016）将创业能力分为专业素养与创业品质两个维度；钟云华和罗茜（2016）在以往研究基础上提出大学生创业能力六维度，包括资源获得与资金能力、相关知识与经历、机会识别与冒险能力、管理与决策能力、人际关系与沟通能力以及生理和心理条件。

可以看出，大学生创业能力是创业能力的细化，其结构划分通常是多维度的，包含创业能力的基本构成。本书对大学生创业能力相关实证研究进行了梳理，结果表明大学生创业能力结构共包含14个维度，具体见表2-1。创业主体的改变并不会影响创业者所需要具备的一些核心能力，如机会识别能力、人际关系能力、管理能力。少数民族大学生是大学生群体中特色鲜明的一部分，调查发现，他们的创业能力除了包含创业者共有的核心能力之外，还具有一些与其民族文化相关的专有性（特色）能力，如双语能力、理解和尊重其他民族文化的能力、解决文化冲突的能力等。部分受访者还提到跨文化沟通能力会对人际网络产生较大的影响，如跨文化沟通能力强的少数民族大学生的人际交往范围更广，它也会直接影响少数民族大学生创业的领域、范围和规模。

表2-1　　　　　　　　　大学生创业能力各维度统计

序号	维度	主要文献来源
1	机会识别能力	Naktiyok（2010）；王辉（2012）；高桂娟（2013）；杨道建（2014）；韩晨光（2015）
2	人际关系能力	Naktiyok（2010）；王辉（2012）；高桂娟（2013）；韩晨光（2015）；金昕（2016）
3	管理能力	Chen等（1998）；杨道建（2014）；高桂娟（2013）
4	战略能力	Naktiyok（2010）；杨道建（2014）
5	创新能力	Chen等（1998）；Naktiyok（2010）；王辉（2012）；高桂娟（2013）；杨道建（2014）；金昕（2016）
6	技术能力	高桂娟（2013）
7	学习能力	王辉（2012）
8	资源整合能力	王辉（2012）；杨道建（2014）；金昕（2016）
9	受挫能力	Naktiyok（2010）；王辉（2012）；杨道建（2014）；高桂娟（2013）
10	风险承担能力	Chen等（1998）
11	市场营销能力	Chen等（1998）
12	财务控制能力	Chen等（1998）
13	关键人力资源开发能力	Naktiyok（2010）
14	创业原动力	王辉（2012）；陆晓莉（2015）

因此，本书将在现有大学生创业能力相关研究的基础上，利用访谈法和问卷调查法进一步对少数民族大学生创业能力的结构与测量展开研究。

2.2 少数民族大学生创业能力的影响因素

大学生创业能力的形成是多方面综合作用的结果。从其自身来看，受自身意识、知识等因素的影响；从外部因素来看，受社会、学校、家庭等因素的作用。对于少数民族大学生而言，内外部因素中又包含了民族风俗习惯和文化传统等要素，这些要素从思维方式、态度、价值观等方面对少数民族大学生创业能力产生深远影响。

2.2.1 个人因素对少数民族大学生创业能力的影响

个人特质和先前经验是创业能力有效发挥的基础，创业学习是个人特质和先前经验向创业能力转化的途径。

1.个人特质

个人特质是决定创业成败的重要因素。已有学者研究证明前瞻性人格通过创业意愿、创业态度等对创业倾向产生积极影响，创业倾向表现出个体选择创业的可能性，是一种与创业相关的相对稳定的思想和情绪。思想情绪的强弱将影响个体在日常生活中对创业能力有意识的培养程度。有学者认为个人特质是个体与生俱来的资源禀赋，也有学者认为它是个人通过后天习得而形成的稳定的心理思维及行为模式。不论是与生俱来还是后天习得，学者们都把个人特质作为创业的资源禀赋（范巍和王重鸣，2004）。个人特质是创业能力形成的内因，少数民族大学生拥有的知识、技能和能力的综合体就是创业能力的内在源泉。

2.先前经验

先前经验是创业能力形成的重要因素（Anakwe & Greenhaus，2000）。先前经验对创业能力的影响就是个体知识积累从量变到质变的过程，创业者先前的知识积累影响创业者行为，而创业行为又是创业能力的外在表现，因此具有较优先前经验的创业者更可能采取正确行动，有效地开展创业活动，包括识别出有价值的商业机会、整合到创业所需的资源、有效管理新创企业等（Man et al.，2002；Politis，2005；张玉利和王晓文，2011）。少数民族大学生在创业之前的经验是他们知识的重要组成部分，行业经验、创业经验和职业经验等组成少数民族大学生静态知识的存量，促使其在创业过程中不断学习，不断增加知识存量。

3.创业意愿

创业意愿是潜在创业者对从事创业活动与否的主观态度（范巍和王重鸣，2006），是大学生产生创业行为的先决条件。大部分学者将创业能力作为创业意愿的主要影响因素之一（文亮和李丽娜，2010；彭正霞等，2012），认为对自身创业能力评价较高的人，更有可能相信自己将来会创业（Liñán，2008）；少数学者通过实证研究发现，创业能力与创业意愿之间的因果关系并不显著，被研究对象具有的能力对其创业意愿的影响很小（谭力文等，2015；胡晓龙和徐步文，2015）。虽然已有研究对创业能力与创业意愿的关系说法不一致，但大部分学者认为创业能力与创业意愿具有显著相关性。因此，我们也可以认为少数民族大学生创业意愿与创业能力之间存在高度的相关性。

4.创业动机

创业动机是创业能力提升的驱动力，是大学生选择创业的原因，不同的创业动机需要相应的能力与之匹配，进而促进大学生不同创业能力的表现与提升（马志强等，2016）。创业动机包括追名求富、自我实现、家庭影响与社会支持。例如，当少数民族大学生的创业动机是社会支持时，他们会通过各种途径提升与社会适应与融合的能力，包括人际关系能力与资源整合能力等。总的来说，当少数民族大学生的创业动机强时，为了实现目的，他们会增强个体提高创业能力的倾向，进而促进创业能力提升。

5.创业导向

创业导向是对新进入机会的认识及采取新进入行动过程的创新性、风险承担性以及行动超前性（Miller，1983）。已有关于创业导向的研究集中在组织层面，并证实了对创业能力的影响。创业导向决定了组织的创业态势，影响创业资源的配置与管理。具有较强创业导向的组织具有创新意识，愿意承担风险并具有前瞻性，它一方面促进了组织对环境的主动观察、对信息的获取与对机会的识别，另一方面对资源提出更高的要求，进而促进组织资源整合能力的提升（尹苗苗和马艳丽，2016；吴士健等，2017）。机会识别能力与资源整合能力是少数民族大学生创业能力的重要组成部分，高创业导向促使少数民族大学生提升创业能力，以满足自身需求。

6.创业学习

经验学习理论指出，学习的过程是个体获取信息并转化信息的过程。创业学习是知识的动态形成过程。研究表明，先前经验对创业能力的影响受创业学习的模式、风格等因素的调节（张玉利和王晓文，2011；谢雅萍和黄美娇，2014），个体创业学习的模式和风格与知识获取和转化方式越匹配，创业者的先前经验越能够提升创业能力。创业学习既会影响先前经验的积累，也会影响先前经验向创业能力转化的过程。少数民族大学生创业能力的形成与发展，一是依赖于自身的知识基础，二是依赖于获取知识的欲望和积极性。

2.2.2　家庭因素对少数民族大学生创业能力的影响

德国学者戈特弗里德·海纳特指出，促发创新力最重要的因素就是父母，家庭中轻松、无拘束和活泼的气氛有助于创新活动的发展。家庭背景、家庭氛围、经济能力、社会网络、家人从事的工作等都会对大学生创业能力的形成与发展产生重要影响，在很大程度上决定了大学生创业意愿的强弱，以及是否会进行创业实践。从古丝绸之路到新丝绸之路，商业贸易是新疆少数民族重要的活动，许多家庭都有从事商业活动的成员，家庭商业氛围在潜移默化中促进少数民族大学生创业能力的形成。从事商业活动的家人或亲戚有不少成功的创业经验可供学习和借鉴，也对少数民族大学生的创业思想和动机起到引导与激励的作用。一些少数民族家庭条件比较差，但是这并没有成为其创业的阻碍，艰苦的环境反而塑造了他们吃苦耐劳、勇于担当、坚忍不拔等一系列优秀品质，同时，他们强烈的脱贫愿望有助于其培养与提升创业能力。

2.2.3 学校创业教育对少数民族大学生创业能力的影响

学校是大学生创业能力形成的主要场所。第一,高校积极推进创业教育改革,做到点和面相结合、本校与外校相结合、教师与学生相结合,营造校园创新创业氛围,有利于激发少数民族大学生的创业热情,对其个性的形成、创新能力的提高和发展具有积极的促进作用。第二,通过不断完善的创业课程体系,例如部分高校从制度、教学方法、教师等方面构建了适合少数民族大学生的创业课程,培养少数民族大学生的创新精神、创业意识和创业能力。第三,通过制订与实施人才培养计划、成立"创新创业教育教研室"、设置网络课程、建立创新创业实践基地、开展创新创业大赛等方式,使少数民族大学生获得创建新企业、转化创意和管理实践相关的系统的理论知识和实践知识,同时在人才选拔培训、创业比赛等活动中为其提供较优厚的待遇,从思想、行为、态度和技能方面综合塑造少数民族大学生的创业能力。第四,提供专业化的创新创业师资队伍,重视创业师资培训,不仅提高了创业教育质量,也为潜在的和正在创业的少数民族大学生创业者提供专业化指导。总之,高校通过不断完善创业教育体系,为少数民族大学生创业提供了知识、活动场所、设施、人才等保障,推动了少数民族大学生创业能力的提升。

2.2.4 社会网络对少数民族大学生创业能力的影响

根据社会网络理论,每个人都是社会网络的一个节点,这些节点之间通过正式或非正式的沟通交流连接在一起,以个体为中心,形成强弱交错的网络关系,个体利用周围的网络关系在其他节点选择、获取、调动各种资源,并通过对网络及节点的控制和领导,提高新创企业管理和运作能力。创业者的社会网络把创业者、创业动机和创业资源联系在一起,有利于创业者推动企业的创立和发展(Aldrich & Zimmer, 1986)。有学者把社会网络与创业过程放在一起研究,提出了"网络创立假说",发现在新企业的创建过程中嵌入社会网络时,创业者具有更强的机会识别能力、资源开发能力及创建新企业的能力(Birley, 1985;

Krueger，2000），可见社会网络能够促进创业者创立企业。也有学者提出"网络成功假说"，把社会网络嵌入新创企业的成长阶段进行研究，认为社会网络有助于创业者以较低成本获得稀缺资源，对企业绩效具有显著作用，从而帮助创业者获得成功（Macmillan & Curran，1990）。

社会网络是少数民族大学生创业学习的重要平台。新疆地域广阔、多民族融合和多宗教并存的环境使这里的少数民族性格开朗、热情，并且由于民族情结，少数民族大学生比较容易形成较大的社会网络。社会网络为少数民族大学生提供讨论、交流的平台，他们在这个平台上寻找可以模仿的创业成功者的做法，一起交流创业经验，成功的创业者指导初创者创建、管理、运作企业，少数民族大学生在这个过程中不断获得新的创业知识、转变心智模式，并在实践中将其内化成为个人的经验和技能，实现创业认知或创业行为的改变，进而促进创业能力提升。

社会网络是少数民族大学生获得资源和精神支持的重要平台。大学生的社会网络主要存在于家庭和学校中，所需的资金、人脉、物质资源也主要来自家人、同学、朋友和老师，在创业中遇到困难和挫折时，也是这些人给予他们安慰和鼓励。在访谈中，多数想要创业和正准备创业的少数民族大学生指出，他们创业时首先想到的是向家人、同学和老师寻求帮助。特别是在学校及周围进行创业的学生，在创业初期更加依赖校园的社会网络。老师为他们提供创业指导，同学则是他们重要的创业合作伙伴、客源和宣传者，校园的社会网络为其创业提供许多的资源，成为他们创业的基础与保障。家人、亲戚、老师、学生团体等群体组成的社会网络，促进了少数民族大学生的个性和创造力的发展，推动其形成创业能力。

少数民族大学生拥有鲜明的民族网络，这是其社会网络的重要体现。在民族文化、宗教信仰与民族政策等影响下，同民族大学生之间的沟通交流更加频繁与顺畅，同民族创业者的创业经验等更具有借鉴意义，相关创业信息更加贴合自身情况与需求，民族内部成员仍然是少数民族大学生获取支持与帮助的第一选择。因此，民族网络构建的强关系网成为少数民族大学生获取创业信息与资源的主要途径，对少数民族大学生创业能力形成与提升产生更大的助推力。

2.2.5 社会氛围对少数民族大学生创业能力的影响

社会氛围是人们生活环境中的气氛和情调，在人的成长、生活和工作中影响创业者的内在品质，这些内在品质又会影响创业者的能力。在社会宏观环境中，国家为引导人们积极创新创业，非常重视营造"大众创业、万众创新"的氛围，在实施过程中从硬件建设和软件建设两个方面出发，向创业者提供重要的创业资源或政策。其中，硬资源包括资金、场地、设备、基础设施建设、支撑技术、公共服务等，软资源包括市场信息、扶持政策、人员、知识、管理等方面。特别是对于地处偏远地区的少数民族群众，国家从资金、税收、设施等方面给予其更加优惠的创业政策，减少了创业失败的风险，这提高了少数民族大学生对创业失败的容忍度，促使越来越多的少数民族大学生产生创业意愿，并加入到创业行列中。在大学校园中，少数民族大学生可以在课堂上学到系统的创业知识，可以接触到更多的创业者、创业信息和创业活动，感受到更加浓郁的创业氛围，从而增加创业热情，形成创业意识，在观察、交流和实践中把创业知识内化，在这一过程中创业者和潜在创业者都会受到创业氛围的积极影响。少数民族大学生一般经济未独立，其拥有的资源主要来源于家庭或亲属，但少数民族聚集地区比较偏远、经济相对落后，家庭和亲属给予少数民族大学生的创业资源有限，因此要提高少数民族大学生的创业积极性和创业成功率，社会资源的提供必不可少。社会氛围能够直接或间接地影响少数民族大学生的创业能力，它既有正面的影响，也有负面的影响，因而需要政府、社会组织、企业等进行正确的引导。

2.3 少数民族大学生创业能力的开发

要开发少数民族大学生的创业能力，首先要在理论层面确定少数民族大学生作为特定群体的基本特征，其次要框定其创业能力的内涵和结构维度，最后要剖析少数民族大学生创业能力的影响因素。少数民族大学生创业能力的开发是一个系统性、复杂性的过程，其必定需要强有力的理论作为支持。通过对文献的整理分析，这里总结了少数民族大学生创业能力开发的相关理论与方法，为后续研究提供理论基础。

2.3.1 少数民族大学生创业能力开发相关理论

本书使用的理论包括人力资本理论、行动学习理论、体验学习理论、个体社会化理论、文化学理论、全球化导向理论，以下为各理论的具体介绍。

1.人力资本理论

现代经济活动需要大量受过训练的人，对人的投资和对物质资本的投资同样重要（Galbraith，2004）。对人的投资目的在于提升其能力，进而塑造其个体经济社会行为。早期的研究认为这些能力通过付出现实的成本经由教育过程获得，是固定在个人身上的、已经实现了的资本（亚当·斯密，1776）。随着人力资本研究的深入，一些学者提出能力的形成是多元时期的、动态的，因此人力资本的投资不再仅限于公共的人力资本投资，还包括家庭的人力资本投资（李晓曼和曾湘泉，2012）。少数民族大学生创业能力开发和培养的过程就是将少数民族大学生这一人力资源转化为人力资本的过程，这也是经济转型时期提升少数民族大学生应对就业压力的能力、发展创业经济的重要途径。人力资本理论进一步拓展了少数民族大学生创业能力的影响因素、开发途径等研究范围。

2.行动学习理论

行动学习理论是指基于同一目标下，团队成员相互协作、相互帮助以找到解决问题的方法，这种学习不仅仅是简单的"做中学"，更是强调解决问题的新方法（Revans，1983）。行动学习法的特点是：第一，强调团队成员多元化，利用团队多元化思想碰撞激发集体智慧；第二，以解决现实问题为出发点，团队成员在协同解决问题的过程中学习；第三，对于团队成员提出的众多假设和解决办法，团队成员需要加强沟通和交流，不断进行批判和反思，形成更加客观、全面的解决问题的方法；第四，学习与行动并行，不存在没有行动的学习，也不存在没有学习的行动，保持学习与行动的平衡才能达到最佳的学习效果。行动学习理论就是一个较好的指导理论，其思想、侧重点和解决问题的方法对少数民族大学生创业能力的塑造具有重要指导意义。

3.体验学习理论

体验学习是体验的主体介入实践活动，通过认知、体验和感悟在实践过程中获得新的知识、技能和态度的方法。它强调体验主体对其体验、感知、认知和行为的综合学习，既反映了学习在时间上的延续，又反映了学习在空间上的广阔，涉及生命的所有内容（朱水萍，2008）。体验学习对学校的创业课程设计及创业者个人的创业学习具有重要的指导意义。一项心理学研究表明，看到的信息仅有10%被记住，听到的信息可能有20%被记住，而亲身体验过的知识有80%被记住。基于此，将体验学习的方法运用于少数民族大学生创业教育、创业学习和创业培训，不仅能有效提升他们的创业理论知识水平和创业认知水平，激发他们潜在的创业能力，还能通过亲身体验巩固其习得的创业知识，进一步增强其显性的创业能力。

4.个体社会化理论

根据个体社会化理论的观点，大学生创业能力的培养是使大学生由"自然人"或"生物人"成长为"社会人"的社会化过程，在"社会化"培养过程中强调环境、行为和个人的交互作用（Bandura et al.，1960）。大学生创业能力培育是"大众创业，万众创新"时代的要求，对大学生群体中的"潜在创业者"和"正在进行创业实践的学生"进行创业教育和培训，使他们能够掌握创业知识、技能和能力，满足成为"现实创业者"的要求。学校对少数民族大学生的"社会化"培养体现在3个方面：一是学校为他们提供创业课程、创业比赛、创业实践基地等；二是在实践培养的过程中打造适合真实竞争环境的创业态度和技能；三是学校的创业氛围、创业群体、各类社交媒体和平台可以塑造少数民族大学生的个性和品质。个体社会化理论为少数民族大学生创业态度和创业行为的塑造提供了理论指导。

5.文化学理论

美国学者拉里·A.萨姆瓦等人认为，文化会在人的潜意识里对人的生活产生深远的影响。民族文化对维吾尔族、哈萨克族、柯尔克孜族、回族等少数民族商业思想产生了深远的影响。少数民族经典书籍中记载有许多关于经商的详细内容，鼓励人们外出经商。少数民族群众在长期的商业活动中形成了特殊的商业嗅觉，善于捕捉商品信息，对市场供需情况和发展趋势具有敏锐的观察分析能力，这些传统和条件为少数民族大学生创业奠定了坚实的基础。同时，共同的民族网络形成了少数民族交往的纽带，这使得他们在商业交往中更容易建立信任、相互支持和合作。

少数民族文化对少数民族大学生创业活动的影响还体现在民族手工艺品上，这些手工艺品经过改良与加工，变成民族特色与时代元素相融合的新产品，这种创新就是其创业的核心竞争力。少数民族文化中的另一个最具有优势、最能影响其商业活动的因素是语言，少数民族大学生能掌握两种以上语言，这不仅使得具有民族特色的商品能够顺利流通，还能使商业活动更加顺畅。此外，少数民族聚集地多处于偏远地区，生活条件较差，他们在生活中已经磨炼出坚忍不拔、吃苦耐劳的民族特性，加上"善商贾之道，精于计算"，积累了储财理财的经验，这使得少数民族大学生创业更加具有优势。

6.全球化导向理论

全球化导向表示人们面对全球化过程中文化适应的心理过程，包含多元文化习得和民族文化保护两个维度，其中多元文化习得是对全球化的一种积极主动的应对，而民族文化保护采取的是一种防御态度。多元文化习得是指面对多元文化，个体主动获得新文化的过程，包含承认文化差异，主动学习其他文化习俗、传统、规范和语言等，以及进行积极的社会接触。民族文化保护是指个体面对外部文化的影响，传承、保护民族文化的防御过程。他们在这一过程中坚持本民族文化的规范与信仰，相信自己文化的优越性，而对多元文化接触与交流产生不安反应。多元文化成为创业新情境，也是培养创业能力需要考虑的主要因素，对于处于多民族聚居区的少数民族而言，多元文化情境尤为明显。全球化导向影响创业者的人际关系与跨文化接触（Chen et al., 2015），为少数民族大学生创业能力的培养与提升提供新的理论指导。

2.3.2 少数民族大学生创业能力开发的主要方法

创业能力在知识、技能和经验获取的过程中逐渐形成，创业能力开发伴随着创业的各个阶段。依据创业过程中的能力需求，创业者可以选用适合的开发方法。目前，开发创业能力的方法有两类：一是基于公共教育的宏观创业能力开发，如大学或学院创业课程、创业竞赛、创业讲座等；二是基于各类组织、企业和群体开展的创业学习、创业培训研究等。对少数民族大学生来说，学校的创业教育、社会的创业培训与创业实践活动是其提升创业能力的主要途径（刘预和朱秀梅，2008）。结合人力资源开发、创业能力开发相关文献研究和实践调查，我们总结出少数民族大学生创业能力的开发方法有以下几种：

1.环境开发

环境开发的目的在于优化和合理利用人力资源开发的环境，包括社会环境、工作生活环境等。少数民族大学生创业能力的培养与提升需要政府、学校、家庭的协同作用，良好的创业环境有助于其创业能力的开发。例如，政府方面营造良好的社会创业支持环境，制定并宣传创业政策，使少数民族大学生更好地了解创业政策，增强创业意愿；人是社会性动物，易受身边人的影响，当身边有亲友、同学积极进行创业实践时，少数民族大学生自身的创业动机也能够得到激发；学校是少数民族大学生学习、生活的主要场所，学校营造良好的创业支持环境，如举办创业活动、制定创业的激励措施等，有助于少数民族大学生增强创业兴趣与热情，有利于其充分利用学校的学习环境提升创业能力；家庭的支持是少数民族大学生创业得以持续的重要力量，家庭支持环境的营造同样影响少数民族大学生创业能力的培养与开发。因此，在少数民族大学生创业能力开发过程中，应协同各方力量，营造有利于创业的环境，为少数民族大学生创业能力提升提供保障。

2.自我开发

个人是一切行为的主体，是创业能力开发的主体，因此自我开发在少数民族大学生创业能力培养与提升中占据主体地位。个体层面的自我开发包括制定人生和职业生涯规划、加强自我学习和实践、养成良好习惯、勇于并善于思考、保持健康积极的心态等（颜世富，2007）。人生与职业规划是创业的起步，将创业作为一种选择纳入人生规划是良好的创业开端，不断的自我学习和实践是创业能力提升的主要途径，而良好的习惯如学习、创新等是创业能力的主要成分。创业不是一件一帆风顺的事，目前大学生创业的成功率依旧很低，因此在创业过程中健康积极的心态是克服阻碍的保障，也是少数民族大学生创业能力提升的重要基础。因此，少数民族大学生在创业能力开发过程中，要将自我开发放于首要位置，将创业纳入自己的选择，关注自身的思想与行为，培养创业意愿与创新创业素质，以实现自身创业能力的提升。

3. 创业教育

创业教育包括一系列理论与实践相结合的课程，帮助大学生解决创业"是什么"、"为什么"和"怎么做"三个问题，创业教育的内容主要包括创业知识和技能两方面，前者包括前人经验、企业管理理论、创业理论等，后者包括机会识别、风险应对、创立企业等方面的技巧、方法等。如果一个地区想要获得或保持竞争力，它必须进行人才投资，包括增强人的技能、适应能力和创新能力，这意味着这个地区必须在创业态度上进行彻底的改变，而这一改变要从早期教育开始推动，逐渐贯彻创业精神。目前，社会上的创业教育活动主要以本科、职业院校等为主导，以培养学生的创造性人格、创业兴趣、创业热情，开发其学习、管理、资源获取等的能力，锻炼其创新意识、创新思维和实践能力为目标，覆盖全校学生，积极培养创业者和潜在创业者（梅伟惠，2012）。由于受大学发展理念、课程、师资队伍、创业实践平台等方面的限制，现在许多学校的创业教育和培训流于形式。因此，未来创业教育将逐步实现自主创业教育、素质教育和正规教育三者的融合，为少数民族大学生创业能力开发提供更多选择路径。

4. 创业培训

目前，社会上进行创业培训的组织机构包括本科院校、职业院校、政府相关部门、各类营利性或非营利性组织，意在系统地培养具有创办小企业意向和条件的人员，帮助其树立正确的创业理念，学习创建新企业的知识和技能，指导正在进行创业的人制订切实可行的创业计划，为创业者提供政策扶持和服务，帮助他们成功创办企业。少数民族大学生主要通过课堂培训、拓展培训、职业培训、职场培训、自我培训、实习培训、实践培训等方法，激发创业意识、树立创业理念、积累创业知识、开发创业思维、培养创业素质、展开创业行动、培育创业能力等（黄湖滨等，2014）。

5.创业学习

创业学习贯穿于少数民族大学生创业的各个阶段，他们通过各种网络资源、书籍、导师、创业培训课程等学习创业理论知识、积累创业实践经验及获得创业指导等，其学习方法包括探索式、转化式、吸纳式、直接学习、模仿学习、错误发现及纠正等方式。Corbett 和 Hmieleski（2007）提出了不对称创业学习模型，指出信息是静态的，可以通过信息摘取和信息转化获取信息。少数民族大学生在创业的不同阶段将会面对不断变化的创业环境和创业人物，因此未来更需要动态的创业学习。

2.4 本章小结

本章以创业能力相关理论为指导，分析了少数民族大学生创业能力的内涵、影响因素和开发方法，具体包括以下内容：第一，讨论和界定了创业能力、大学生创业能力、少数民族大学生创业能力等核心概念，结合少数民族大学生的特点梳理了少数民族大学生创业能力的结构维度。第二，分析了少数民族大学生创业能力的影响因素，包括个人因素、家庭因素、学校创业教育、社会网络和社会氛围等。少数民族大学生创业能力既受自身意识、知识等因素的影响，又受家庭、学校、社会等外部因素的影响，是内外部因素相互作用、相互融合的结果。第三，结合人力资源开发、创业能力开发相关文献研究和实践调查，归纳了少数民族大学生创业能力开发相关理论，包括人力资本理论、行动学习理论、体验学习理论、个体社会化理论、文化学理论和全球化导向理论等。第四，根据人力资源开发、创业能力开发相关文献和理论，总结出少数民族大学生创业能力开发的5种主要方法，即环境开发、自我开发、创业教育、创业培训和创业学习。

第3章　新疆少数民族大学生创业能力现状调查与分析

3.1　新疆少数民族大学生基本情况

新疆维吾尔自治区成立60多年以来，自治区党委、人民政府认真落实党的民族教育政策，大力发展少数民族高等教育，突出少数民族人才的培养，新疆少数民族教育事业取得了巨大成就，为自治区经济社会发展提供了大量少数民族人才。

3.1.1　总体情况

新疆少数民族大学生[①]总量持续增加，成为新疆地区大学生主要构成部分。截至2015年底，新疆少数民族大学生为139 443人，较2014年增加9 746人，净增7.5%。新疆少数民族大学生占到全区大学生总数的

[①]　少数民族大学生指新疆各高校在册全日制在校非汉族大学生，包括大学本科、大学专科两个层次，不包括研究生。

45.8%，较2014年提升1.1%，具体见表3-1。

表3-1　　　　　新疆少数民族在校大学生总体情况　　　　单位：人，%

	2014年			2015年			
	全区人数	少数民族		全区人数	少数民族		
		人数	占全区比重		人数	占全区比重	较2014年增减
本科生	155 105	65 749	42.4	161 878	70 626	43.6	7.4
专科生	135 313	63 948	47.3	142 804	68 817	48.2	7.6
总数	290 418	129 697	44.7	304 682	139 443	45.8	7.5

资料来源：新疆维吾尔自治区教育厅，时间截至2015年底，下同。

3.1.2　学历层次情况

新疆少数民族本科层次大学生数量与专科层次大学生数量同步增长，二者达到持平状态。截至2015年底，新疆少数民族本科大学生有70 626人，较2014年增加4 877人，净增7.4%；少数民族专科大学生有68 817人，较2014年增加4 869人，净增7.6%。新疆少数民族大学生学历结构得到优化，少数民族本科大学生占全区少数民族大学生总数的50.6%，专科大学生占全区少数民族大学生总数的49.4%，具体见表3-2。

表3-2　　　　新疆少数民族大学生学历层次分布情况　　　　单位：人，%

学历	人数	比重
本科生	70 626	50.6
专科生	68 817	49.4
合计	139 443	100

3.1.3　民族分布情况

新疆少数民族大学生主要来自维吾尔族、哈萨克族、回族、柯尔克孜族、蒙古族5个民族，呈现出高度集中状态，这符合新疆少数民族人口的分布特点与现实状况①。截至2015年底,维吾尔族、哈萨克族、回族、柯尔克孜族、蒙古族等5个民族的大学生共有134 192人,占全区少数民族大学生总数的96.2%,而其他少数民族大学生占全区少数民族大学生总数的比例不足4%。

具体来看,维吾尔族大学生有95 759人,占全区少数民族大学生总数的68.7%,位居各少数民族首位;哈萨克族大学生有21 343人,占全区少数民族大学生总数的15.3%;回族大学生有12 113人,占全区少数民族大学生总数的8.7%;柯尔克孜族大学生有2 669人,占全区少数民族大学生总数的1.9%;蒙古族大学生有2 308人,占全区少数民族大学生总数的1.7%,具体见表3-3。

表3-3　　　　　　新疆少数民族大学生民族分布情况　　　　单位:人,%

	维吾尔族	哈萨克族	回族	柯尔克孜族	蒙古族	其他	小计
人数	95 759	21 343	12 113	2 669	2 308	5 251	139 443
比重	68.7	15.3	8.7	1.9	1.7	3.8	100

3.1.4　高校分布情况

根据教育部公布的全国高校名单,截至2015年底,新疆共有44所普通高校。少数民族大学生数量多、比例高是新疆高校的一大特点。其中,新疆大学、新疆师范大学、新疆农业大学、喀什大学、新疆工程学院、新疆财经大学、乌鲁木齐职业大学、新疆医科大学和伊犁师范学院容纳的少数民族大学生数量均超过5 000人,这9所高校共有少数民族大学生63 895人,占全区少数民族大学生总数的45.8%。其中,新疆大学是新疆唯一一所少数民族大学生超过万人的高校,具体见表3-4。

---

① 根据2015年《新疆统计年鉴》,截至2014年底,新疆超过10万人的少数民族包括维吾尔族(1 127.19万)、哈萨克族(159.87万)、回族(105.85万)、柯尔克孜族(20.24万)、蒙古族(18.53万)。尽管新疆有46个世居少数民族,但维、哈、回、柯、蒙等五族人口占到新疆少数民族人口总数的97.8%。

表 3-4　　　　　　　新疆各高校少数民族大学生分布情况　　　　　单位：人，%

	新疆大学	新疆师范大学	新疆农业大学	喀什大学	新疆工程学院	新疆财经大学	乌鲁木齐职业大学
少数民族在校生数	10 375	8 021	7 505	7 321	7 079	6 402	5 953
占全校在校生比重	51.4	51.5	50.5	63.5	47.7	57.6	50.5
	新疆医科大学	伊犁师范学院	新疆职业大学	塔里木大学	新疆轻工职业技术学院	和田师范专科学校	新疆农业职业技术学院
少数民族在校生数	5 789	5 451	4 717	4 306	4 258	4 114	4 042
占全校在校生比重	56.2	50.1	48.4	29.5	40.0	76.5	39.7
	新疆交通职业技术学院	新疆师范高等专科学校	昌吉学院	新疆现代职业技术学院	新疆农业大学科学技术学院	昌吉职业技术学院	新疆财经大学商务学院
少数民族在校生数	4 014	3 989	3 845	3 332	2 838	2 838	2 705
占全校在校生比重	50.6	71.9	48.5	79.8	50.0	39.4	47.3
	阿克苏职业技术学院	巴音郭楞职业技术学院	新疆大学科学技术学院	伊犁职业技术学院	克拉玛依职业技术学院	新疆维吾尔医学专科学校	石河子大学
少数民族在校生数	2 571	2 462	2 385	2 306	2 245	2 187	2 080
占全校在校生比重	62.6	49.7	44.1	76.5	42.9	96.3	9.1

续表

	新疆建设职业技术学院	新疆警察学院	新疆艺术学院	新疆应用职业技术学院	新疆医科大学厚博学院	新疆天山职业技术学院	新疆铁道职业技术学院
少数民族在校生数	2 055	1 928	1 870	1 807	1 723	1 626	907
占全校在校生比重	46.9	40.9	47.7	48.9	46.0	37.3	42.3

	新疆石河子职业技术学院	新疆能源职业技术学院	新疆体育职业技术学院	哈密职业技术学院	新疆科技职业技术学院	新疆兵团警官高等专科学校	新疆机电职业技术学院
少数民族在校生数	661	496	355	248	221	173	155
占全校在校生比重	8.9	29.7	84.9	44.7	35.4	13.6	—

	石河子大学科技学院	新疆生产建设兵团兴新职业技术学院
少数民族在校生数	57	32
占全校在校生比重	10.4	2.5

注："一"表示数据缺失。

3.1.5 区域分布情况

由于新疆普通高校"北多南少",所以少数民族大学生分布也呈现出"北多南少"的特点,即北疆地区数量大、分布较密,南疆地区数量小、分布零散。从数量看,北疆地区少数民族大学生多达116 382人,占全区少数民族大学生总数的83.5%,而南疆地区少数民族大学生为 22 961 人，仅占全区少数民族大学生总数的 16.5%，南北疆地区少数民族大学生数量之比约为 1∶5。从区域看，北疆少数民族大学生主要分布在乌鲁木齐、昌吉、伊宁三市，其中乌鲁木齐有 90 729 人，占全区少数民族大学生总数的 65.1%，昌吉有 10 725 人，占比 7.7%，伊宁有 9 564 人，占比 6.9%；南疆少数民族大学生主要分布在喀什、和田、阿拉尔三市，其中喀什有 7 321 人，占比 5.3%，和田有 6 301 人，占比 4.5%，阿拉尔有 4 306 人，占比 3.1%，具体见表 3-5。

表 3-5　　　　　　　　**新疆少数民族大学生地域分布情况**　　　　单位：所、人、%

区域	城市	高校		在校生	
		名单	小计	数量	占比
北疆	乌鲁木齐	新疆大学、新疆农业大学、新疆财经大学、新疆医科大学、新疆师范大学、新疆艺术学院、新疆工程学院、新疆警察学院、新疆大学科学技术学院、新疆农业大学科学技术学院、新疆医科大学厚博学院、新疆财经大学商务学院、乌鲁木齐职业大学、新疆机电职业技术学院、新疆轻工业职业技术学院、新疆职业大学、新疆体育职业技术学院、新疆现代职业技术学院、新疆天山职业技术学院、新疆交通职业技术学院、新疆生产建设兵团兴新职业技术学院、新疆师范专科学校、新疆铁道职业技术学院、新疆建设职业技术学院、新疆科技职业技术学院、新疆能源职业技术学院	26	90 729	65.1

续表

区域	城市	高校		在校生	
		名单	小计	数量	占比
北疆	昌吉	昌吉学院、昌吉职业技术学院、新疆农业职业技术学院	3	10 725	7.7
	伊宁	伊犁师范学院、伊犁职业技术学院、新疆应用职业技术学院	3	9 564	6.9
	石河子	石河子大学、石河子大学科学技术学院、新疆石河子职业技术学院	3	2 798	2.0
	克拉玛依	克拉玛依职业技术学院	1	2 245	1.6
	五家渠	新疆兵团警官高等专科学校	1	173	0.1
	哈密	哈密职业技术学院	1	248	0.2
	小计		38	116 382	83.5
南疆	喀什	喀什大学	1	7 321	5.3
	和田	和田师范专科学校、新疆维吾尔医学专科学校	2	6 301	4.5
	阿拉尔	塔里木大学	1	4 306	3.1
	阿克苏	阿克苏职业技术学院	1	2 571	1.8
	库尔勒	巴音郭楞职业技术学院	1	2 462	1.8
	小计		6	22 961	16.5
总计			44	139 443	100

注：本表占比指的是各城市少数民族大学生占全区少数民族大学生总数的比重。

总之，新疆少数民族大学生的基本情况反映了新疆高等教育的基本特点，既符合新疆少数民族人口构成特点，又符合南北疆经济社会发展水平。

3.2 新疆少数民族大学生创业能力调查问卷设计与实施过程

3.2.1 少数民族大学生创业能力调查问卷设计

本书调查问卷的设计过程分为三个阶段，包括文献研究、深度访谈、形成初始量表。

1.文献研究

现有文献中，关于少数民族大学生创业能力的实证研究和量表开发研究非常少见。针对这个问题，本书采用文献搜集和归纳总结的方法，参考大量国内外有关创业能力的研究成果，结合创业者的相关理论及少数民族大学生的特点，在参考并借鉴已有的成熟量表的基础上进行修订。

2.深度访谈

访谈的目的是了解少数民族大学生对创业能力的认识及评估其表现出的创业能力，开发和补充指标维度，并且通过结构式访谈总结出少数民族大学生创业能力的文化特性。访谈对象多为有创业经验、经常做兼职、在学校或班级中担任职务的少数民族大学生，共有152名。另外，为了更加全面地了解少数民族大学生创业能力的真实情况，选取2位从事创业研究的专家、6位从事少数民族大学生教育工作的教师进行访谈。

3.形成初始量表

现有研究中尚未有针对少数民族大学生创业能力的成熟且权威的量表，因此综合已有大学生创业能力量表与访谈内容，我们将经过文献整理得出的14个大学生创业能力结构维度进行提炼和整合，合并有包含关系的维度，删减意义明显重复的题项，最终获得包括10个维度、58个条目的大学生创业能力初始量表，具体包括机会识别能力、人际关系能力、管理能力、战略能力、创新能力、学习能力、资源整合能力、受挫能力、风险承担能力、关键人力资源开发能力。

3.2.2 预调研及问卷修正

1.第一轮预调研

通过文献整理和深度访谈获得少数民族大学生创业能力初始量表，在访谈的过程中同时对初始量表进行第一轮预试，筛选出适用于少数民族大学生的测量题项。然后以访谈与问卷调查相结合的方式进行研究，在获得少数民族大学生特性的基础上，结合现有大学生创业能力的共性，进一步开发出规范、严谨的少数民族大学生创业能力结构与测量题项。

在访谈过程中，研究小组在石河子大学内对初始量表展开第一轮预测试，预试内容包括两个部分：第一部分为10个维度的重要性判断；第二部分为58道测量条目。其中，维度重要性分为5个等级，"1"表示"非常不重要"、"5"表示"非常重要"；测量题项部分采用李克特（Likert）5点量表，"1"表示"非常不符合"、"5"表示"非常符合"。以随机抽样为原则，从全校少数民族大学生中抽取了150名同学进行问卷发放，收回问卷146份，其中有效问卷135份，有效率为92.46%。

对预试数据进行分析时，第一部分采用描述性统计分析，通过比较各维度的均值和标准差来衡量预试样本对各维度重要性的判定结果，具体见表3-6。

表3-6　　　　　　　　**各维度重要性分析结果**

维度	均值	标准差	维度	均值	标准差
机会识别能力	4.52	0.676	学习能力	4.56	0.609
人际关系能力	4.58	0.672	资源整合能力	4.39	0.656
管理能力	4.57	0.573	受挫能力	4.50	0.734
战略能力	4.52	0.645	风险承担能力	4.44	0.732
创新能力	4.67	0.575	关键人力资源开发能力	4.37	0.722

由表3-6可以看出，关键人力资源开发能力的均值最小，且标准差相对较大，即预试样本认为此维度的重要性最低，且对其理解偏差较

大。经过进一步文献回顾和题项分析，研究小组认为可将此维度各题项精简、凝练后与资源整合能力合并。

第二部分采用描述性统计分析与探索性因素分析。经描述性统计分析发现，个别题项均值偏低且方差很大。探索性因素分析的结果显示各维度包含的题项出现不规律的交换现象。此外，在发放问卷的过程中被调查者不断反映对个别题项不能理解，甚至产生误解。因此，研究小组将各维度中分布差异较大、均值偏低且方差较大以及易产生误解的题项删除，对偏学术性的措辞进行修改。

根据访谈结果，研究小组增加了具有少数民族特性的跨文化能力维度，将风险承担能力与受挫能力合并；同时，根据第一轮预试分析结果将关键人力资源开发能力与资源整合能力合并，并筛选出现有研究中适合少数民族大学生创业能力的测量题项；最终获得包括机会识别能力、人际关系能力、管理能力、战略能力、创新能力、学习能力、资源整合能力、受挫能力、跨文化能力等9个维度、50个测量条目的少数民族大学生创业能力量表。

2.第二轮预调研

在第二轮预调研中，研究小组在新疆两所被调研的高等院校共发放问卷340份，回收338份，有效问卷327份。通过数据分析发现，问卷具有较好的信度与效度，并且可以把战略能力和管理能力合并。经过第二轮预测试，形成了包括8个维度、47个条目的少数民族大学生创业能力量表，具体见表3-7。

表3-7　　少数民族大学生创业能力指标问项及文献来源

维度	问项	来源
机会识别能力	A1我可以发现生活中有发展潜力的创业机会	参考 Naktiyok（2010）、王辉（2012）、杨道建（2014）、高桂娟（2013）
	A2我通过观察他人的创业活动或创业行为，发现创业机会	
	A3我能够发现生活中没有被满足的消费需求	
	A4我会与他人交流所发现的商业机会	
	A5我对感兴趣的领域或行业非常了解	

维度	问项	来源
人际关系能力	A6我能通过各种渠道广泛结交新朋友	参考 Naktiyok (2010)、王 辉 (2012)、高桂娟 (2013)
	A7我会主动和新结识的朋友保持联系	
	A8我能与朋友互相信任	
	A9当朋友有需要时，我愿意主动提供帮助	
战略管理能力	A10我能减少风险和不确定性	参考 Chen 等 (1998)、杨道建 (2014)、高桂娟 (2013)、Naktiyok (2010)、杨道建 (2014)
	A11我能按照目标来制订计划	
	A12我能够与他人进行良好的沟通	
	A13我能够管理好获得的资金	
	A14我能够合理地分配工作任务	
	A15我能让团队成员明确各自的任务目标	
	A16我能说服别人接受任务安排	
	A17我能制订长远计划	
	A18我擅长从众多可行方案中辨别最佳方案	
创新能力	A19我善于发现新产品和服务	参考 Chen 等 (1998)；Naktiyok (2010)、王 辉 (2012)、杨道建 (2014)；高桂娟 (2013)
	A20当我需要支持时，我会向朋友、老师或家人推销我的新想法	
	A21我善于营造创新氛围，鼓励人们尝试新事物	
	A22我经常思考和关注如何才能创新	
	A23我做事情时总是有一种很强的创新意识	
	A24我经常有新的想法和点子	
	A25我看到新鲜事物会来灵感	
学习能力	A26我善于学习他人的成功经验	参考王辉 (2012)
	A27我善于倾听与学习他人的好想法	
	A28我能有效地学习解决问题的各种知识和技能	

续表

维度	问项	来源
资源整合能力	A29我可以利用他人的经验来完成目标	参考王辉（2012）、杨道建（2014）
	A30我能够通过亲朋好友、学校、政府等渠道获取创业所需资金	
	A31我能够有效利用可获得的各种资源	
	A32我善于整合分散的资源去完成一项任务或活动	
	A33我遇到困难时，容易从外部获得帮助	
受挫能力	A34我可以在持续的压力、压迫和冲突下高效地工作	参考 Naktiyok（2010）、王辉（2012）、杨道建（2014）、高桂娟（2013）
	A35我可以承受意想不到的变化和失败	
	A36面对挫折和失败，我仍能保持积极的态度	
	A37遇到困难时，我经常自我鼓励、自我激励	
	A38对自己制定好的目标，我会坚持，直到完成	
	A39做事情面对困难的时候，我不会轻易放弃	
	A40我具有很强的抗挫折能力	
	A41面对全新的工作，我勇于接受挑战	
	A42我愿意承担可能的风险	
跨文化能力	A43我能用汉语与他人进行正常交流	参考吴卫平（2013）
	A44我能够包容不同民族的价值观、饮食习惯和忌讳等	
	A45我能够尽量避免对其他民族产生片面的看法	
	A46我能够放下本民族文化优越感，欣赏文化多样性	
	A47出现跨文化交流误解时，我能够妥善解决	

3.2.3 正式问卷的样本选择与施测

1.调研过程

本书采用类型抽样的方式，为了保证所选择样本和问卷填写的质量，在调研中由1名研究创业的管理学教授和3名管理学硕士研究生进行现场解说，监督问卷填写过程。

在调查对象的选择上，为了保证研究对象在人口统计学变量上的差异性，选取南北疆不同类型的学校，具体包括石河子大学、新疆财经大学、新疆农业大学、新疆师范大学、塔里木大学5所本科院校，新疆农业职业技术学院、昌吉学院、巴音郭楞职业技术学院3所专科学院，并且在选取调查对象时尽量保持随机性。

研究小组拟订具体调查方案，在与被调研学校进行沟通并了解学生基本信息的基础上实施调研。先对部分调查对象进行访谈，然后让其填写调查问卷。

调查问卷由研究小组现场统一发放，研究小组成员先对问卷目的、意义和填写要求进行说明，调查结束后向填写认真的学生赠送精美小礼品。另外，小组成员及时收集反馈意见，对被调研者反映的问卷中难懂、表述不清楚等有问题的题项，进行记录和整理，作为问卷修改的重要依据。

2.样本选择

正式问卷的调研对象包括800名少数民族大学生，剔除无效问卷55份（剔除的标准为"填写不完整，信息不完整，结果统一为某一选项"），最终得到有效问卷745份，有效回收率为93.13%。样本的基本情况见表3-8。

3.信效度检验

（1）信度分析

对量表的信度进行分析，以验证题项的可靠性和稳定性。用SPSS19.0对少数民族大学生创业能力量表（共47个条目）进行信度分析，得出量表内部一致性系数（Cronbach's α 系数）为0.963。

（2）效度分析

效度分析包括表面效度、内容效度和构念效度3个方面。表面效度是指问卷调查的直观内容（如语句表述、问卷印制等）是否符合调研目的；内容效度是指问卷题目对有关内容或行为取样的适用性，从而确定问卷是不是所欲测量对象的代表性取样；构念效度是效度分析中最重要的部分，是指构念的定义与测量对象之间的一致程度，一般采用因子分

表3-8 问卷被试人员基本情况（N=745）

名称	类别	人数（人）	占比（%）	名称	类别	人数（人）	占比（%）
性别	男	239	32.1	专业	管理学	206	27.6
	女	506	67.9		经济学	81	10.9
民族	维吾尔族	492	66		法学	67	9
	哈萨克族	168	22.6		教育学	76	10.2
	回族	7	0.9		理学	96	12.9
	柯尔克孜族	40	5.4		工学	26	3.5
	蒙古族	21	2.8		农学	76	10.2
	锡伯族	7	0.9		医学	95	12.8
	其他	10	1.3		文学艺术	22	3
年龄	19岁以下	60	8.1	亲友创业	有	365	49
	19～21岁	252	33.8		没有	380	51
	22～24岁	422	56.6	考试类别	民考民	311	41.7
	25岁及以上	11	1.5		民考汉	172	23.1
年级	大一	66	8.9		双语班	183	24.6
	大二	224	30.1		普通高考	79	10.6
	大三	255	34.2	学习生活中使用信息技术频率	偶尔或基本不使用	36	4.8
	大四	200	26.8		1周1次	32	4.3
汉语水平	三级	361	48.5		1周2～4次	79	10.6
	四级	206	27.7		每天	341	45.8
	没考	178	23.9		随时	257	34.5

析的方法检验问卷的构念效度。

为保证问卷的表面效度，在正式发放问卷之前，进行了访谈和预调研，根据调研对象的反馈修改、调整了问卷中容易产生理解歧义的表述项。此外，在被调查者填写问卷之前，就研究目的向每个被调查者进行具体解释和说明，并针对被调者的疑惑进行解答。在内容效度方面，采取了定性的方法来保证问卷的内容效度。定性的方法包括在建立研究模型和提出研究假设的阶段，对少数民族大学生和从事少数民族大学生管理和教学工作的教师进行深度访谈，以确定构念边界和测量条目，并就指标的测量是否符合他们的主观判断进行评价。在构念效度方面，主要通过因子分析对问卷指标的构念效度进行测量和评价。少数民族大学生创业能力的KMO值为 0.967，且巴特利特（Bartlett）球形检验统计值的显著性为0.000，说明指标之间的相关度较高，可以做因子分析，具体见表3-9。

表3-9　创业能力的KMO测度和巴特利特球形检验结果（N=745）

KMO样本测度		0.967
Bartlett球形检验	近似卡方	17 304.74
	df	1 081
	sig.	0.000

根据指标的公共度检验每一项指标对公因子的共同依赖程度，公共度越大，表示指标对公因子的共同依赖程度越大，说明用这些公因子来解释总体结果就越有效。一般来说，公共度大于 0.4 时，公因子的解释力较好，对公共度较小的指标可以根据经验予以剔除。创业能力各问项的公共度都在 0.4 以上，因此可以认为创业能力的公共因子能较好地解释各个指标，具体见表3-10。

表3-10　　　　　创业能力公共度检测（N=745）

指标项	初始	提取	指标项	初始	提取	指标项	初始	提取
A1	1	0.637	A17	1	0.565	A33	1	0.481
A2	1	0.705	A18	1	0.570	A34	1	0.644
A3	1	0.617	A19	1	0.599	A35	1	0.651
A4	1	0.610	A20	1	0.535	A36	1	0.599
A5	1	0.567	A21	1	0.575	A37	1	0.577
A6	1	0.600	A22	1	0.556	A38	1	0.602
A7	1	0.607	A23	1	0.544	A39	1	0.600
A8	1	0.601	A24	1	0.613	A40	1	0.608
A9	1	0.551	A25	1	0.627	A41	1	0.536
A10	1	0.458	A26	1	0.577	A42	1	0.515
A11	1	0.546	A27	1	0.649	A43	1	0.677
A12	1	0.526	A28	1	0.638	A44	1	0.575
A13	1	0.596	A29	1	0.562	A45	1	0.682
A14	1	0.544	A30	1	0.574	A46	1	0.636
A15	1	0.626	A31	1	0.737	A47	1	0.654
A16	1	0.718	A32	1	0.585			

注：提取方法：主成分分析。

对创业能力的47个条目进行因子分析，萃取出8个因子，这8个因子累计解释了总体方差变异的58.258%，各因子载荷见表3-11。

表3-11 旋转后的创业能力载荷矩阵（N=745）

因子	题项	因素荷重							
		1	2	3	4	5	6	7	8
1	A1					0.591			
	A2					0.687			
	A3					0.653			
	A4					0.618			
	A5					0.567			
2	A6								0.477
	A7								0.622
	A8								0.620
	A9								0.517
3	A10		0.512						
	A11		0.463						
	A12		0.402						
	A13		0.559						
	A14		0.534						
	A15		0.490						
	A16		0.560						
	A17		0.562						
	A18		0.533						
4	A19			0.513					
	A20			0.544					
	A21			0.583					
	A22			0.569					
	A23			0.646					
	A24			0.706					
	A25			0.513					

因子	题项	因素荷重							
		1	2	3	4	5	6	7	8
5	A26							0.639	
	A27							0.614	
	A28							0.497	
	A29							0.405	
6	A30						0.701		
	A31						0.715		
	A32						0.588		
	A33						0.599		
7	A34	0.532							
	A35	0.647							
	A36	0.659							
	A37	0.652							
	A38	0.615							
	A39	0.568							
	A40	0.600							
	A41	0.480							
	A42	0.494							
8	A43				0.723				
	A44				0.676				
	A45				0.770				
	A46				0.710				
	A47				0.720				

累计解释总体方差变异：58.258%

注：因子萃取方法采用主成分分析法；因子旋转方法采用最大方差法。

各因子分别代表少数民族大学生的机会识别能力、人际关系能力、战略管理能力、创新能力、学习能力、资源整合能力、受挫能力、跨文化能力等创业能力的 8 个维度。

3.3 新疆少数民族大学生创业能力的现状

调研发现，新疆少数民族大学生的各项能力参差不齐，不同地域少数民族大学生的各项能力的强弱也不同。

3.3.1 少数民族大学生创业能力的总体情况

目前新疆少数民族大学生创业能力的均值为 3.644，标准差为 0.533。创业能力各维度按均值由高到低排序依次为：跨文化能力、人际关系能力、学习能力、受挫能力、战略管理能力、创新能力、资源整合能力、机会识别能力。其中，少数民族大学生在跨文化能力、人际关系能力、学习能力上表现出了相对较高的水平，均值分别为 3.876、3.724、3.716；在机会识别能力、资源整合能力以及创新能力方面水平较差，其中机会识别能力的均值最低，为 3.447，资源整合能力的均值为 3.467，且其个体间的差异性最大，标准差为 0.708，创新能力的均值为 3.577；战略管理能力与受挫能力的均值较高，分别为 3.660、3.670，且标准差相对较小，分别为 0.614 和 0.618，表明接受调查的少数民族大学生的战略管理能力与受挫能力水平较高，且个体间差异性较小，具体见图 3-1。

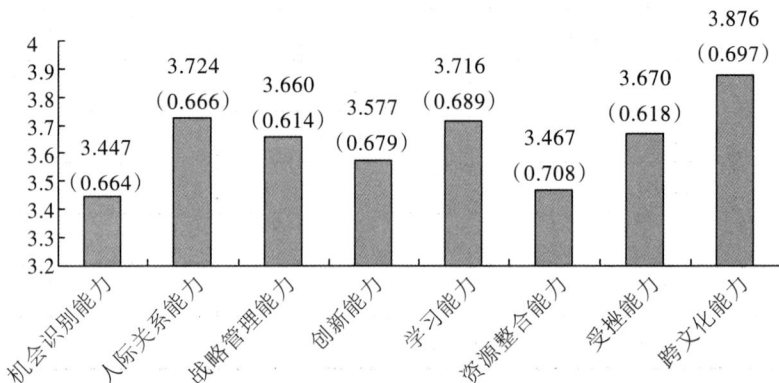

图 3-1 少数民族大学生创业能力各维度均值图（括号内为标准差）

3.3.2　各地区少数民族大学生创业能力整体情况

调查结果显示，乌鲁木齐市少数民族大学生的创业能力不仅高于其他地区的少数民族大学生，而且个体间差异最小，说明乌鲁木齐市少数民族大学生创业能力整体上处于较高水平，其均值为3.759，标准差为0.476；昌吉市少数民族大学生创业能力的均值为3.728，标准差为0.536；阿拉尔市少数民族大学生创业能力的均值为3.586，标准差为0.581；库尔勒市少数民族大学生创业能力的均值为3.470，标准差为0.512；石河子市少数民族大学生创业能力的均值最低，为3.437，标准差为0.530，具体见图3-2。

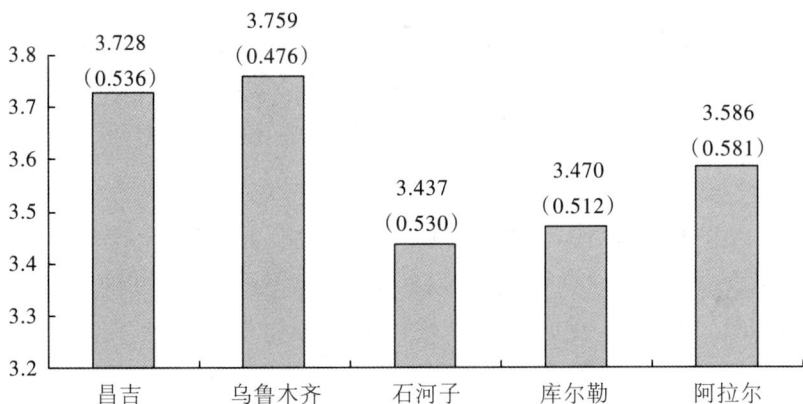

图3-2　各地区少数民族大学生创业能力均值图（括号内为标准差）

3.3.3　少数民族大学生高创业能力样本的分布情况

从性别看，男性少数民族大学生中高创业能力者的比例为35.15%，女性少数民族大学生中高创业能力者的比例为30.83%，男生比女生高4.32%。

从民族分布看，高创业能力者比例最高的是锡伯族大学生，为42.86%；最低的是回族大学生，为28.57%；其在哈萨克族大学生中的比例为36.31%，在蒙古族大学生中的比例为33.33%，在维吾尔族大学生中的比例为31.30%，在柯尔克孜族大学生中的比例为30.00%。

从年级看，高创业能力者比例最高的是一年级少数民族大学生（在图表中简称为大一），为37.88%；其在二年级少数民族大学生（在图表中简称为大二）中的比例为36.61%，在四年级少数民族大学生（在图表中简称为大四）中的比例为29.50%；比例最低的是三年级少数民族大学生（在图表中简称为大三），为29.02%。可见，高创业能力者在低年级大学生中的比例反而高于高年级大学生，具体见图3-3。

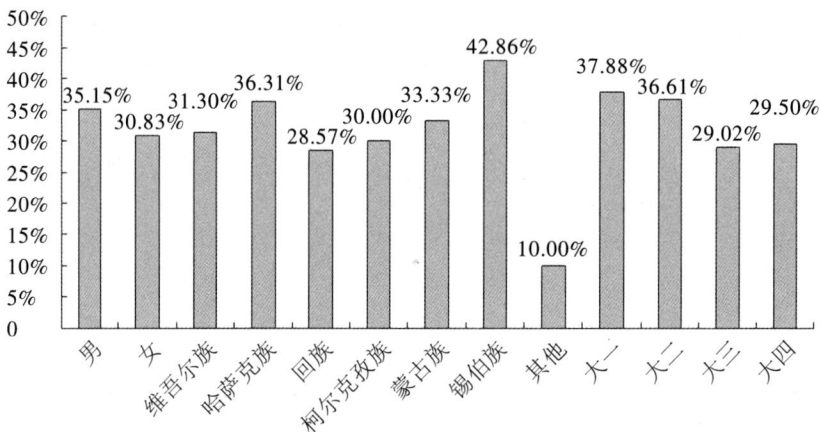

图3-3 高创业能力样本在不同性别、民族、年级的分布情况

从考试类别看，高创业能力者在双语班少数民族大学生中所占比例最高，为35.52%，在民考汉少数民族大学生中所占比例最低，为22.09%，在民考民少数民族大学生中的比例为35.05%，在普通高考少数民族大学生中的比例为35.44%。

从创业氛围看，身边有亲友创业的少数民族大学生中高创业能力者的比例要高于身边没有亲友创业的少数民族大学生。身边没有亲友创业的少数民族大学生属于高创业能力者的比例为26.32%，身边有亲友创业的少数民族大学生属于高创业能力者的比例为38.36%，后者比前者高12.04%。

从参加创业教育的情况看，参加过创业教育的少数民族大学生中有33.83%的学生属于高创业能力者，没参加过创业教育的少数民族大学生中有27.94%的学生属于高创业能力者，后者比前者低5.89%。

从专业领域看，高创业能力者比例最高的是工学专业的少数民族大学生，为50.00%；比例最低的是法学专业的少数民族大学生，为

14.93%；其他各专业少数民族大学生中高创业能力者所占比例由高到低依次为：理学专业为42.71%，教育学专业为38.16%，文学艺术专业为36.36%，农学专业为34.21%，管理学专业为32.04%，医学专业为28.42%，经济学专业为24.69%，具体见图3-4。

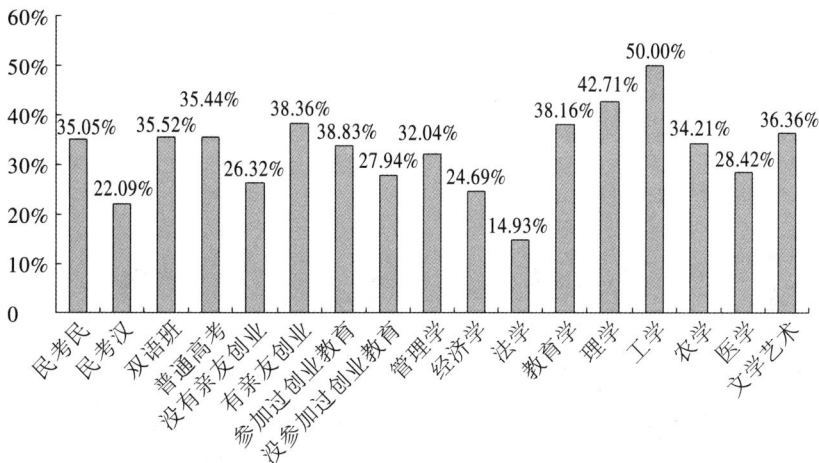

图 3-4　高创业能力样本在不同考试类别、创业氛围、

创业教育、专业领域的分布情况

3.3.4　少数民族大学生低创业能力样本的分布情况

从性别看，男性少数民族大学生中低创业能力者的比例略低于女性少数民族大学生。男生中低创业能力者的比例为29.71%，女生的比例为32.02%，男生比女生低2.31%。

从民族分布看，低创业能力者比例最高的是维吾尔族大学生，为33.74%；比例最低的是锡伯族大学生，为14.29%；其他民族中低创业能力者的比例由高到低依次为：回族和蒙古族大学生均为28.57%，柯尔克孜族大学生为27.50%，哈萨克族大学生为26.79%。

从年级看，随着年级的升高，低创业能力者的比例逐渐增高。低创业能力者比例最高的是四年级少数民族大学生，为36.00%；其在三年级少数民族大学生中的比例为34.90%；在二年级少数民族大学生中的比例为25.00%；比例最低的是一年级少数民族大学生，为24.24%，具体见图3-5。

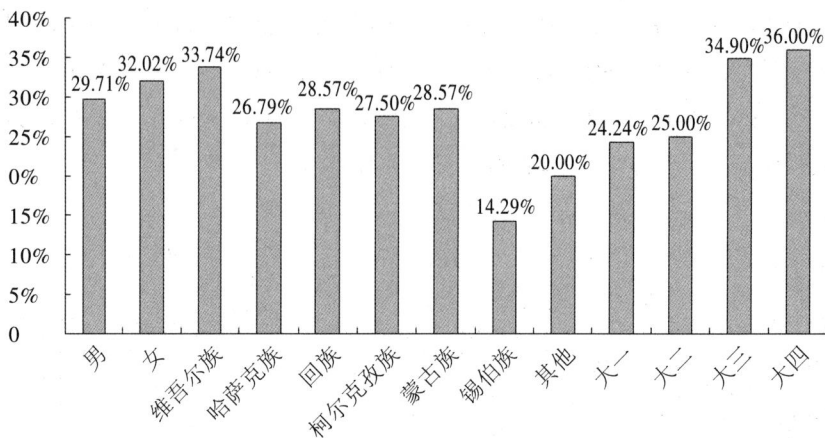

图3-5　低创业能力样本在不同性别、民族、年级的分布情况

从考试类别看，有40.12%的民考汉少数民族大学生属于低创业能力者，比例最高；有25.14%的双语班少数民族大学生属于低创业能力者，比例最低；民考民少数民族大学生中低创业能力者的比例为28.62%，普通高考少数民族大学生中低创业能力者的比例为36.71%。

从创业氛围看，身边没有亲友创业的少数民族大学生中有37.37%属于低创业能力者，身边有亲友创业的少数民族大学生中低创业能力者的比例为24.93%，比身边没有亲友创业的学生低12.44%。身边有亲友创业的少数民族大学生中属于高创业能力者的人数比例比身边没有亲友创业的少数民族大学生的比例高12.04%，而前者中低创业能力者的比例又比后者中低创业能力者的比例低12.44%，这说明少数民族大学生身边创业氛围的不同使得其创业能力水平的差异较大。

从参加创业教育的情况看，参加过创业教育的少数民族大学生中有29.76%属于低创业能力者，没参加过创业教育的少数民族大学生中低创业能力者的比例为35.29%，比参加过创业教育的少数民族大学生低5.53%，小于创业氛围之间的差异，且参加过创业教育的少数民族大学生中高创业能力者的人数比例不高，这说明创业教育对少数民族大学生创业能力的影响不大。

从专业领域看，法学专业少数民族大学生中属于高创业能力者的人数比例最低，而属于低创业能力者的人数比例最高，为43.28%，说明大部分法学专业的少数民族大学生的创业能力都属于较低水平。低创业能力者比例最低的是理学专业的少数民族大学生，为20.83%；其他各专业少数民族大学生中属于低创业能力者的比例由高到低依次为：医学专业为41.05%，经济学专业为35.80%，文学艺术专业为31.82%，管理学专业为30.58%，教育学专业为27.63%，工学专业为26.92%，农学专业为23.68%，具体见图3-6。

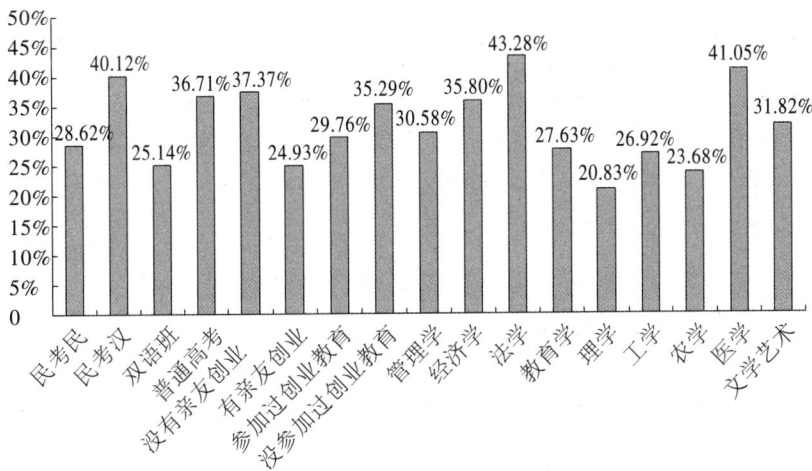

图3-6　低创业能力样本在不同考试类别、创业氛围、创业教育、专业领域的分布情况

3.4　新疆少数民族大学生创业能力的差异分析

本节从个体角度出发，运用方差分析法，进一步探索性别、民族、年龄、年级、专业、考试类别、汉语水平、亲友是否创业、使用信息技术频率、参加创业教育情况等方面是否会导致少数民族大学生创业能力的差异。

3.4.1　少数民族大学生创业能力的差异分析

1.不同性别的少数民族大学生创业能力的差异分析

不同性别的少数民族大学生在创业能力上没有显著差异，即创业能力的高低不会因性别不同而产生明显变化。由独立样本 t 检验的结果可知,平均数差异检验 t 统计量为 1.602,显著性 P=0.109(P>0.05),没有达到显著水平,具体见表 3-12。

表 3-12　　　　　　　　　性别的独立样本 t 检验

检验变量	性别	人数	平均数	标准差	t 值	sig.
创业能力	男生	239	3.689	0.569	1.602	0.109
	女生	506	3.622	0.515		

2.不同民族的少数民族大学生创业能力差异分析

由方差分析结果可知,整体检验的 F 值为 0.408,显著性 P=0.874(P>0.05),没有达到显著水平,这表示不同民族大学生在创业能力方面不存在显著差异,各民族大学生之间创业能力的均值高低不存在统计学意义,具体见表 3-13。

表 3-13　　　　　　　　　民族的方差分析

检验变量	民族	人数	平均数	标准差	F 值	sig.
创业能力	维吾尔族	492	3.633	0.516	0.408	0.874
	哈萨克族	168	3.653	0.584		
	回族	7	3.790	0.523		
	柯尔克孜族	40	3.652	0.523		
	蒙古族	21	3.682	0.672		
	锡伯族	7	3.894	0.458		
	其他	10	3.613	0.243		

3.不同年龄的少数民族大学生创业能力的差异分析

由方差分析结果可知,整体检验的 F 值为 0.840,显著性 P=0.472(P>0.05),没有达到显著水平,这表示不同年龄阶段的少数民族大学生的创业能力没有显著差异,具体见表 3-14。

表3-14 年龄的方差分析

检验变量	年龄	人数	平均数	标准差	F值	sig.
创业能力	19岁以下	60	3.638	0.512	0.840	0.472
	19~21岁	252	3.628	0.539		
	22~24岁	422	3.648	0.537		
	25岁及以上	11	3.886	0.362		

4.不同年级的少数民族大学生创业能力差异分析

由方差分析结果可知，整体检验的F值为1.524，显著性P=0.207（P>0.05），没有达到显著水平，这表明不同年级之间少数民族大学生的创业能力没有显著差异，具体见表3-15。

表3-15 年级的方差分析

检验变量	年级	人数	平均数	标准差	F值	sig.
创业能力	大一	66	3.669	0.515	1.524	0.207
	大二	224	3.702	0.526		
	大三	255	3.614	0.534		
	大四	200	3.607	0.544		

5.不同专业领域的少数民族大学生创业能力的差异分析

由方差分析结果可知，整体检验的F值为2.635，显著性P=0.008（P<0.05），达到显著水平，这说明不同专业领域的少数民族大学生的创业能力存在显著差异。其中，理学专业少数民族大学生创业能力最高，其均值为3.764，标准差为0.552；经济学专业少数民族大学生创业能力整体较稳定，个体间差异最小，其均值为3.597，标准差为0.469；医学专业少数民族大学生创业能力水平个体间差异最大，其均值为3.548，标准差为0.612；法学专业少数民族大学生创业能力最低，而且个体间差异较大，其均值为3.449，标准差为0.578，具体见表3-16。

表3-16 **专业领域的方差分析**

检验变量	专业领域	人数	平均数	标准差	F值	sig.
创业能力	管理学	206	3.648	0.493	2.635	0.008
	经济学	81	3.597	0.469		
	法学	67	3.449	0.578		
	教育学	76	3.714	0.538		
	理学	96	3.764	0.552		
	工学	26	3.691	0.541		
	农学	76	3.712	0.496		
	医学	95	3.548	0.612		
	文学艺术	22	3.723	0.478		

虽然不同专业领域的少数民族大学生在创业能力上存在显著差异，但并不能单纯根据均值的高低来判断不同专业领域学生之间差异的显著性。因此，要进行事后比较分析，采用两两对比的方式进行多重比较。分析结果显示，理学专业、文学艺术专业、教育学专业、农学专业、工学专业和管理学专业少数民族大学生的创业能力均显著高于法学专业的少数民族大学生；理学专业、教育学专业和农学专业少数民族大学生的创业能力均显著高于医学专业的少数民族大学生，具体见表3-17。

6.不同考试类别的少数民族大学生创业能力的差异分析

由方差分析结果可知，整体检验的F值为3.464，显著性P=0.016（P<0.05），达到显著水平，这说明不同考试类别的少数民族大学生在创业能力上存在显著差异。其中，参加普通高考的少数民族大学生创业能力均值最高，为3.691，标准差为0.534；参加民考民的少数民族大学生创业能力均值为3.684，标准差为0.501；参加双语班的少数民族大学生创业能力均值为3.661，标准差为0.538；参加民考汉的少数民族大学生创业能力均值为3.531，标准差为0.573，具体见表3-18。可见，参加普通高考的少数民族大学生创业能力均值最高，参加民考汉的少数民族大学生创业能力均值最低，且个体间的差异最大。

表 3-17　　　　　　　不同专业领域在创业能力上的多重比较

(I) 专业	(J) 专业	均值差 (I-J)	标准误	(I) 专业	(J) 专业	均值差 (I-J)	标准误
管理学	经济学	0.050	0.069	工学	管理学	0.043	0.110
	法学	0.198*	0.074		经济学	0.093	0.119
	教育学	0.067	0.071		法学	0.241*	0.122
	理学	0.116	0.065		教育学	0.023	0.120
	工学	0.043	0.110		理学	0.073	0.117
	农学	0.065	0.071		农学	0.022	0.120
	医学	0.100	0.066		医学	0.143	0.117
	文学艺术	0.076	0.119		文学艺术	0.033	0.153
经济学	管理学	0.050	0.069	农学	管理学	0.065	0.071
	法学	0.148	0.087		经济学	0.115	0.084
	教育学	0.117	0.084		法学	0.263*	0.089
	理学	-0.166*	0.080		教育学	0.002	0.086
	工学	0.093	0.119		理学	0.051	0.081
	农学	0.115	0.084		工学	0.022	0.120
	医学	0.050	0.080		医学	0.165*	0.081
	文学艺术	0.126	0.127		文学艺术	0.011	0.128
法学	管理学	-0.198*	0.074	医学	管理学	0.100	0.066
	经济学	0.148	0.087		经济学	0.050	0.080
	教育学	-0.265*	0.089		法学	0.098	0.084
	理学	-0.314*	0.084		教育学	-0.167*	0.081
	工学	-0.241*	0.122		理学	-0.216*	0.077
	农学	-0.263*	0.089		工学	0.143	0.117
	医学	0.098	0.084		农学	-0.165*	0.081
	文学艺术	-0.274*	0.130		文学艺术	0.176	0.125
教育学	管理学	0.067	0.071	文学艺术	管理学	0.076	0.119
	经济学	0.117	0.084		经济学	0.126	0.127
	法学	0.265*	0.089		法学	0.274*	0.130
	理学	0.049	0.081		教育学	0.009	0.128
	工学	0.023	0.120		理学	0.040	0.125
	农学	0.002	0.086		工学	0.033	0.153
	医学	0.167*	0.081		农学	0.011	0.128
	文学艺术	0.009	0.128		医学	0.176	0.125
理学	管理学	0.116	0.065	理学	工学	0.073	0.117
	经济学	0.166*	0.080		农学	0.051	0.081
	法学	0.314*	0.084		医学	0.216*	0.077
	教育学	0.049	0.081		文学艺术	0.040	0.125

注：*代表均值差的显著性水平为 0.05。

表3-18 考试类别的方差分析

检验变量	考试类别	人数	平均数	标准差	F值	sig.
创业能力	民考民	311	3.684	0.501	3.464	0.016
	民考汉	172	3.531	0.573		
	双语班	183	3.661	0.538		
	普通高考	79	3.691	0.534		

根据均值结果可初步判断，参加民考汉的少数民族大学生创业能力最低，但参加民考民、双语班和普通高考的少数民族大学生的创业能力之间没有显著差异。具体不同考试类别少数民族大学生间创业能力的差异是否显著还需进行事后比较分析，采用两两对比的方式进行多重比较。分析结果显示，与初步判断结果一致，参加普通高考、民考民和双语班的少数民族大学生的创业能力显著高于参加民考汉的少数民族大学生，但参加普通高考、民考民和双语班的少数民族大学生的创业能力间无显著差异，具体见表3-19。

表3-19 不同考试类别在创业能力上的多重比较

（I）考试类别	（J）考试类别	均值差（I-J）	标准误
民考民	民考汉	0.153*	0.050
	双语班	0.023	0.049
	普通高考	0.007	0.067
民考汉	民考民	−0.153*	0.050
	双语班	−0.130*	0.056
	普通高考	−0.160*	0.072
双语班	民考民	0.023	0.049
	民考汉	0.130*	0.056
	普通高考	0.030	0.071
普通高考	民考民	0.007	0.067
	民考汉	0.160*	0.072
	双语班	0.030	0.071

注：*代表均值差的显著性水平为0.05。

7.不同汉语水平的少数民族大学生创业能力的差异分析

由方差分析结果可知，整体检验的 F 值为 9.207，显著性 P=0.000（P<0.05），达到显著水平，这说明不同汉语水平的少数民族大学生在创业能力方面存在显著差异。汉语水平为四级的少数民族大学生的创业能力均值为 3.697，标准差为 0.525；汉语水平为三级的少数民族大学生的创业能力均值为 3.686，标准差为 0.503；没有参加汉语水平测试的少数民族大学生的创业能力均值为 3.496，标准差最大，为 0.577，具体见表3-20。由此可见，汉语水平为四级的少数民族大学生的创业能力最高，没有参加汉语水平测试的少数民族大学生的创业能力最低，且个体间差异较大。

表3-20　　　　　　　　汉语水平的方差分析

检验变量	汉语水平	人数	平均数	标准差	F值	sig.
创业能力	三级	361	3.686	0.503	9.207	0.000
	四级	206	3.697	0.525		
	没考	178	3.496	0.577		

进一步进行事后比较分析，采用两两对比的方式进行多重比较。从分析结果可以看出，通过汉语水平测试的少数民族大学生的创业能力显著高于没有参加测试的少数民族大学生，即汉语水平为三级和汉语水平为四级的少数民族大学生的创业能力均显著高于没有参加汉语水平测试的少数民族大学生，但汉语水平为三级的少数民族大学生与汉语水平为四级的少数民族大学生之间创业能力的差异不显著，具体见表3-21。

表3-21　　　　　不同汉语水平在创业能力上的多重比较

（I）汉语水平	（J）汉语水平	均值差 （I-J）	标准误
三级	四级	0.012	0.046
	没考	0.190*	0.048
四级	三级	0.012	0.046
	没考	0.202*	0.054
没考	三级	−0.190*	0.048
	四级	−0.200*	0.054

注：*代表均值差的显著性水平为0.05。

8.是否有创业亲友的少数民族大学生创业能力的差异性分析

由独立样本t检验结果可知，平均数差异检验t值为-4.659，显著性P=0.000（P<0.05），达到显著水平。其中，身边有亲友创业的少数民族大学生的创业能力均值为3.735，标准差为0.523；身边没有亲友创业的少数民族大学生的创业能力均值为3.556，标准差为0.527，这说明与身边没有亲友创业的少数民族大学生相比，身边有亲友创业的少数民族大学生的创业能力较高，具体见表3-22。

表3-22 是否有亲友创业的独立样本t检验

检验变量	是否有亲友创业	人数	平均数	标准差	t值	sig.
创业能力	有	365	3.735	0.523	-4.659	0.000
	没有	380	3.556	0.527		

9.不同信息技术使用频率的少数民族大学生创业能力的差异性分析

由方差分析结果可知，整体检验的F值为1.531，显著性P=0.191（P>0.05），未达到显著水平，这说明不同信息技术使用频率的少数民族大学生的创业能力没有显著差异，具体见表3-23。

表3-23 信息技术使用频率的方差分析

检验变量	信息技术使用频率	人数	平均数	标准差	F值	sig.
创业能力	偶尔或基本不使用	36	3.751	0.518	1.531	0.191
	1周1次	32	3.502	0.647		
	1周2~4次	79	3.627	0.563		
	每天	341	3.676	0.505		
	随时	257	3.609	0.546		

10.参加创业教育不同情况的少数民族大学生创业能力的差异分析

由独立样本t检验结果可知，平均数差异检验t值为1.459，显著性P=0.145（P>0.05），未达到显著水平，这说明参加过创业教育的少数民族大学生与没有参加过创业教育的少数民族大学生之间创业能力没有显著差异，具体见表3-24。

表 3-24　　　　参加创业教育情况的独立样本 t 检验

检验变量	是否参加过创业教育	人数	平均数	标准差	t 值	sig.
创业能力	参加过	541	3.661	0.535	1.459	0.145
	没参加过	204	3.597	0.528		

3.4.2　少数民族大学生创业能力各维度的差异性分析

为进一步探索人口统计学变量在少数民族大学生创业能力的哪些方面差异较大，下面从少数民族大学生创业能力的 8 个维度出发，运用差异性分析探索人口统计学变量在少数民族大学生创业能力各维度的差异性。

1.不同专业领域少数民族大学生在创业能力各维度的差异性分析

由分析结果可知，少数民族大学生机会识别能力的 F 值为 3.168，显著性 P=0.002（P<0.05），达到显著水平；战略管理能力的 F 值为 3.646，显著性 P=0.000（P<0.05），达到显著水平；创新能力的 F 值为 2.679，显著性 P=0.007（P<0.05），达到显著水平；学习能力的 F 值为 2.114，显著性 P=0.032（P<0.05），达到显著水平；受挫能力的 F 值为 2.256，显著性 P=0.022（P<0.05），达到显著水平，具体见表 3-25。可见，不同专业领域的少数民族大学生在机会识别能力、战略管理能力、创新能力、学习能力、受挫能力上存在显著差异，在资源整合能力、人际关系能力和跨文化能力上没有显著差异。

表 3-25　　　　专业领域在创业能力各维度的差异性分析

检验变量	专业领域	人数	平均数	标准差	F 值	sig.
机会识别能力	管理学	206	3.454	0.629	3.168	0.002
	经济学	81	3.326	0.517		
	法学	67	3.203	0.702		
	教育学	76	3.403	0.680		
	理学	96	3.627	0.687		
	工学	26	3.515	0.832		
	农学	76	3.597	0.631		
	医学	95	3.392	0.725		
	文学艺术	22	3.573	0.550		

续表

检验变量	专业领域	人数	平均数	标准差	F值	sig.
战略管理能力	管理学	206	3.651	0.572	3.646	0.000
	经济学	81	3.632	0.574		
	法学	67	3.365	0.698		
	教育学	76	3.763	0.612		
	理学	96	3.793	0.632		
	工学	26	3.782	0.520		
	农学	76	3.753	0.573		
	医学	95	3.561	0.658		
	文学艺术	22	3.778	0.533		
创新能力	管理学	206	3.601	0.651	2.679	0.007
	经济学	81	3.589	0.593		
	法学	67	3.318	0.780		
	教育学	76	3.585	0.710		
	理学	96	3.705	0.698		
	工学	26	3.720	0.673		
	农学	76	3.647	0.590		
	医学	95	3.429	0.722		
	文学艺术	22	3.727	0.614		
学习能力	管理学	206	3.725	0.640	2.114	0.032
	经济学	81	3.716	0.633		
	法学	67	3.466	0.688		
	教育学	76	3.822	0.699		
	理学	96	3.857	0.739		
	工学	26	3.731	0.608		
	农学	76	3.734	0.668		
	医学	95	3.618	0.802		
	文学艺术	22	3.761	0.548		
受挫能力	管理学	206	3.705	0.568	2.256	0.022
	经济学	81	3.637	0.616		
	法学	67	3.483	0.619		
	教育学	76	3.800	0.692		
	理学	96	3.745	0.590		
	工学	26	3.658	0.694		
	农学	76	3.715	0.553		
	医学	95	3.524	0.696		
	文学艺术	22	3.737	0.544		

注：由于篇幅原因，表格中只列出有显著差异的维度，下同。

为进一步探究不同专业领域的少数民族大学生在机会识别能力、战略管理能力、创新能力、学习能力和受挫能力上的显著差异，进行事后比较分析，采用两两对比的方式进行多重比较，具体见表3-26。

表3-26 不同专业领域在创业能力各维度的多重比较

检测变量	（I）专业	（J）专业	均值差（I-J）	标准误
机会识别能力	管理学	法学	0.251*	0.092
	理学	管理学	0.190*	0.048
		经济学	0.301*	0.099
		法学	0.424*	0.105
		教育学	0.224*	0.101
		医学	0.236*	0.095
	工学	法学	0.312*	0.152
	农学	经济学	0.271*	0.105
		法学	0.394*	0.110
		医学	0.206*	0.101
	文学艺术	法学	0.370*	0.161
战略管理能力	管理学	法学	0.287*	0.085
	经济学	法学	0.268*	0.100
	教育学	法学	0.398*	0.101
		医学	0.202*	0.093
	理学	法学	0.427*	0.096
		医学	0.231*	0.088
	工学	法学	0.417*	0.140
	农学	法学	0.388*	0.101
		医学	0.192*	0.093
	医学	法学	0.197*	0.097
	文学艺术	法学	0.413*	0.149

续表

检测变量	（I）专业	（J）专业	均值差（I-J）	标准误
创新能力	管理学	法学	0.284*	0.095
		医学	0.173*	0.083
	经济学	法学	0.271*	0.111
	教育学	法学	0.267*	0.113
	理学	法学	0.388*	0.107
		医学	0.277*	0.097
	工学	法学	0.402*	0.156
	农学	法学	0.329*	0.113
		医学	0.218*	0.104
	文学艺术	法学	0.410*	0.165
学习能力	管理学	法学	0.258*	0.096
	经济学	法学	0.250*	0.113
	教育学	法学	0.356*	0.115
	理学	法学	0.390*	0.109
		医学	0.238*	0.099
	农学	法学	0.267*	0.115
受挫能力	管理学	法学	0.222*	0.086
		医学	0.181*	0.076
	教育学	法学	0.317*	0.103
		医学	0.276*	0.094
	理学	法学	0.263*	0.098
		医学	0.221*	0.089
	农学	法学	0.232*	0.103
		医学	0.191*	0.094

注：*代表均值差的显著性水平为0.05。

分析结果显示，在机会识别能力上，与其他专业相比，管理学专业的少数民族大学生显著高于法学专业；理学专业的少数民族大学生均高于管理学、教育学、医学、经济学、法学专业；工学专业的少数民族大学生显著高于法学专业；农学专业的少数民族大学生均高于医学、经济学、法学专业；文学艺术专业的少数民族大学生显著高于法学专业。

在战略管理能力上，与其他专业相比，管理学、经济学、工学、医学和文学艺术学专业的少数民族大学生均显著高于法学专业；教育学、理学、农学专业的少数民族大学生均高于医学、法学专业。

在创新能力上，与其他专业相比，经济学、教育学、工学和文学艺术专业的少数民族大学生均显著高于法学专业；管理学、理学、农学专业的少数民族大学生均高于医学、法学专业。

在学习能力上，与其他专业相比，管理学、经济学、教育学和农学专业的少数民族大学生均显著高于法学专业；理学专业的少数民族大学生高于医学、法学专业。

在受挫能力上，与其他专业相比，管理学、教育学、理学和农学专业的少数民族大学生均显著高于医学和法学专业。

2.不同考试类别的少数民族大学生在创业能力各维度的差异性分析

由方差分析结果可知，少数民族大学生机会识别能力的 F 值为 3.705，显著性 P=0.012（P<0.05），达到显著水平；战略管理能力的 F 值为 3.175，显著性 P=0.024（P<0.05），达到显著水平；创新能力的 F 值为 4.132，显著性 P=0.006（P<0.05），达到显著水平；学习能力的 F 值为 4.429，显著性 P=0.004（P<0.05），达到显著水平；资源整合能力的 F 值为 2.963，显著性 P=0.031（P<0.05），达到显著水平；受挫能力的 F 值为 4.542，显著性 P=0.004（P<0.05），达到显著水平，具体见表 3-27。可见，不同考试类别的少数民族大学生在机会识别能力、战略管理能力、创新能力、学习能力、资源整合能力、受挫能力上存在显著差异，在人际关系能力和跨文化能力上没有显著差异。

表3-27　　　　　　考试类别在创业能力各维度的差异性分析

检验变量	专业领域	人数	平均数	标准差	F值	sig.
机会识别能力	民考民	311	3.504	0.629	3.705	0.012
	民考汉	172	3.321	0.709		
	双语班	183	3.421	0.685		
	普通高考	79	3.560	0.617		
战略管理能力	民考民	311	3.692	0.573	3.175	0.024
	民考汉	172	3.538	0.658		
	双语班	183	3.684	0.631		
	普通高考	79	3.745	0.604		
创新能力	民考民	311	3.645	0.635	4.132	0.006
	民考汉	172	3.426	0.768		
	双语班	183	3.575	0.693		
	普通高考	79	3.640	0.560		
学习能力	民考民	311	3.790	0.651	4.429	0.004
	民考汉	172	3.558	0.725		
	双语班	183	3.716	0.698		
	普通高考	79	3.769	0.690		
资源整合能力	民考民	311	3.498	0.713	2.963	0.031
	民考汉	172	3.363	0.716		
	双语班	183	3.443	0.703		
	普通高考	79	3.633	0.654		
受挫能力	民考民	311	3.727	0.603	4.542	0.004
	民考汉	172	3.524	0.629		
	双语班	183	3.718	0.636		
	普通高考	79	3.650	0.569		

为进一步探究不同考试类别的少数民族大学生的创业能力在机会识别能力、战略管理能力、创新能力、学习能力、资源整合能力和受挫能力上的显著差异，进行事后比较分析，采用两两对比的方式进行多重比较，具体见表3-28。

表3-28　　　不同考试类别在创业能力各维度的多重比较

检测变量	（I）考试类别	（J）考试类别	均值差（I-J）	标准误
机会识别能力	民考民	民考汉	0.183*	0.063
	普通高考	民考汉	0.239*	0.090
战略管理能力	民考民	民考汉	0.154*	0.058
	双语班	民考汉	0.146*	0.065
	普通高考	民考汉	0.207*	0.083
创新能力	民考民	民考汉	0.218*	0.064
	双语班	民考汉	0.149*	0.072
	普通高考	民考汉	0.214*	0.092
学习能力	民考民	民考汉	0.232*	0.065
	双语班	民考汉	0.158*	0.073
	普通高考	民考汉	0.211*	0.093
资源整合能力	民考民	民考汉	0.134*	0.067
	普通高考	民考汉	0.270*	0.096
		双语班	0.190*	0.095
受挫能力	民考民	民考汉	0.203*	0.058
	双语班	民考汉	0.194*	0.065

注：*代表均值差的显著性水平为0.05。

在机会识别能力上，与其他考试类别相比，参加民考民和普通高考的少数民族大学生均显著高于参加民考汉的少数民族大学生，但前两者间无显著差异；参加双语班的少数民族大学生与参加民考民、民考汉和普通高考的少数民族大学生之间没有显著差异。

在战略管理能力、创新能力和学习能力上，参加民考民、双语班、普通高考的少数民族大学生均显著高于参加民考汉的少数民族大学生，但参加民考民、双语班和普通高考的少数民族大学生两两之间没有显著差异。

在资源整合能力上，与其他考试类别相比，参加民考民的少数民族大学生显著高于参加民考汉的少数民族大学生；参加普通高考的少数民族大学生高于参加双语班、民考汉的少数民族大学生，但是参加民考民、双语班与普通高考的少数民族大学生之间没有显著差异；参加双语班与参加民考民、普通高考的少数民族大学生之间没有显著差异。

在受挫能力上，与其他考试类别相比，参加民考民和双语班的少数民族大学生均显著高于参加民考汉的少数民族大学生，但参加民考民、双语班、普通高考的少数民族大学生两两之间没有显著差异；参加普通高考和民考汉的少数民族大学生之间没有显著差异。

3.不同汉语水平的少数民族大学生在创业能力各维度的差异性分析

由分析结果可知，不同汉语水平的少数民族大学生在创业能力的8个维度上都存在显著差异。少数民族大学生机会识别能力的 F 值为5.827，显著性 P=0.003（P<0.05），达到显著水平；人际关系能力的 F 值为5.888，显著性 P=0.003（P<0.05），达到显著水平；战略管理能力的 F 值为8.478，显著性 P=0.000（P<0.05），达到显著水平；创新能力的 F 值为6.891，显著性 P=0.001（P<0.05），达到显著水平；学习能力的 F 值为5.495，显著性 P=0.004（P<0.05），达到显著水平；资源整合能力的 F 值为4.731，显著性 P=0.009（P<0.05），达到显著水平；受挫能力的 F 值为11.925，显著性 P=0.000（P<0.05），达到显著水平；跨文化能力的 F 值为5.705，显著性 P=0.003（P<0.05），达到显著水平，具体见表3-29。

表3-29　　　　　汉语水平在创业能力各维度的差异性分析

检验变量	汉语水平	人数	平均数	标准差	F值	sig.
机会识别能力	三级	361	3.488	0.663	5.827	0.003
	四级	206	3.502	0.681		
	没考	178	3.300	0.630		
人际关系能力	三级	361	3.775	0.639	5.888	0.003
	四级	206	3.763	0.657		
	没考	178	3.576	0.713		
战略管理能力	三级	361	3.716	0.568	8.478	0.000
	四级	206	3.703	0.640		
	没考	178	3.497	0.646		
创新能力	三级	361	3.659	0.637	6.891	0.001
	四级	206	3.559	0.699		
	没考	178	3.431	0.716		
学习能力	三级	361	3.749	0.644	5.495	0.004
	四级	206	3.785	0.700		
	没考	178	3.570	0.746		
资源整合能力	三级	361	3.463	0.670	4.731	0.009
	四级	206	3.574	0.737		
	没考	178	3.353	0.733		
受挫能力	三级	361	3.738	0.617	11.925	0.000
	四级	206	3.718	0.577		
	没考	178	3.476	0.630		
跨文化能力	三级	361	3.831	0.654	5.705	0.003
	四级	206	4.014	0.669		
	没考	178	3.808	0.789		

为进一步探究不同考试类别的少数民族大学生在机会识别能力、人际关系能力、战略管理能力、创新能力、学习能力、资源整合能力、受挫能力和跨文化能力上的显著差异，进行事后比较分析，采用两两对比的方式进行多重比较，具体见表3-30。

表3-30　　　　不同汉语水平在创业能力各维度的多重比较

检测变量	(I) 汉语水平	(J) 汉语水平	均值差（I-J）	标准误
机会识别能力	三级	没考	0.188*	0.060
	四级	没考	0.202*	0.068
人际关系能力	三级	没考	0.199*	0.061
	四级	没考	0.188*	0.068
战略管理能力	三级	没考	0.219*	0.056
	四级	没考	0.206*	0.062
创新能力	三级	没考	0.228*	0.062
学习能力	三级	没考	0.178*	0.063
	四级	没考	0.215*	0.070
资源整合能力	四级	没考	0.222*	0.072
受挫能力	三级	没考	0.262*	0.056
	四级	没考	0.243*	0.062
跨文化能力	四级	三级	0.183*	0.060
	四级	没考	0.206*	0.071

注：*代表均值差的显著性水平为0.05。

在机会识别能力、人际关系能力、战略管理能力、学习能力和受挫能力上，汉语水平为三级和汉语水平为四级的少数民族大学生均显著高于没有参加汉语水平测试的少数民族大学生，但汉语水平为三级和四级的少数民族大学生之间，以上各能力没有显著差异。

在创新能力上，汉语水平为三级的少数民族大学生显著高于没有参加汉语水平测试的少数民族大学生，但汉语水平为三级和四级的少数民族大学生之间没有显著差异；汉语水平为四级的少数民族大学生和没有参加汉语水平测试的少数民族大学生之间没有显著差异。

在资源整合能力上，汉语水平为四级的少数民族大学生显著高于没有参加汉语水平测试的少数民族大学生，但汉语水平为三级和四级的少数民族大学生之间没有显著差异；汉语水平为三级的少数民族大学生与没有参加汉语水平测试的少数民族大学生之间也没有显著差异。

在跨文化能力上，汉语水平为四级的少数民族大学生高于汉语水平为三级的少数民族大学生和没有参加汉语水平测试的少数民族大学生，但汉语水平为三级的少数民族大学生与没有参加汉语水平测试的少数民族大学生之间没有显著差异。

4.是否有创业亲友的少数民族大学生在创业能力各维度的差异性分析

根据独立样本t检验分析，各维度的平均数差异t值分别为：机会识别能力的t值为4.406，显著性P=0.000（P<0.05），达到显著水平；人际关系能力的t值为3.475，显著性P=0.001（P<0.05），达到显著水平；战略管理能力的t值为3.974，显著性P=0.000（P<0.05），达到显著水平；创新能力的t值为3.281，显著性P=0.001（P<0.05），达到显著水平；学习能力的t值为3.803，显著性P=0.000（P<0.05），达到显著水平；资源整合能力的t值为5.266，显著性P=0.000（P<0.05），达到显著水平；受挫能力的t值为3.596，显著性P=0.000（P<0.05），达到显著水平；跨文化能力的t值为2.657，显著性P=0.008（P<0.05），达到显著水平。由此可见，亲友是否创业在少数民族大学生创业能力的8个维度上都存在显著差异，并且身边有亲友创业的少数民族大学生在创业能力的8个维度上都显著高于身边没有亲友创业的少数民族大学生，具体见表3-31。

表3-31　　是否有亲友创业在创业能力各维度的差异性分析结果

检验变量	是否有亲友创业	人数	平均数	标准差	t值	sig.
机会识别能力	有	365	3.555	0.655	4.406	0.000
	没有	380	3.343	0.657		
人际关系能力	有	365	3.810	0.628	3.475	0.001
	没有	380	3.642	0.693		
战略管理能力	有	365	3.751	0.607	3.974	0.000
	没有	380	3.574	0.609		
创新能力	有	365	3.660	0.663	3.281	0.001
	没有	380	3.497	0.686		
学习能力	有	365	4.738	0.827	3.803	0.000
	没有	380	4.501	0.874		
资源整合能力	有	365	3.606	0.696	5.266	0.000
	没有	380	3.338	0.693		
受挫能力	有	365	3.752	0.581	3.596	0.000
	没有	380	3.591	0.643		
跨文化能力	有	365	3.945	0.695	2.657	0.008
	没有	380	3.810	0.693		

3.5　本章小结

　　本章主要对新疆少数民族大学生的基本情况、问卷调查的实施进行了介绍，根据调研结果对少数民族大学生的创业能力进行了描述性统计分析，对创业能力的8个维度进行了差异性统计分析。

　　首先，新疆少数民族大学生总量持续增加，成为新疆地区大学生的主要构成部分。与新疆少数民族人口结构相似，新疆少数民族大学生主要来自维吾尔族、哈萨克族、回族、柯尔克孜族、蒙古族5个民族，呈现出高度集中状态。由于新疆普通高校"北多南少",所以少数民族大学生的分布也呈现出"北多南少"的特点。

其次,基于问卷调查与访谈,提出了包括机会识别能力、人际关系能力、战略管理能力、创新能力、学习能力、资源整合能力、受挫能力、跨文化能力在内的少数民族大学生创业能力的8个维度,并开发和设计了少数民族大学生创业能力量表,调查数据显示该量表具有良好的信度和效度。

再次,基于描述性统计分析的结果,少数民族大学生在跨文化能力、人际关系能力、学习能力上表现出较高的水平,而在资源整合能力、机会识别能力以及创新能力方面水平较低,且不同地区少数民族大学生的创业能力之间存在差异,乌鲁木齐高校的少数民族大学生创业能力更高。随后,分析了少数民族大学生创业能力的高低组样本的分布情况。

最后,基于差异性统计分析的结果,在性别、民族、年龄、年级、使用信息技术频率、参加创业教育方面不同的少数民族大学生的创业能力不存在显著差异,而在专业、考试类别、汉语水平、是否有亲友创业方面不同的少数民族大学生的创业能力存在显著差异,且其差异在创业能力的各维度上存在不同。其中,不同专业的少数民族大学生在机会识别能力、战略管理能力、创新能力、学习能力、受挫能力上存在显著差异,在资源整合能力、人际关系能力和跨文化能力上没有显著差异;不同考试类别的少数民族大学生在机会识别能力、战略管理能力、创新能力、学习能力、资源整合能力、受挫能力上存在显著差异,在人际关系能力和跨文化能力上没有显著差异;不同汉语水平的少数民族大学生在创业能力的8个维度上都存在显著差异;身边有亲友创业和无亲友创业的少数民族大学生的创业能力在8个维度上都存在显著差异,并且前者显著高于后者。

第4章 新疆少数民族大学生创业能力的 影响因素分析

由文献研究可知，少数民族大学生创业能力受到创业意愿、创业动机、创业导向、不确定性规避、全球化导向、创业学习、创业教育、民族网络等多种因素的影响。下面根据调查数据详细分析这8个影响因素的基本情况。

4.1 少数民族大学生的创业意愿分析

4.1.1 大部分少数民族大学生对创业感兴趣

调查结果显示，对自主创业非常感兴趣的少数民族大学生有180人，比例为24.16%；感兴趣的少数民族大学生有223人，比例为29.93%；感觉一般的少数民族大学生的比例为35.30%；有7.79%的少数民族大学生对自主创业不感兴趣；还有2.82%的少数民族大学生对自主创业非常不感兴趣，具体见图4-1。

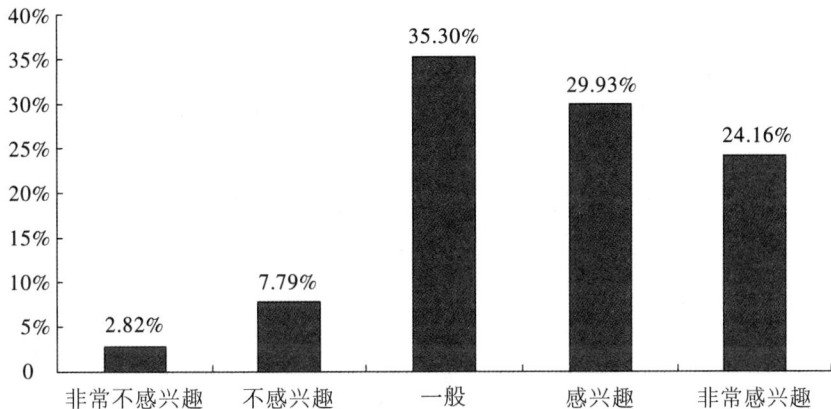

图4-1　少数民族大学生对自主创业的兴趣

　　从性别看，男性少数民族大学生对自主创业的兴趣要高于女性少数民族大学生。对自主创业非常感兴趣的男性少数民族大学生占男生样本的比例为30.13%，对自主创业非常感兴趣的女性少数民族大学生仅占女生样本中的21.34%；男生中对自主创业感兴趣的比例为28.87%，女生中对自主创业感兴趣的比例为30.43%；男生中对自主创业感觉一般的比例为28.45%，而女生的比例为38.54%；男生中对自主创业不感兴趣的比例为9.62%，而女生的比例为6.92%；男生中对自主创业非常不感兴趣的比例为2.93%，而女生的比例为2.77%。经对比发现，对自主创业感兴趣的男生的比例为59%，而女生的比例为51.77%，男生比女生的比例高7.22%，具体见图4-2。

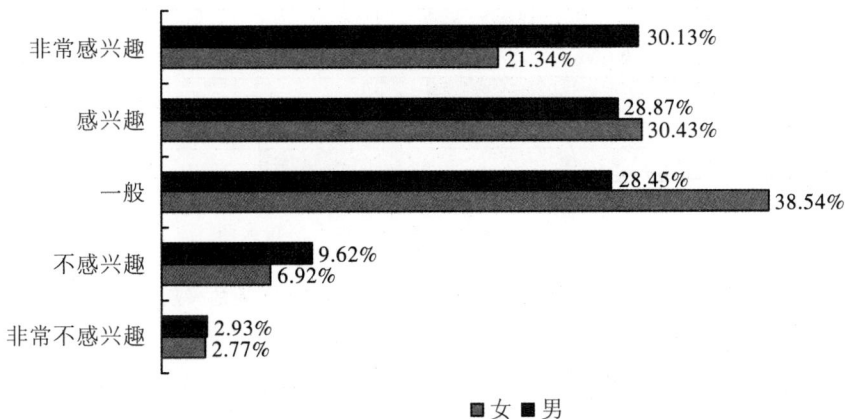

图4-2　不同性别少数民族大学生对自主创业的兴趣

从年级看，对自主创业不感兴趣的少数民族大学生主要集中在一年级；对自主创业感觉比较迷茫的是三年级少数民族大学生，有近一半的三年级少数民族大学生表示感觉一般，并且对自主创业感兴趣的三年级少数民族大学生的比重最低；对自主创业非常感兴趣和感兴趣的少数民族大学生主要集中在二年级，比例达到64.27%，比一年级少数民族大学生的比例高2.15%，比三年级少数民族大学生的比例高18.39%，比四年级少数民族大学生的比例高13.77%。一年级少数民族大学生中对自主创业非常不感兴趣和不感兴趣的比例为16.67%，感觉一般的比例为21.21%，非常感兴趣和感兴趣的比例为62.12%；二年级少数民族大学生中对自主创业非常不感兴趣和不感兴趣的比例为5.36%，感觉一般的比例为30.36%，非常感兴趣和感兴趣的比例为64.27%；三年级少数民族大学生中对自主创业非常不感兴趣和不感兴趣的比例为11.37%，感觉一般的比例为42.75%，非常感兴趣和感兴趣的比例为45.88%；四年级少数民族大学生中对自主创业非常不感兴趣和不感兴趣的比例为13.50%，感觉一般的比例为36.00%，非常感兴趣和感兴趣的比例为50.50%，具体见图4-3。

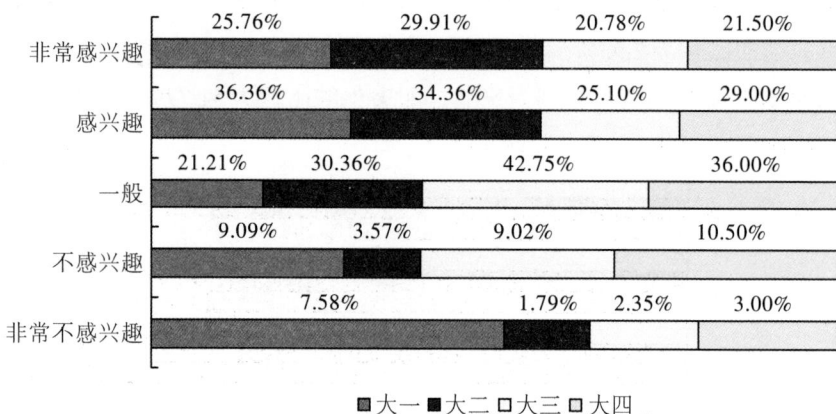

图4-3 不同年级少数民族大学生对自主创业的兴趣

从创业氛围来看，有亲友创业的少数民族大学生对自主创业的兴趣高于没有亲友创业的少数民族大学生。其中，有亲友创业的少数民族大学生对自主创业非常感兴趣的比例为28.49%，没有亲友创业的少数民族大学生对自主创业非常感兴趣的比例为20%；身边有亲友创业的少数民族大学生对自主创业感兴趣的比例为30.96%，没有亲友创业的少数民族大学生对自主创业感兴趣的比例为28.95%；没有亲友创业的少数民族大学生对自主创业感觉一般的比例为38.95%，有亲友创业的少数民族大学生对自主创业感觉一般的比例为31.51%；没有亲友创业的少数民族大学生对自主创业不感兴趣的比例为8.16%，有亲友创业的少数民族大学生对创业不感兴趣的比例为7.40%；没有亲友创业的少数民族大学生对自主创业非常不感兴趣的比例为3.95%，有亲友创业的少数民族大学生对自主创业非常不感兴趣的比例仅为1.64%。由此可知，身边有亲友创业的少数民族大学生对自主创业感兴趣的比例为59.45%，身边没有亲友创业的少数民族大学生对自主创业感兴趣的比例为48.95%，前者比后者高10.5%，具体见图4-4。

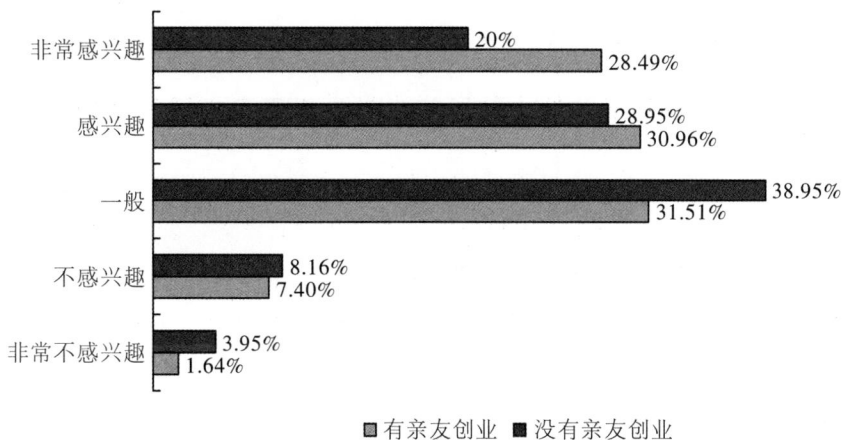

图4-4 不同创业氛围少数民族大学生对自主创业的兴趣

从参加创业教育的情况来看，参加过创业教育的少数民族大学生对创业的认知更清晰，比没参加过创业教育的少数民族大学生更清楚自身对创业的兴趣。调查结果显示，参加过创业教育的少数民族大学生表示对创业感兴趣的比例为55.82%，而没参加过创业教育的少数民族大学生的这一比例为49.51%，前者比后者高6.31%；没参加过创业教育的少数民族大学生表示对创业感觉一般的比例为40.69%，而参加过创业教育的少数民族大学生的这一比例仅为33.27%；参加过创业教育的少数民族大学生表示对创业不感兴趣的比例为10.91%，而没参加过创业教育的少数民族大学生的这一比例为9.80%，前者比后者高1.11%，具体见图4-5。

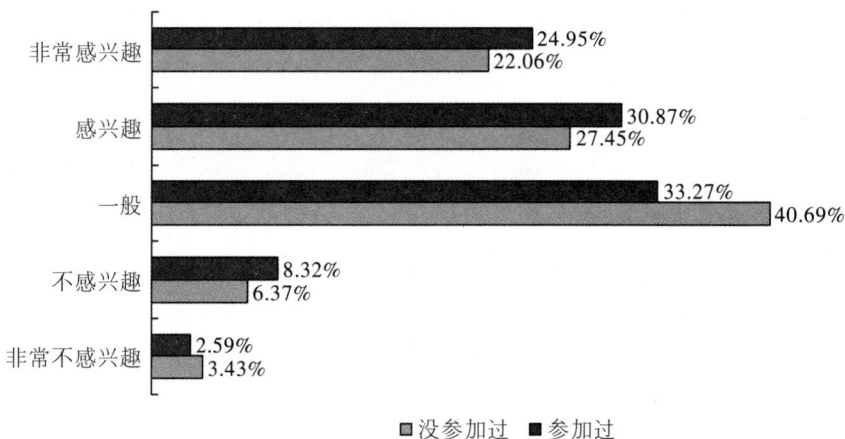

图4-5　不同创业教育情况的少数民族大学生对自主创业的兴趣

4.1.2　不到半数的少数民族大学生真正考虑开始创业

调查结果显示，有44.70%的少数民族大学生表示如果条件具备会尽快开始创业；37.18%的少数民族大学生还没有考虑，处于迷茫状态；15.57%的少数民族大学生表示即使条件具备也不会尽快开始创业；2.55%的少数民族大学生表示绝对不会去创业，具体见图4-6。

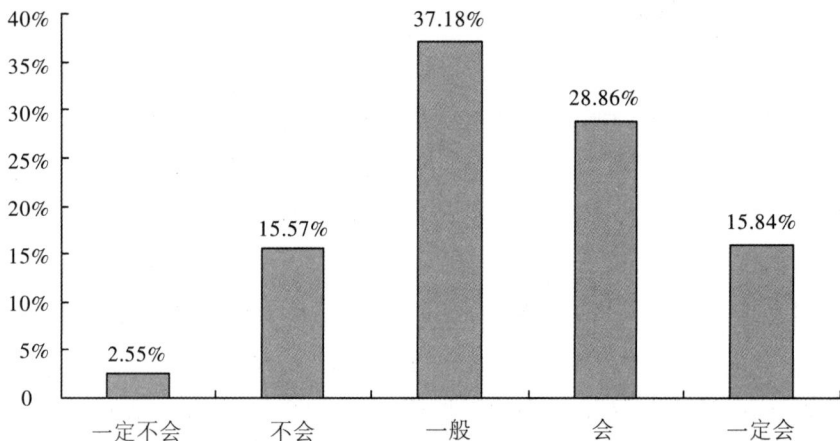

图4-6　少数民族大学生创业意愿调查结果

从性别来看，有53.56%的男性少数民族大学生愿意尽快开始创业，而女性少数民族大学生的这一比例为40.51%，前者比后者高13.05%。

从年级来看，一年级少数民族大学生愿意马上开始创业的比例最高，为63.64%，二年级、三年级少数民族大学生的这一比例均为41.69%，四年级少数民族大学生的这一比例为45%。

从创业氛围来看，身边有亲友创业的少数民族大学生愿意尽快开始创业的比例为54.25%，身边没有亲友创业的少数民族大学生的这一比例为35.53%，前者比后者高18.72%。

从参加创业教育的情况来看，参加过创业教育的少数民族大学生考虑尽快开始创业的比例为46.58%，没参加过创业教育的少数民族大学生的这一比例为39.71%，前者比后者高6.87%，具体见图4-7。

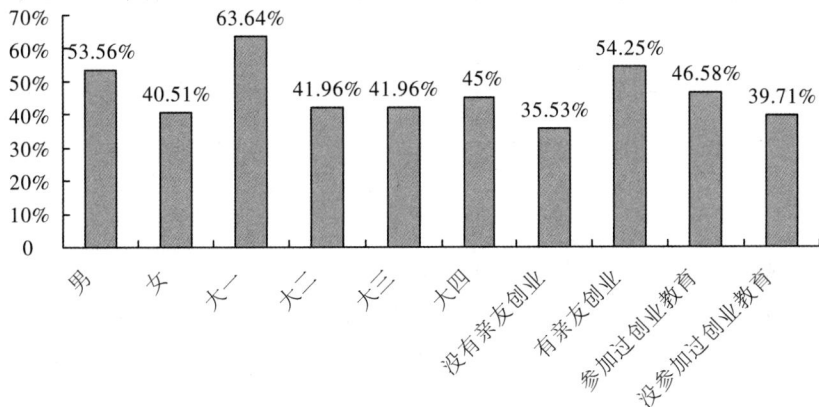

图4-7　不同性别、年级、创业氛围、创业教育少数民族大学生中有创业意愿者的比例

4.1.3　没有创业意愿的少数民族大学生集中在法学专业与医学专业

调查结果显示，有144名少数民族大学生没有创业意愿。女生中没有创业意愿的比例比男生高3.81%；各个专业领域中，法学专业的少数民族大学生没有创业意愿的比例最大，达到46.27%，其次是医学专业的少数民族大学生，比例为36.84%，农学专业的少数民族大学生没有创业意愿的比例最小，为9.21%；身边有亲友创业的少数民族大学生中没有创业意愿的比例为 16.44%，身边没有亲友创业的少数民族大学生中没有创业意愿的比例为 22.11%，后者比前者高 5.67%；没有创业意愿的少数民族大学生中，没参加过创业教育的少数民族大学生的比例反而比参加过创业教育的少数民族大学生低 1.96%；各个年级中，四年级少数民族大学生没创业意愿的比例最高，达到 25.50%，二年级少数民族大学生的这一比例最低，为 9.82%；各个考试类别中，参加民考汉的少数民族大学生没有创业意愿的比例最高，为 31.98%，这一比例最小的是参加普通高考的少数民族大学生，为 15.19%；各少数民族中，没有创业意愿的少数民族大学生所占比例最大的是回族大学生，为 28.57%，所占比例最小的是锡伯族大学生，为 14.29%，具体见表 4-1。

表 4-1　　　　　　没有创业意愿的少数民族大学生样本概况

变量	类别	数量（人）	占比（%）	变量	类别	数量（人）	占比（%）
性别	男	40	16.74	年级	大一	8	12.12
	女	104	20.55		大二	22	9.82
专业领域	管理学	31	15.05		大三	63	24.71
	经济学	12	14.81		大四	51	25.50
	法学	31	46.27	考试类别	民考民	49	15.76
	教育学	9	11.84		民考汉	55	31.98
	理学	12	12.50		双语班	28	15.30
	工学	3	11.54		普通高考	12	15.19
	农学	7	9.21	民族	维吾尔族	101	20.53
	医学	35	36.84		哈萨克族	26	15.48
	文学艺术	4	18.18		回族	2	28.57
亲友创业	没有	84	22.11		柯尔克孜族	7	17.50
	有	60	16.44		蒙古族	5	23.81
创业教育	参加过	103	19.04		锡伯族	1	14.29
	没参加过	41	17.08		其他	2	20.00

注：此表格中的占比是人数在各个类别中的占比。

4.2 少数民族大学生的创业动机分析

4.2.1 大部分少数民族大学生的创业动机是自我实现

调查结果显示,表示创业动机是自我实现的少数民族大学生比例最高,占 62.93%;表示创业动机是社会支持的少数民族大学生比例为 54.18%;表示创业动机是家庭影响的少数民族大学生比例为 48.05%;表示创业动机是追名求富的少数民族大学生比例最低,占 46.53%,具体见图 4-8。

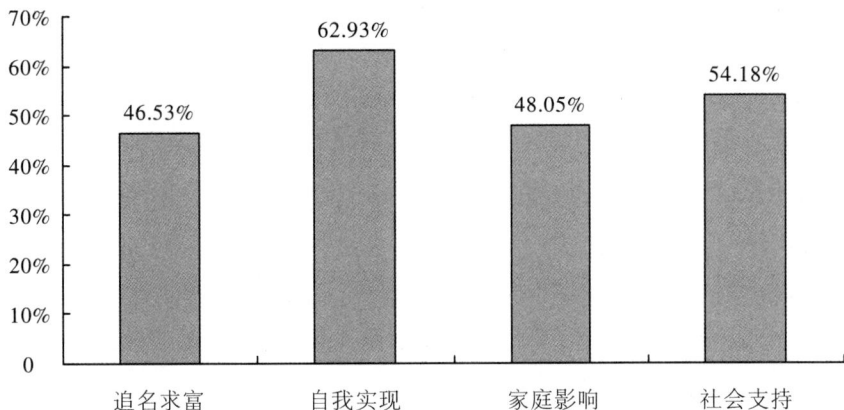

图 4-8 少数民族大学生创业动机调查结果

从性别看,男性和女性少数民族大学生的创业动机差别不大,整体上男生的创业动机略强于女生。64.95% 的少数民族男生的创业动机是自我实现,61.39% 的少数民族女生的创业动机是自我实现;57.23% 的少数民族男生的创业动机是社会支持,52.70% 的少数民族女生创业动机是社会支持;51.65% 的少数民族男生的创业动机是家庭影响,46.30% 的少数民族女生的创业动机是家庭影响;48.95% 的少数民族男生的创业动机是追名求富,45.40% 的少数民族女生的创业动机是追名求富,具体见图 4-9。

从考试类别看,大多数参加双语班、民考民、普通高考以及民考汉的少数民族大学生的创业动机是自我实现,比例分别为 65.05%、63.10%、

社会支持 57.23% / 52.70%

家庭影响 51.65% / 46.30%

自我实现 64.95% / 61.93%

追名求富 48.95% / 45.40%

□女 ■男

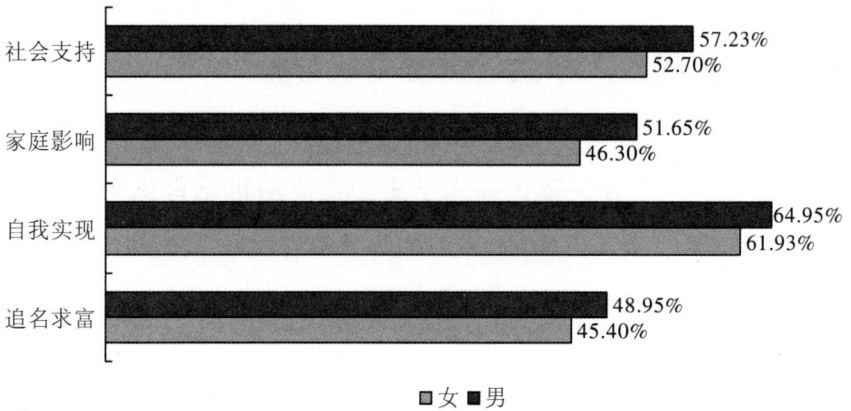

图4-9 不同性别的少数民族大学生的创业动机

60.75%、56.98%，双语班人数比例最高，民考汉最低。参加普通高考、双语班以及民考民的少数民族大学生中，创业动机是社会支持的人数比例均排在第二位，比例分别为58.55%、51.53%、59.10%。参加民考汉的少数民族大学生中，创业动机是社会支持的人数比例排在第四位，仅为36.94%，创业动机是家庭影响的人数比例排在第二位，为44.33%。参加民考汉的少数民族大学生中，其创业动机所占比例由高到低的顺序是自我实现、家庭影响、追名求富、社会支持；参加民考民、普通高考的少数民族大学生的这一顺序为自我实现、社会支持、家庭影响、追名求富；参加双语班的少数民族大学生的这一顺序为自我实现、社会支持、追名求富、家庭影响，具体见图4-10。

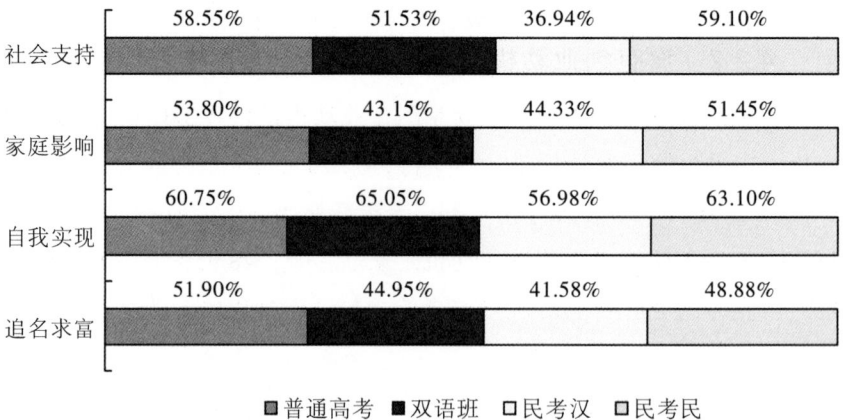

社会支持 58.55% | 51.53% | 36.94% | 59.10%

家庭影响 53.80% | 43.15% | 44.33% | 51.45%

自我实现 60.75% | 65.05% | 56.98% | 63.10%

追名求富 51.90% | 44.95% | 41.58% | 48.88%

■普通高考 ■双语班 □民考汉 □民考民

图4-10 不同考试类别的少数民族大学生的创业动机

从创业氛围来看，它对少数民族大学生的创业动机有一定影响，身边有亲友创业的少数民族大学生的创业动机要强于身边没有亲友创业的少数民族大学生。调查结果显示，身边有亲友创业的少数民族大学生中有67.20%的人表示创业动机主要是自我实现，而身边没有亲友创业的少数民族大学生的这一比例为58.80%，比前者低8.70%，即大部分身边有亲友创业的少数民族大学生的创业动机是自我实现。从整体上可以看出，身边有亲友创业的少数民族大学生选择创业动机为社会支持、家庭影响、自我实现及追名求富的比例均高于身边没有亲友创业的少数民族大学生，这说明身边有亲友创业的少数民族大学生中对创业没有想法者的比例要少于身边没有亲友创业的少数民族大学生，具体见图4-11。

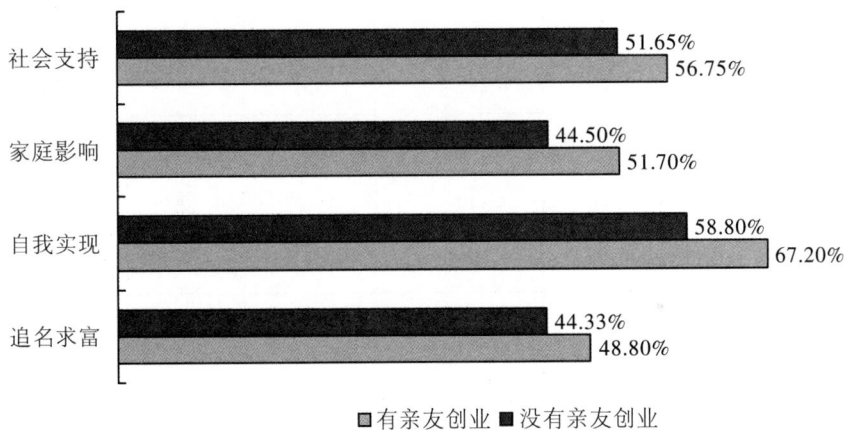

图4-11 不同创业氛围中的少数民族大学生的创业动机

4.2.2 没有创业动机的少数民族大学生集中在医学专业和法学专业

调查结果显示，有49名学生没有创业动机，比例为6.58%。其中，女性少数民大学生中没有创业动机的比例为6.72%，略高于男性（6.28%）；各个专业领域中，医学专业的少数民族大学生中没有创业动机的比例最大，达到17.89%，农学专业的少数民族大学生中没有创业动机的比例最小，为1.32%；各个年级中，四年级少数民族大学生中没有创业动机的比例最大，达到10%，一年级少数民族大学生的这一比例最小，为1.52%；在各个考试类别中，参加民考汉的少数民族大学生中没有创业动机的比例最大，为13.95%，参加普通高考的少数民族大学生的这一比例为0；没有参加过创业教育的少数民族大学生中没有创业动机的人数比例比参加过创业教育的少数民族大学生高2.42%；身边有亲友创业的少数民族大学生中没有创业动机的人数比例为6.30%，身边没有亲友创业的少数民族大学生的这一比例为6.84%；各个少数民族中，蒙古族学生中没有创业动机的人数比例最大，为14.29%，维吾尔族学生的这一比例最小，为6.50%，具体见表4-2。

表4-2　　　　　没有创业动机的少数民族大学生样本概况

变量	类别	数量（人）	占比（%）	变量	类别	数量（人）	占比（%）
性别	男	15	6.28	年级	大一	1	1.52
	女	34	6.72		大二	6	2.68
专业领域	管理学	11	5.34		大三	22	8.63
	经济学	2	2.47		大四	20	10.00
	法学	11	16.42	考试类别	民考民	14	4.50
	教育学	2	2.63		民考汉	24	13.95
	理学	3	3.13		双语班	11	6.01
	工学	1	3.85		普通高考	0	0.00
	农学	1	1.32	创业教育	参加过	32	5.91
	医学	17	17.89		没参加过	17	8.33
	文学艺术	1	4.55	民族	维吾尔族	32	6.50
亲友创业	没有	26	6.84		哈萨克族	11	6.55
	有	23	6.30		蒙古族	3	14.29
					柯尔克孜族	3	7.50

注：此表格中的占比是人数在各个类别中的占比。

4.3　少数民族大学生的创业导向分析

对样本的创业导向总分进行排序，以总分的前30%作为高分组、后30%作为低分组，分别描述高分组和低分组的样本基本情况。

4.3.1　高创业导向样本的分布情况

从性别看，38.08%的男性少数民族大学生属于高创业导向，27.47%的女性少数民族大学生属于高创业导向，前者比后者高10.61%。

从民族分布看，57.14%的锡伯族大学生属于高创业导向，在所有民族类别中比例最高；比例最低的是柯尔克孜族大学生，为27.50%；其他各民族中，高创业导向人数比例由高到低依次为：回族为42.86%，哈萨克族为35.71%，蒙古族为33.33%，维吾尔族为29.07%。可以看出，创业导向高的主要是锡伯族和回族大学生，这说明这两个民族的大学生对创业的冒险性、创新性和积极性均高于其他民族。

从年级看，39.39%的一年级少数民族大学生属于高创业导向，在所有年级中比例最高；二年级少数民族大学生的这一比例为30.36%；三年级少数民族大学生的这一比例为32.94%；四年级少数民族大学生的这一比例最低，为26.00%。可见，高年级少数民族大学生对创业的冒险性、创新性和积极性较低，具体见图4-12。

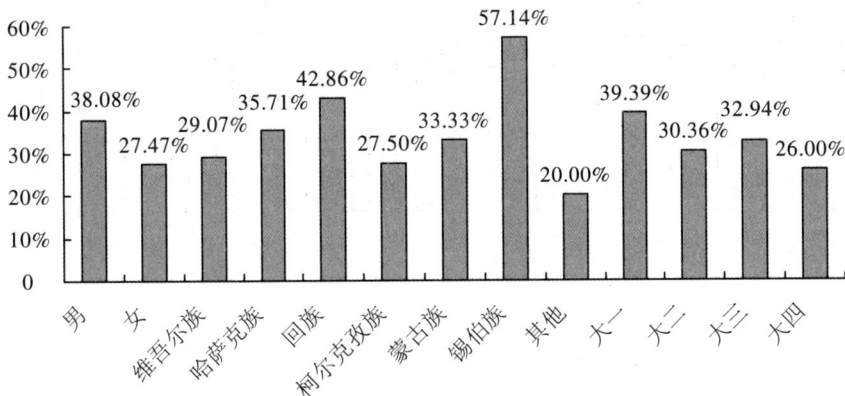

图4-12　高创业导向样本在不同性别、民族、年级的分布情况

　　从考试类别看，高创业导向的少数民族大学生的比例相差不大，且比例均不高。参加普通高考的少数民族大学生中有32.91%属于高创业导向，比例最高；参加民考汉的少数民族大学生中有27.33%属于高创业导向，比例最低；参加民考民的少数民族大学生的这一比例为32.15%，参加双语班的少数民族大学生的比例为31.15%。

　　从创业氛围看，少数民族大学生中高创业导向的比例差异较大。身边有亲友创业的少数民族大学生中属于高创业导向的比例为37.81%，身边没有亲友创业的少数民族大学生中属于高创业导向的比例为24.21%，前者比后者高13.60%。

　　从参加创业教育的情况看，参加过创业教育的少数民族大学生中有32.72%的学生属于高创业导向，没参加过创业教育的少数民族大学生中属于高创业导向的比例为25.98%，前者比后者高6.74%。

　　从专业领域看，偏文科类专业的少数民族大学生中高创业导向的人数比例偏低。高创业导向比例最高的是工学专业的少数民族大学生，为42.31%；比例最低的是法学专业的少数民族大学生，为22.39%；其他专业的少数民族大学生的这一比例从高到低依次为：教育学专业为35.53%，农学专业为34.21%，理学专业为33.33%，医学专业为32.63%，管理学专业为29.61%，经济学专业为27.16%，文学艺术专业为22.73%，具体见图4-13。

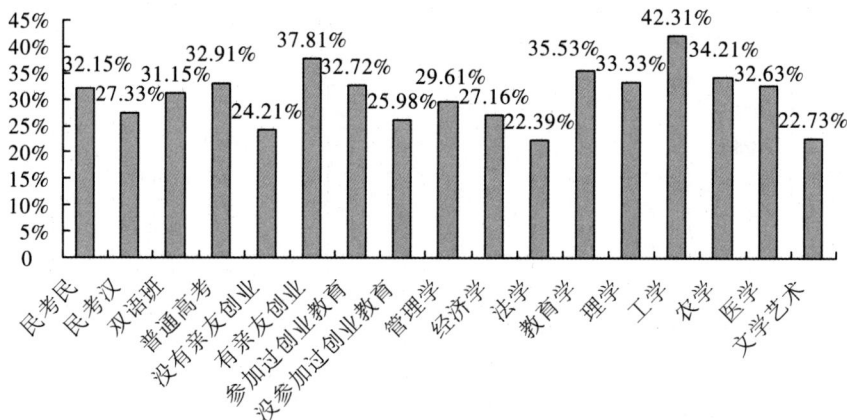

图4-13　高创业导向样本在不同考试类别、创业氛围、创业教育、专业领域的分布情况

4.3.2 低创业导向样本的分布情况

从性别看，有**25.94%**的男性少数民族大学生属于低创业导向，有**30.83%**的女性少数民族大学生属于低创业导向，女生比男生高**4.89%**。

从民族分布看，回族大学生中有**57.14%**属于低创业导向，比例最高，而高创业导向者在回族大学生中的比例为**42.86%**，二者之和为回族样本的总数，即回族大学生中只有高创业导向和低创业导向两种情况，没有一般水平，这可能与回族调查样本较少有关。低创业导向人数比例最低的是锡伯族大学生，为**14.29%**；其他各民族低创业导向人数比例由高到低依次为：维吾尔族为**30.08%**，柯尔克孜族为**27.50%**，哈萨克族为**27.38%**，蒙古族为**23.81%**。

从年级看，三年级少数民族大学生中有**33.33%**属于低创业导向，比例最高；一年级少数民族大学生的这一比例最低，为**24.24%**；二年级少数民族大学生的这一比例为**26.79%**，四年级少数民族大学生的这一比例为**28.00%**。经过与高创业导向组对比发现，四年级少数民族大学生中高创业导向的比例仅为**26.00%**，低创业导向的比例仅为**28.00%**，而有**46%**的四年级少数民族大学生的创业导向为一般水平，即四年级少数民族大学生更偏向于求稳，在冒险性、创新性和积极性上的表现一般；一年级少数民族大学生中高创业导向的人数比例最高，低创业导向的人数比例最低，即整体上一年级少数民族大学生的创业导向要高于其他年级，这可能与新生更注重理想有关，具体见图4-14。

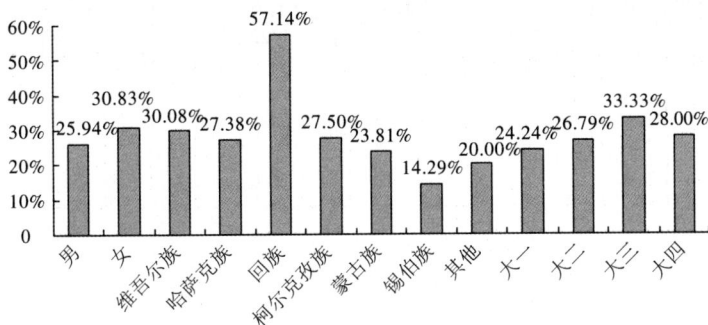

图4-14 低创业导向样本在不同性别、民族、年级的分布情况

从考试类别讲，参加民考汉的少数民族大学生中**33.72%**属于低创业导向，比例最高；参加双语班的少数民族大学生中26.23%属于低创业导向，比例最低；参加民考民的少数民族大学生的这一比例为28.30%，参加普通高考的少数民族大学生的这一比例为29.11%。经过与高创业导向组对比发现，参加民考汉的少数民族大学生在高创业导向组中比例最低，在低创业导向组中比例最高，即整体上参加民考汉的少数民族大学生对创业的冒险性、创新性和积极性水平要低于其他考试类别。

从创业氛围看，身边有亲友创业的少数民族大学生中低创业导向的人数比例低于身边没有亲友创业的学生。身边没有亲友创业的少数民族大学生中有33.95%属于低创业导向，身边有亲友创业的少数民族大学生的这一比例为24.11%，前者比后者高9.84%。

从参加创业教育的情况看，参加过创业教育的少数民族大学生中有28.47%属于低创业导向，没参加过创业教育的少数民族大学生的这一比例为30.88%，前者比后者低2.41%。

从专业领域看，大部分偏文科类专业的少数民族大学生中低创业导向的人数比例高于理科专业。低创业导向人数比例最高的是法学专业的少数民族大学生，为40.30%，这一比例最低的是理学专业的少数民族大学生，为23.96%；其他各专业中低创业导向人数比例由高到低依次为：文学艺术专业为31.82%，工学专业为30.77%，管理学专业为29.61%，医学专业为29.47%，经济学专业为28.40%，教育学专业为27.63%，农学专业为25.00%，具体见图4-15。

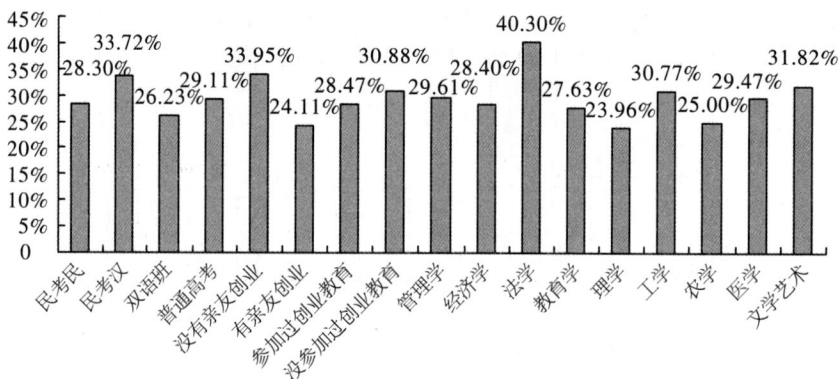

图4-15 低创业导向样本在不同考试类别、创业氛围、创业教育、专业领域的分布情况

4.4　少数民族大学生的不确定性规避分析

对样本的不确定性规避总分进行排序，以总分的前 30% 作为高分组、后 30% 作为低分组，分别描述高分组和低分组样本的基本情况。

4.4.1　高不确定性规避样本的分布情况

从性别看，有 36.40% 的男性少数民族大学生属于高不确定性规避，女性少数民族大学生的这一比例为 27.27%，男生比女生高 9.13%。

从民族分布看，高不确定性规避人数比例最高的是哈萨克族大学生，为 35.12%；比例最低的是锡伯族和回族大学生，均为 14.29%；维吾尔族大学生的比例为 29.27%，柯尔克孜族大学生的比例为 32.50%，蒙古族大学生的比例为 33.33%。

从年级看，高不确定性规避比例最高的是二年级少数民族大学生，为 33.48%；一年级少数民族大学生与其接近，比例为 33.33%；三年级少数民族大学生的比例为 32.55%；比例最低的是四年级少数民族大学生，只有 22.50%。可见，一年级、二年级、三年级的少数民族大学生中高不确定性规避的人数比例差异不大，具体见图 4-16。

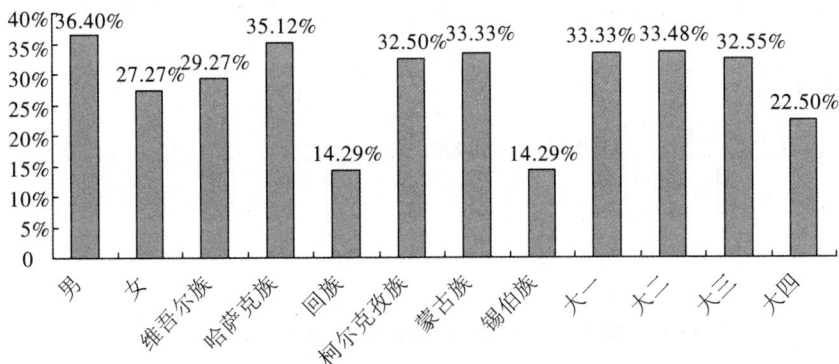

图 4-16　高不确定性规避样本在不同性别、民族、年级的分布情况

从考试类别看，高不确定性规避群体中比例较高的是受现代文化影响较大的参加普通高考和民考汉的少数民族大学生，比例较低的是受现代文化影响较小的参加民考民和双语班的少数民族大学生。参加普通高考的少数民族大学生中，有35.44%属于高不确定性规避，比例最高；参加双语班的少数民族大学生中，有26.23%属于高不确定性规避，比例最低；参加民考民的少数民族大学生的这一比例为30.23%，参加民考汉的少数民族大学生的这一比例为31.98%。

从创业氛围看，身边有亲友创业的少数民族大学生中高不确定性规避的人数比例为34.79%，身边没有亲友创业的少数民族大学生的这一比例为25.79%，前者比后者高9%。

从参加创业教育的情况看，参加过创业教育的少数民族大学生中有31.61%属于高不确定性规避，没参加过创业教育的少数民族大学生的这一比例为26.47%，比前者低5.14%。

从专业领域看，高不确定性规避人数比例最高的是文学艺术专业的少数民族大学生，为45.45%；比例最低的是经济学专业的少数民族大学生，为19.75%；其他各专业少数民族大学生中高不确定规避人数比例由高到低依次为：医学专业为38.95%，农学专业为38.16%，工学专业为34.62%，管理学专业为32.04%，教育学专业为25.00%，理学专业为23.96%，法学专业为23.88%，具体见图4-17。

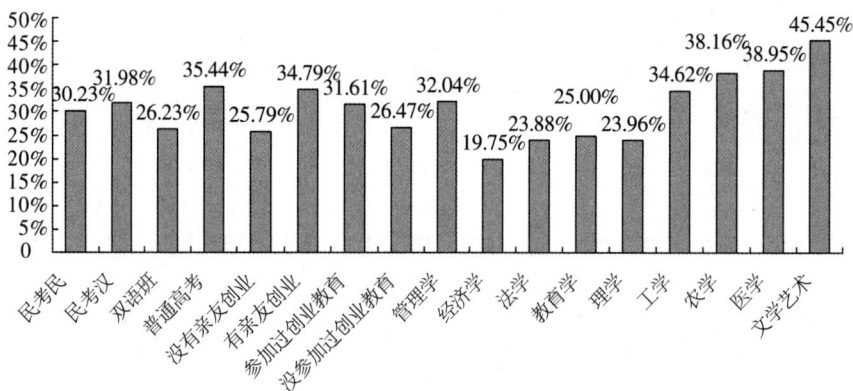

图4-17 高不确定性规避样本在不同考试类别、创业氛围、创业教育、专业领域的分布情况

4.4.2 低不确定性规避样本的分布情况

从性别看，有25.52%的男性少数民族大学生属于低不确定性规避，女性少数民族大学生的这一比例为34.58%，女生比男生高9.06%。经对比发现，男生中高不确定性规避的人数比例高于女生，低不确定性规避的人数比例低于女生，这说明男生具有更高水平的不确定性规避倾向。

从民族分布看，低不确定性规避人数比例最高的是蒙古族大学生，为52.38%；比例最低的是柯尔克孜族大学生，为27.50%；其他各民族中低不确定性规避人数比例由高到低依次为：锡伯族和回族均为42.86%，维吾尔族为31.30%，哈萨克族为29.76%。

从年级看，低不确定性规避人数比例最高的是三年级少数民族大学生，为39.61%；比例最低的是二年级少数民族大学生，为26.34%；一年级少数民族大学生的这一比例为28.79%；四年级少数民族大学生的这一比例为28.50%。可见，二年级少数民族大学生中高不确定性规避的人数比例最高，但其低不确定性规避的人数比例最低，这说明二年级少数民族大学生具有更高水平的不确定性规避倾向；四年级少数民族大学生中高不确定性规避和低不确定性规避的人数比例都比较低，均不足30%，这说明大部分四年级少数民族大学生对不确定性规避的态度一般，具体见图4-18。

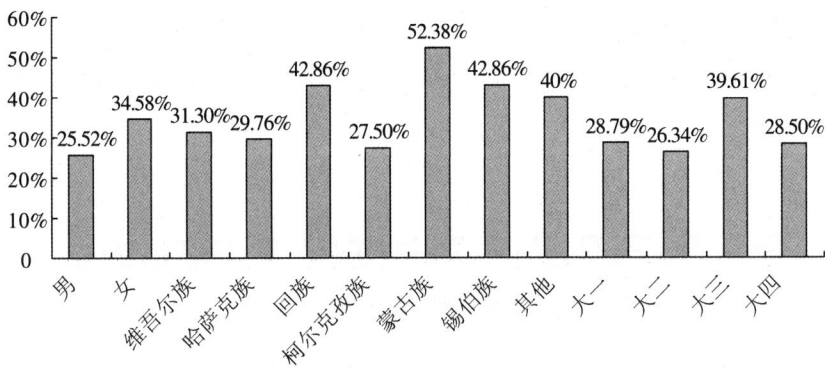

图4-18 低不确定性规避样本在不同性别、民族、年级的分布情况

从考试类别看，参加民考汉的少数民族大学生中有41.28%属于低不确定性规避，比例最高；参加普通高考的少数民族大学生中有21.52%属于低不确定性规避，比例最低；参加民考民的少数民族大学生的这一比例为30.87%，参加双语班的少数民族大学生的这一比例为28.42%。

从创业氛围看，身边没有亲友创业的少数民族大学生中有32.89%属于低不确定性规避，身边有亲友创业的少数民族大学生的这一比例为30.41%，比前者低2.48%。

从参加创业教育的情况看，参加过创业教育的少数民族大学生中有32.35%属于低不确定性规避，没参加过创业教育的少数民族大学生的这一比例为29.90%，比前者低2.45%。

从专业领域看，低不确定性规避的人数比例最高的是法学专业的少数民族大学生，为49.25%；比例最低的是农学专业的少数民族大学生，为23.68%；其他各专业少数民族大学生中低不确定规避人数比例由高到低依次为：经济学专业为41.98%，工学专业为34.62%，医学专业为33.68%，文学艺术专业为31.82%，管理学专业为29.13%，教育学专业为26.32%，理学专业为23.96%，具体见图4-19。

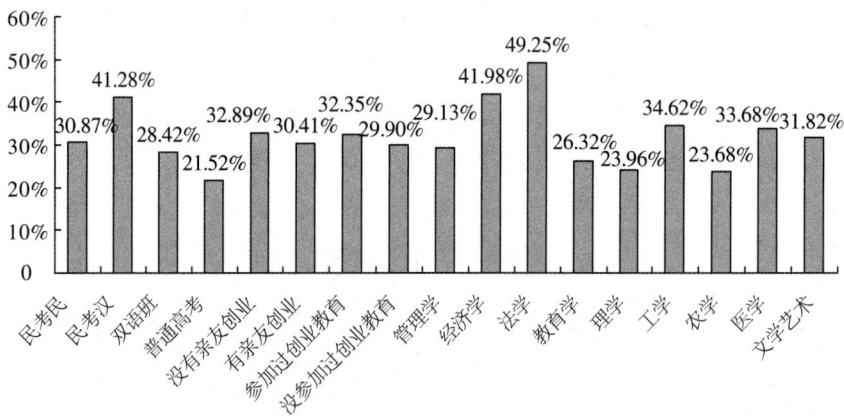

图4-19　低不确定性规避样本在不同考试类别、创业氛围、创业教育、专业领域的分布情况

4.5　少数民族大学生的全球化导向分析

4.5.1　少数民族大学生多元文化习得情况

对样本的多元文化习得总分进行排序，以总分的前30%作为高分组、后30%作为低分组，分别描述高分组和低分组的样本基本情况。

1.高多元文化习得样本的分布情况

从性别看，女性少数民族大学生中有33.20%属于高多元文化习得，男性少数民族大学生的这一比例为29.29%，女生比男生高3.91%。

从民族分布看，锡伯族大学生中有57.14%的学生属于高多元文化习得，在所有民族中比例最高；其次是回族大学生，比例为42.86%；比例最低的是柯尔克孜族大学生，仅有22.50%；维吾尔族与蒙古族大学生的这一比例接近，分别为33.74%和33.33%；哈萨克族大学生的这一比例为28.57%。

从年级看，高多元文化习得的人数比例最高的是三年级少数民族大学生，为34.90%；比例最低的是一年级少数民族大学生，有25.76%；二年级少数民族大学生的这一比例为33.04%；四年级少数民族大学生的这一比例为29.00%；三年级少数民族大学生的比例比一年级少数民族大学生高9.14%，比二年级少数民族大学生高1.86%，比四年级少数民族大学生高5.90%，具体见图4-20。

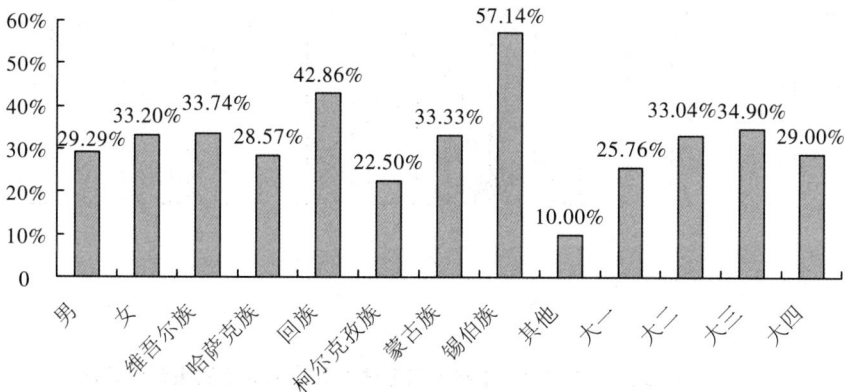

图4-20 高多元文化习得样本在不同性别、民族、年级的分布情况

从考试类别看，各考试类别中少数民族大学生高多元文化习得的人数比例均偏低。参加民考汉的少数民族大学生中属于高多元文化习得的比例为35.47%；参加普通高考的少数民族大学生中属于高多元文化习得的比例为26.58%；参加民考民的少数民族大学生的这一比例为30.55%；参加双语班的少数民族大学生的这一比例为33.33%。

从创业氛围来看，身边有亲友创业的少数民族大学生中有37.26%

属于高多元文化习得，身边没有亲友创业的少数民族大学生的这一比例为26.84%，前者比后者高10.42%。

从参加创业教育的情况看，参加过创业教育的少数民族大学生中有33.46%属于高多元文化习得，没参加过创业教育的少数民族大学生的这一比例为27.94%，前者比后者高5.52%。

从专业领域来看，高多元文化习得的人数比例最高的是文学艺术专业的少数民族大学生，为45.45%；比例最低的是经济学专业的少数民族大学生，为17.28%；教育学专业的少数民族大学生的这一比例为39.47%，医学专业的少数民族大学生的这一比例为37.89%，法学专业的少数民族大学生的这一比例为35.82%，理学专业的少数民族大学生的这一比例为32.29%，管理学专业的少数民族大学生的这一比例为31.07%，工学专业的少数民族大学生的这一比例为30.77%，农学专业的少数民族大学生的这一比例为27.63%，具体见图4-21。

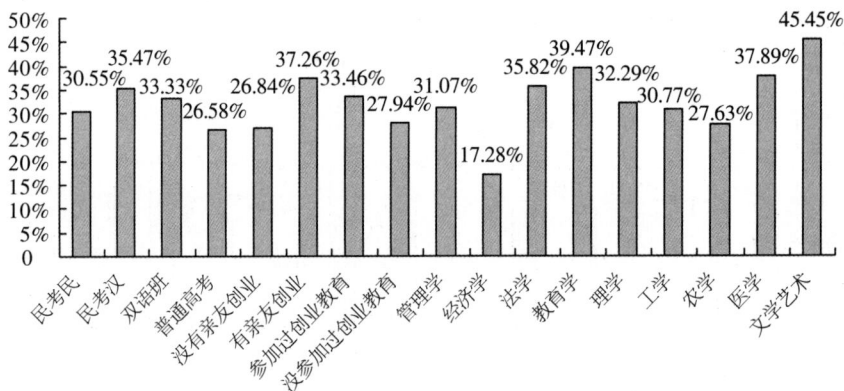

图4-21 高多元文化习得样本在不同考试类别、创业氛围、创业教育、专业领域的分布情况

2.低多元文化习得样本的分布情况

从性别看，有33.47%的男性少数民族大学生属于低多元文化习得，女性少数民族大学生的这一比例为28.06%，女生比男生少5.41%，同时由女生中高文化习得的人数比例高于男生可知，整体上女生的多元文化习得水平高于男生。

从民族分布看，维吾尔族大学生中有32.93%属于低文化习得，比例最高；其次是回族大学生，比例为28.57%；比例最低的是锡伯族大学生，为14.29%；哈萨克族大学生的这一比例为24.40%；柯尔克孜族大学生的这一比例为22.50%；蒙古族大学生的这一比例为19.50%。

从年级看，低多元文化习得人数在一年级少数民族大学生中的比例最高，为33.33%；二年级少数民族大学生的这一比例最低，为27.23%；三年级少数民族大学生的这一比例为28.63%，四年级少数民族大学生的这一比例为33%；各个年级之间差距不大，但一年级少数民族大学生中高多元文化习得的人数比例最低，而低多元文化习得的人数比例最高，这说明一年级少数民族大学生的多元文化习得水平在所有年级中最低，具体见图4-22。

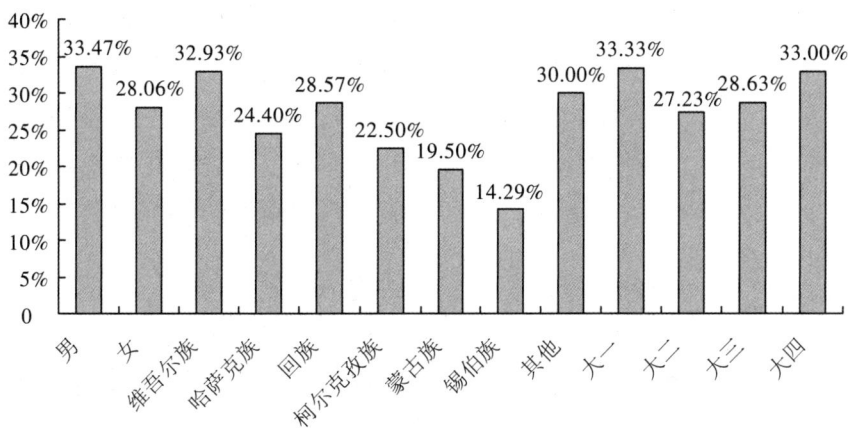

图4-22 低多元文化习得样本在不同性别、民族、年级的分布情况

从考试类别看，参加普通高考的少数民族大学生中属于低多元文化习得的人数比例最高，为48.10%；参加民考汉的少数民族大学生中属于低多元文化习得的人数比例最低，为21.51%；参加民考民的少数民族大学生的这一比例为33.12%，参加双语班的少数民族大学生的这一比例为24.04%。由此可见，大部分参加普通高考的少数民族大学生的多元文化习得水平较低，通过访谈发现，这部分少数民族大学生与汉族文化接触最多，在他们看来其自身早已融入中华民族大环境，因此对多元文化习得没有意识。

从创业氛围看，身边没有亲友创业的少数民族大学生中有36.84%

属于低多元文化习得，身边有亲友创业的少数民族大学生的这一比例为22.47%，比前者低14.37%。对比身边有亲友创业的少数民族大学生中高多元文化习得的人数比例高于身边没有亲友创业的学生可知，身边有亲友创业的少数民族大学生更容易接受其他民族的文化。

从参加创业教育的情况看，参加过创业教育的少数民族大学生中有27.54%学生属于低多元文化习得，而没参加过创业教育的少数民族大学生的这一比例为35.78%，前者比后者低8.24%。

从专业领域看，低多元文化习得的人数比例最高的是经济学专业的少数民族大学生，为49.38%；比例最低的是法学专业的少数民族大学生，为19.40%；其他各专业少数民族大学生中低多元文化习得的人数比例由高到低依次为：管理学专业为34.95%，工学专业为34.62%，文学艺术专业为31.82%，农学专业为27.63%，教育学专业为23.68%，医学专业为22.11%。可见，经济学专业中高多元文化习得的人数比例最低，而低多元文化习得的人数比例最高，且接近50%，这说明大部分经济学专业的少数民族大学生都属于低多元文化习得群体，具体见图4-23。

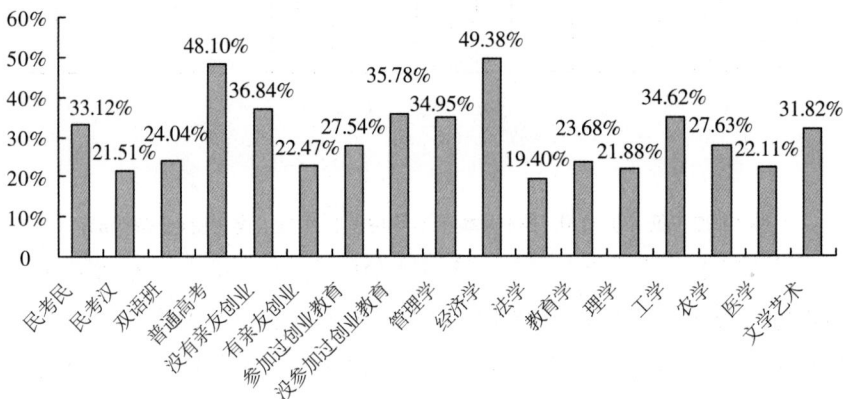

图4-23　低多元文化习得样本在不同考试类别、创业氛围、创业教育、专业领域的分布情况

4.5.2　少数民族大学生民族文化保护情况

对样本的民族文化保护总分进行排序，以总分的前30%作为高分组、后30%作为低分组，分别描述高分组和低分组的样本基本

情况。

1.高民族文化保护样本的分布情况

从性别看，男性少数民族大学生中有39.75%属于高民族文化保护，女性少数民族大学生的这一比例为26.48%，男生比女生高13.27%。

从民族分布看，除回族外，其他少数民族大学生中的高民族文化保护比例都偏低。57.14%的回族大学生属于高民族文化保护，在所有民族中比例最高；其他各民族大学生中高民族文化保护比例由高到低依次是：柯尔克孜族，为35.00%；哈萨克族，为31.55%；维吾尔族，为30.08%；蒙古族和锡伯族，均为28.57%。

从年级看，高民族文化保护比例最高的是一年级少数民族大学生，为40.91%；比例最低的是三年级少数民族大学生，只有25.10%；二年级少数民族大学生的这一比例为34.38%；四年级少数民族大学生的这一比例为30.50%；一年级少数民族大学生的比例比三年级少数民族大学生高15.81%，比四年级少数民族大学生高10.41%，比二年级少数民族大学生高6.53%，具体见图4-24。

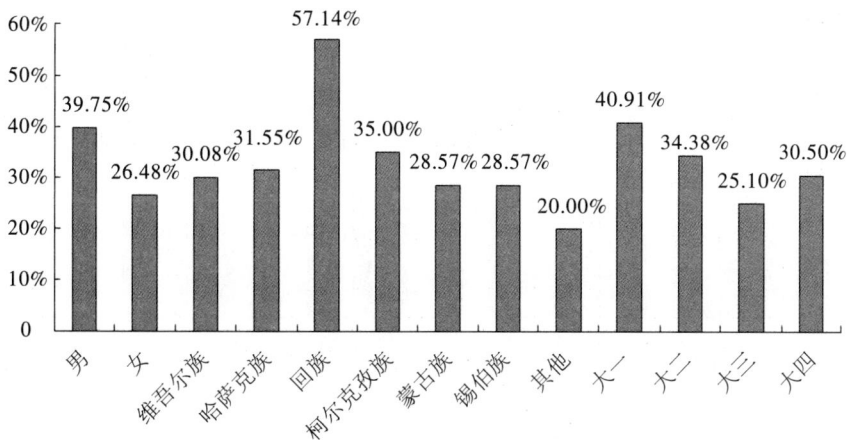

图4-24 高民族文化保护样本在不同性别、民族、年级的分布情况

从考试类别看，参加普通高考的少数民族大学生中高民族文化保护的比例最高，为45.57%，其他考试类别中高民族文化保护的比例偏低：参加民考民的少数民族大学生的这一比例为36.01%；参加双语班的少数民族大学生的这一比例为22.95%；参加民考汉的少数民族大学生的这一比例最低，为22.67%。

从创业氛围来看，身边有亲友创业的少数民族大学生中有36.99%属于高民族文化保护，身边没有亲友创业的少数民族大学生的这一比例为24.74%，前者比后者高12.25%。

从参加创业教育的情况看，参加过创业教育的少数民族大学生中有31.05%属于高民族文化保护，没参加过创业教育的少数民族大学生的这一比例为29.90%，前者比后者高1.15%。

从专业领域来看，高民族文化保护比例最高的是农学专业的少数民族大学生，为53.95%；比例最低的是法学专业的少数民族大学生，为11.94%。工学专业的少数民族大学生的这一比例为46.15%，文学艺术专业的少数民族大学生的这一比例为40.91%，医学专业的少数民族大学生的这一比例为31.58%，理学专业的少数民族大学生的这一比例为31.25%，管理学专业的少数民族大学生的这一比例为28.16%，经济学专业的少数民族大学生的这一比例为27.16%，教育专业的少数民族大学生的这一比例为25.00%，具体见图4-25。

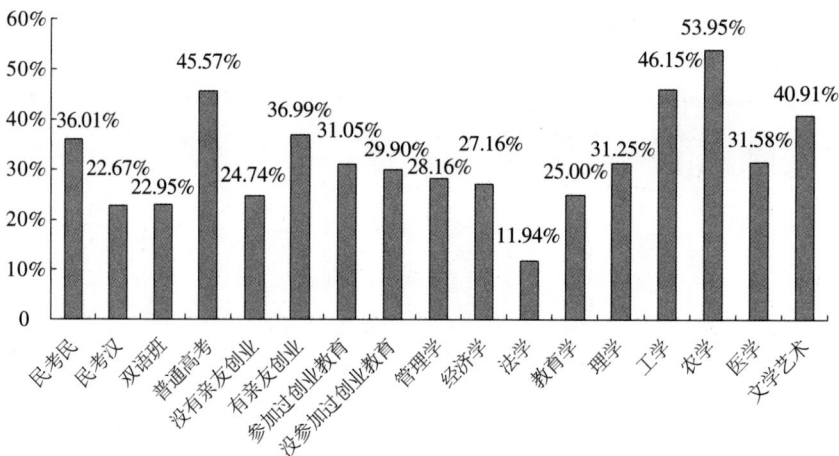

图4-25 高民族文化保护样本在不同考试类别、创业氛围、创业教育、专业领域的分布情况

2.低民族文化保护样本的分布情况

从性别看，女性少数民族大学生的民族文化保护水平低于男生。有34.78%的女性少数民族大学生属于低民族文化保护，男生的这一比例为25.10%，女生比男生高9.68%。

从民族分布看，锡伯族大学生中属于低民族文化保护的学生比例最高，为57.14%；回族大学生的这一比例最低，为28.57%；其他少数民族大学生中低民族文化保护比例由高到低依次为：蒙古族，为42.86%；哈萨克族，为36.90%；柯尔克孜族，为32.50%；维吾尔族，为29.07%。

从年级看，低民族文化保护比例最高的是三年级少数民族大学生，为40%；一年级少数民族大学生的这一比例最低，为21.21%；二年级少数民族大学生的这一比例为30.36%；四年级少数民族大学生的这一比例为26.00%，具体见图4-26。对比高民族文化保护样本，一年级少数民族大学生的高民族文化保护比例最高，低民族文化保护比例最低，这说明一年级少数民族大学生是所有年级中民族文化保护水平最高的一组，而三年级少数民族大学生是所有年级中民族文化保护水平最低的一组。

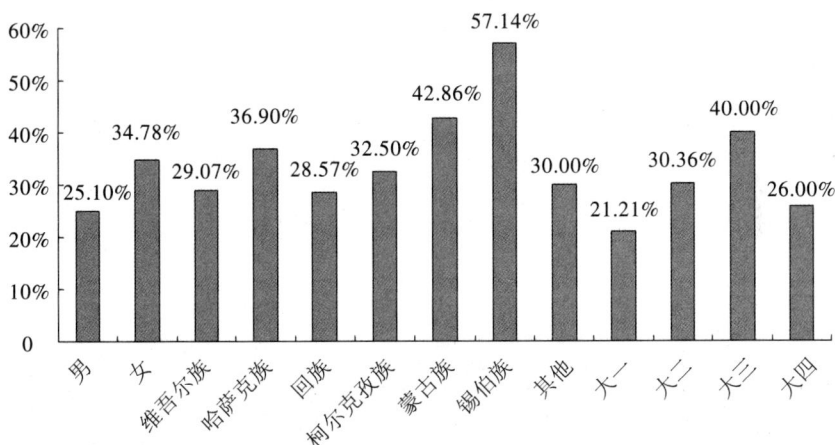

图4-26 低民族文化保护样本在不同性别、民族、年级的分布情况

从考试类别看，参加民考汉的少数民族大学生中，有49.42%属于低民族文化保护，比例最高；参加普通高考的少数民族大学生中，有7.59%属于低民族文化保护，比例最低；参加双语班的少数民族大学生的这一比例为42.08%；参加民考民的少数民族大学生的这一比例为21.86%。对比高民族文化保护样本，参加普通高考的少数民族大学生中，高民族文化保护的比例最高，而低民族文化保护的比例最低，可见，参加普通高考的少数民族大学生的民族文化保护水平最高，而参加民考汉的少数民族大学生的民族文化保护水平最低。

从创业氛围看，身边有亲友创业的少数民族大学生中，低民族文化保护的比例为34.25%，身边没有亲友创业的少数民族大学生的这一比例为29.21%，前者比后者高5.04%。

从参加创业教育的情况看，参加过创业教育的少数民族大学生属于低民族文化保护的比例为31.98%，没参加过创业教育的少数民族大学生的比例为30.88%，前者比后者高1.10%。

从专业领域看，低民族文化保护比例最高的是法学专业的少数民族大学生，为64.18%；比例最低的是农学专业的少数民族大学生，为11.84%；其他专业少数民族大学生中低民族文化保护比例由高到低依次为：教育学专业为42.11%，医学专业为32.63%，工学专业为30.77%，理学专业为29.17%，管理学专业为29.13%，文学艺术专业为27.27%，经济学专业为23.46%，具体见图4-27。对比高民族文化保护样本，农学专业少数民族大学生中高民族文化保护人数比例最高，而低民族文化保护比例最低，这说明农学专业的少数民族大学生民族文化保护水平最高，而法学专业的少数民族大学生的民族文化保护水平最低。

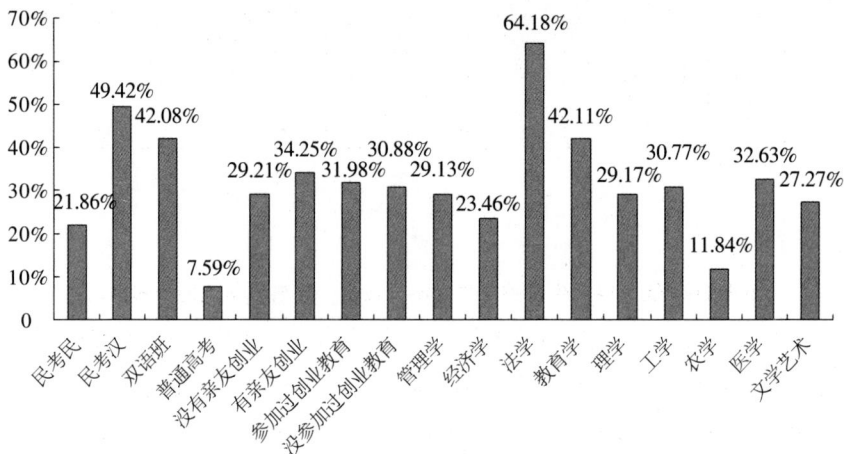

图4-27 低民族文化保护样本在不同考试类别、创业氛围、创业教育、专业领域的分布情况

4.6 少数民族大学生的创业学习分析

4.6.1 少数民族大学生创业学习的途径多元化

少数民族大学生通过亲友、学校课堂教学、社会培训课程、书籍、互联网等多元化的途径进行创业学习。调查结果显示，表示"我通过听亲朋好友、创业导师等他人的讲授学习相关创业理论知识"的少数民族大学生的比例最高，为52.35%；表示"我通过正式的学校课堂教学学习相关创业理论知识"的少数民族大学生的比例为46.85%；表示"我通过社会培训课程学习相关创业理论知识"的少数民族大学生的比例为46.04%；表示"我通过阅读创业相关书籍学习创业理论知识"的少数民族大学生的比例为42.42%；表示"我通过互联网学习相关创业理论知识"的少数民族大学生的比例为41.34%；表示不愿意通过任何方式进行创业学习的少数民族大学生的比例为19.73%，具体见图4-28。

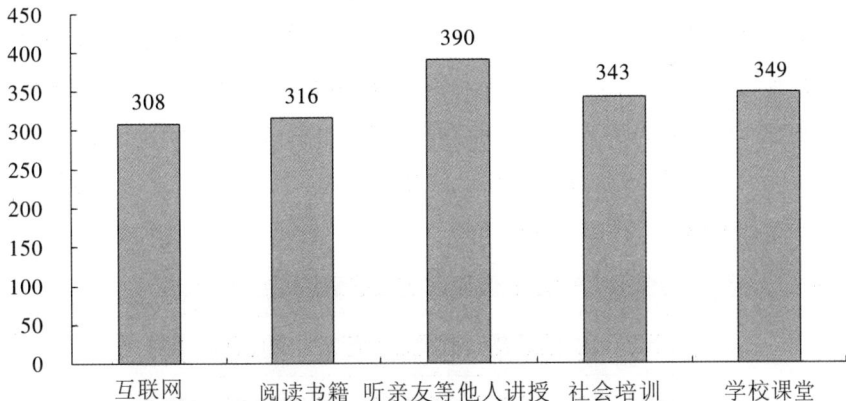

图4-28 少数民族大学生创业学习基本概况（单位：人）

4.6.2 少数民族大学生创业学习在性别、创业教育、考试类型上存在差异

从性别看，男性少数民族大学生的创业学习自主性要高于女性少数民族大学生。无论男生还是女生，使用率最高的方式均为听亲友等他人

讲授，男生使用率为53.97%，女生使用率为51.58%；男生和女生使用率差别最大的是互联网方式，男生为48.54%，女生为37.94%，男生比女生高10.60%。另外，经过对比发现，男生使用各种方式进行创业学习的比例均高于女生，具体见图4-29。

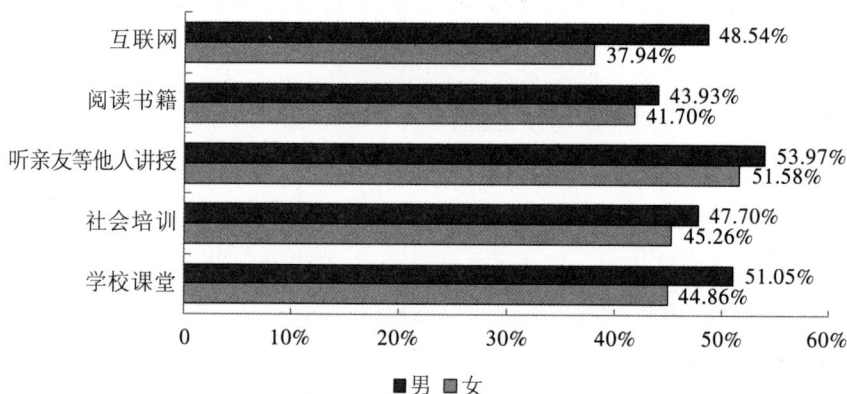

图4-29 不同性别少数民族大学生的创业学习方式

从参加创业教育的情况看，参加过创业教育的少数民族大学生的创业学习主动性要高于没有参加过创业教育的少数民族大学生，但两者在创业学习方式的选择上面差异不大，其中使用率最高的方式仍然是听亲友等他人讲授，比例分别为53.23%和50.00%。相比较而言，差异较大的是社会培训方式的选择：参加过创业教育的少数民族大学生会选择社会培训的比例为48.06%，没参加过创业教育的少数民族大学生选择的比例为40.69%，具体见图4-30。

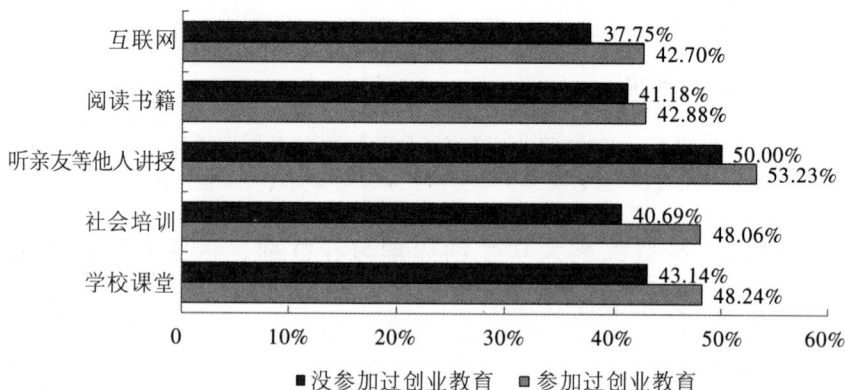

图4-30 不同创业教育情况的少数民族大学生的创业学习方式

从考试类型看,参加普通高考的少数民族大学生倾向于采用多种渠道进行创业学习,除互联网的使用率为43.30%外,其他创业学习途径的使用率均超过50%;参加民考汉的少数民族大学生采用各种方式进行创业学习的比例均低于其他考试类型的少数民族大学生,其中采用阅读书籍的方式比例最低,为29.07%,选择听亲友等他人讲授的方式比例最高,为41.86%;参加双语班的少数民族大学生使用率最低的方式是互联网,使用率最高的方式是听亲友等他人讲授,该比例达53.01%;参加民考民的少数民族大学生使用率最高的方式是听亲友等他人讲授,他们也是所有类别中使用此方式进行创业学习比例最高的一组,其使用率最低的方式仍然是互联网,具体见图4-31。

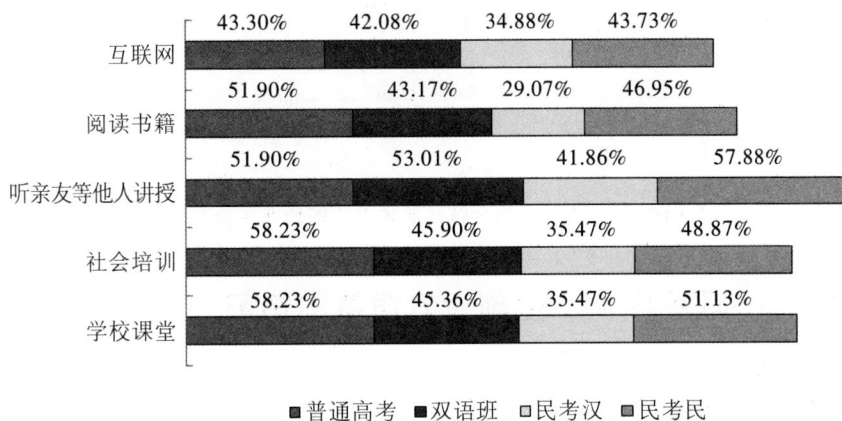

图 4-31 不同考试类型少数民族大学生创业学习调查结果

4.6.3 少数民族大学生创业学习的积极性随年级的增高而降低

从年级来看,四年级少数民族大学生的创业学习积极性最低,使用各种方式进行创业学习的学生比例均低于50%;一年级少数民族大学生的创业学习积极性比较高,使用各种方式进行创业学习的学生比例均高于50%,其中使用率最高的方式是正式的学校课堂教学,占59.09%,使用率相对较低的方式是听亲友等他人讲授和互联网,均为50.00%。二年级、三年级、四年级少数民族大学生使用率最高的方式都是听亲友等他人讲授，其中二年级少数民族大学生的这一比例为56.25%，三年级少数民族大学生的这一比例为52.94%，四年级少数民族大学生的这一比例为48.00%；使用率最低的方式均为学校课堂，其中二年级少数民族大学生的这一比例为41.52%，三年级少数民族大学生的这一比例为42.35%，四年级少数民族大学生的这一比例为37.00%，具体见图4-32。

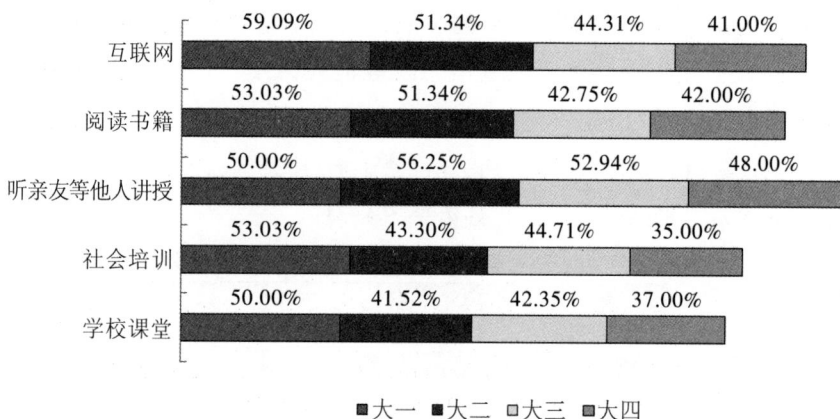

图 4-32　不同年级少数民族大学生的创业学习方式

4.7　少数民族大学生创业教育基本情况

4.7.1　创业教育普及率较高

目前新疆各大高校创业教育的普及率较高。调查中，参加过与创业有关的课程、讲座、比赛或社会实践的少数民族大学生有541人，比例高达72.6%；没有参与过的有204人，比例为27.4%。

调查结果显示，工学、理学及管理学等专业的少数民族大学生对创业教育不够重视。没有参加创业教育的学生中，工学专业的少数民族大学生的比例最高，为38.46%；理学专业和管理学专业的少数民族大学生的比例分别为32.29%和32.04%；农学专业的少数民族大学生比例最低，为17.11%；法学专业的少数民族大学生的比例为17.91%；教育学专业的少数民族大学生的比例为19.74%；其他各专业少数民族大学生的比例均高于27%，具体见图4-33。

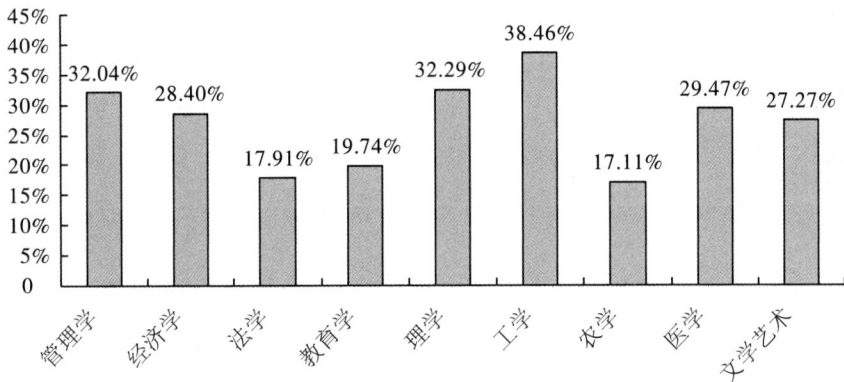

图 4-33 不同专业领域没有参加创业教育的调查结果

4.7.2 有关创业政策的教育最能激发学生们的创业兴趣

创业教育中有关创业政策的教育最能激发学生们的创业兴趣,以创业竞赛的形式进行创业教育对学生们创业兴趣的激发程度最小。进一步分析参加过创业教育的541名学生,结果显示:认为"如果学校有一系列支持创业的政策,会增加我的创业兴趣"的少数民族大学生有335人,占61.92%;认为"学校着力营造良好的创业氛围,会使我对创业产生浓厚的兴趣"的少数民族大学生有322人,占59.52%;认为"聆听创业明星或名人的报告或讲座后,我也会想创业"的少数民族大学生有279人,占51.57%;认为"学校为学生搭建完善的创业实践基地,会使我对创业产生浓厚的兴趣"的少数民族大学生有276人,占51.02%;认为"学习了创业课程后,我会考虑创业"的少数民族大学生有262人,占48.43%;认为"参加过创业竞赛后,我在生活中也想尝试创业"的少数民族大学生有253人,占46.77%,具体见图4-34。

4.7.3 大部分少数民族大学生参加创业课程的感触不深

调查结果显示,少数民族大学生参加创业课程后的感触处于"符合"和"一般"状态的学生人数都偏多,反映出目前高校的创业教育课程成效不明显。与其他考试类型的少数民族大学生相比,参加民考汉的少数民族大学生选择"不符合"和"非常不符合"的比例较高,分别为

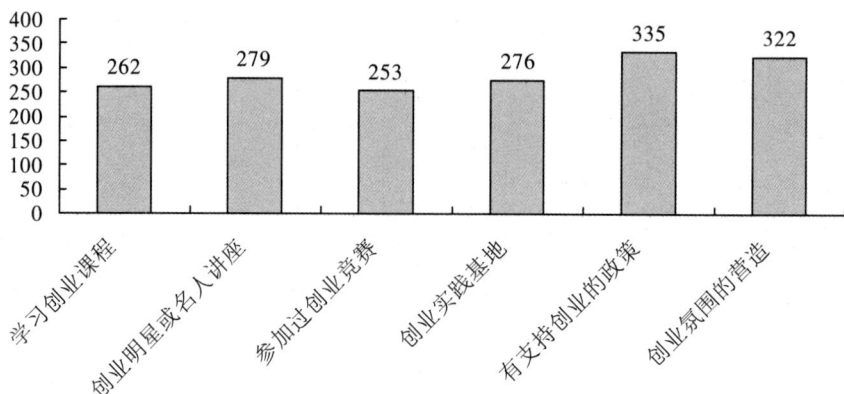

图4-34 少数民族大学生参加创业教育情况（单位：人）

19.05%和3.97%，认为目前在学校参加创业教育课程后感触一般的有43.65%，认为参加过创业课程后会考虑将来创业的仅有33.34%。有48.33%的参加普通高考的少数民族大学生参加过创业课程后会考虑将来创业。参加民考民和双语班的少数民族大学生认为参加过创业课程后会考虑将来创业的比例分别为53.04%和55.20%，比例高于参加民考汉和普通高考的少数民族大学生，具体见图4-35。

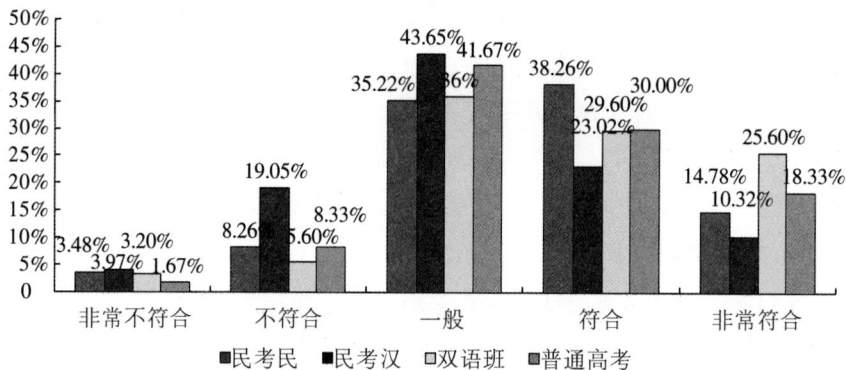

图4-35 不同考试类型的少数民族大学生对高校创业教育课程的反应

从创业氛围来讲，身边没有亲友创业的少数民族大学生从创业教育中获得的启发和收获要少于身边有亲友创业的少数民族大学生。调查结果显示，身边有亲友创业的少数民族大学生参加创业教育后，会考虑将来创业的比例为53.06%，不会考虑创业的比例为12.58%，感触一般的比例为34.35%。身边没有亲友创业的少数民族大学生参加创业教育后，会考虑将来创业的比例为 42.92%，比身边有亲友创业的少数民族大学生低 10.14%；不会考虑创业的比例为 14.58%；感触一般的比例为 42.51%，比身边有亲友创业的少数民族大学生比例高 8.16%，具体见图 4-36。

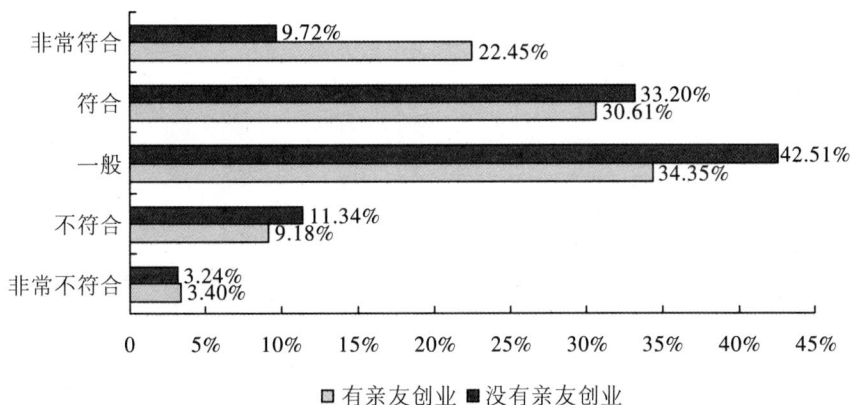

图 4-36 不同创业氛围的少数民族大学生对高校创业教育课程的反应

4.8 少数民族大学生的民族网络分析

对样本的民族网络总分进行排序，以总分的前 30% 作为高分组、后 30% 作为低分组，分别描述高分组和低分组的样本基本情况。

4.8.1 高民族网络样本的分布情况

从性别看，男性少数民族大学生中有 45.61% 属于高民族网络，女性少数民族大学生的这一比例为 39.72%，男生比女生高 5.89%。

从民族分布看，除哈萨克族外，其他少数民族大学生中高民族网络人数的比例都偏低且相差不大。哈萨克族大学生中有 53.57% 的学生属于高民族网络，比例最高；其他各少数民族大学生中高民族网络比例由高到低依次是：回族、蒙古族和锡伯族均为 42.86%；维吾尔族为 38.62%；柯尔克孜族为 32.50%。

从年级看，高民族网络样本比例最高的是一年级少数民族大学生，为 45.45%；比例最低的是四年级少数民族大学生，为 34.50%；三年级少数民族大学生的这一比例为45.10%；二年级少数民族大学生的这一比例为42.86%；一年级少数民族大学生的比例比四年级少数民族大学生高10.95%，比二年级少数民族大学生高2.59%，比三年级少数民族大学生高0.35%，具体见图4-37。

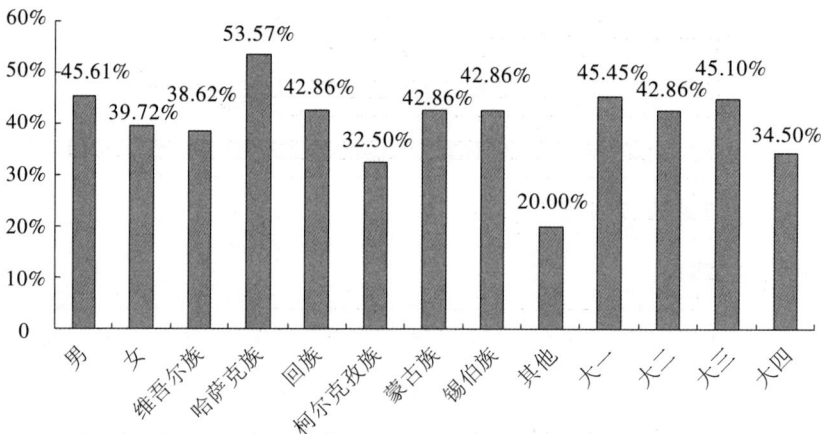

图4-37 高民族网络样本在不同性别、民族、年级的分布情况

从考试类别看，各考试类别中高民族网络比例由高到低依次为：双语班为45.90%；民考汉为41.86%；民考民为39.87%；普通高考为37.97%。

从创业氛围看，身边有亲友创业的少数民族大学生中有50.68%的学生属于高民族网络，身边没有亲友创业的少数民族大学生的这一比例为32.89%，前者比后者高17.79%。

从参加创业教育的情况看，参加过创业教育的少数民族大学生中有44.55%的学生属于高民族网络，没参加过创业教育的少数民族大学生的这一比例为33.82%，前者比后者高10.73%。

从专业领域看，高民族网络比例最高的是文学艺术专业的少数民族大学生，为59.09%；比例最低的是经济学专业的少数民族大学生，为30.86%；其他各专业中高民族网络人数比例由高到低依次为：工学专业为50.00%，法学专业为46.27%，医学专业为45.26%，教育学专业为42.11%，理学专业为41.67%，管理学专业为40.78%，农学专业为38.16%，具体见图4-38。

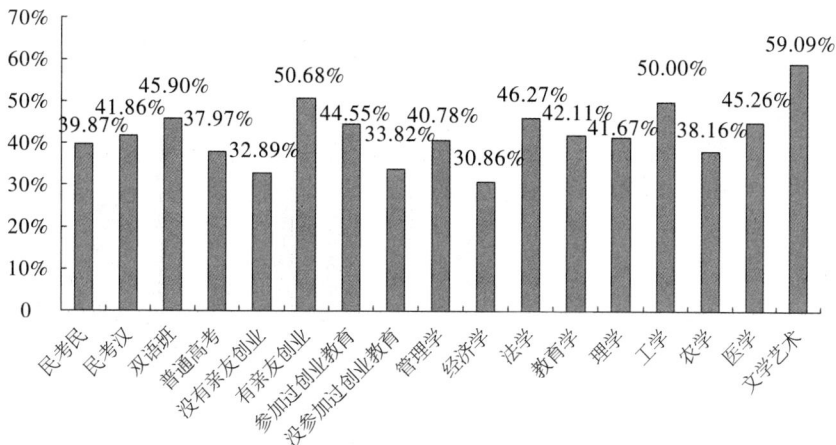

图4-38 高民族网络样本在不同考试类别、创业氛围、创业教育、专业领域的分布情况

4.8.2 低民族网络样本的分布情况

从性别看，有30.24%的女性少数民族大学生属于低民族网络，男性少数民族大学生的这一比例为21.76%，女生比男生高8.48%。与高民族网络样本情况相结合，女生中高民族网络的样本比例低于男生，而低民族网络的样本比例高于男生，可见女生的民族网络水平整体低于男生。

从民族分布看，锡伯族大学生中低民族网络样本的比例最高，为42.86%；比例最低的是哈萨克族大学生，为20.24%；其他少数民族大学生中低民族网络的样本比例由高到低依次为：柯尔克孜族为37.50%；回族和蒙古族均为28.57%；维吾尔族为28.46%。

从年级来讲，低民族网络比例最高的是四年级少数民族大学生，为32.00%；比例最低的是二年级少数民族大学生，有23.66%；三年级少数民族大学生的这一比例为27.45%；一年级少数民族大学生的这一比例为27.27%。结合高民族网络样本，一年级少数民族大学生的高民族网络比例最高，低民族网络比例最低，这说明一年级少数民族大学生的民族网络水平在所有年级中最高，而四年级少数民族大学生民族网络水平在所有年级中最低，具体见图4-39。

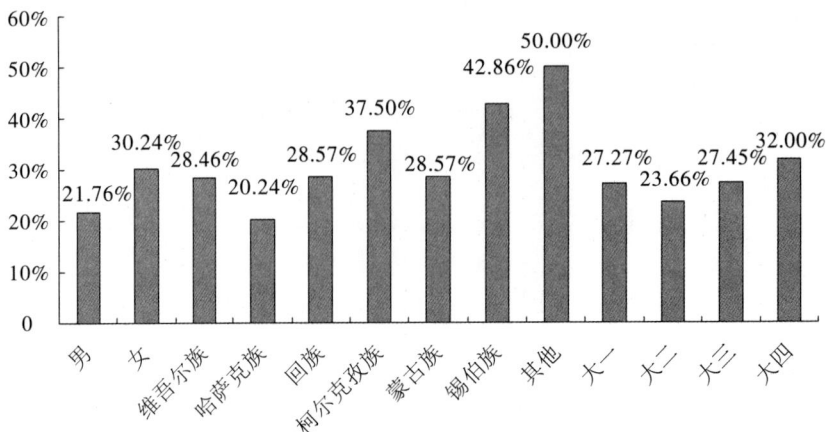

图 4-39 低民族网络样本在不同性别、民族、年级的分布情况

从考试类别看，有 37.97% 的参加普通高考的少数民族大学生属于低民族网络，比例最高；有 21.31% 的参加双语班的少数民族大学生属于低民族网络，比例最低；参加民考汉的少数民族大学生的这一比例为 29.65%；参加民考民的少数民族大学生的这一比例为 27.33%。结合高民族网络样本，参加双语班的少数民族大学生中高民族网络的人数比例最高，低民族网络的人数比例最低，可见，参加双语班的少数民族大学生的民族网络水平最高，而参加普通高考的少数民族大学生的民族网络水平最低。

从创业氛围看，身边没有亲友创业的少数民族大学生中有 30.26% 的学生属于低民族网络，身边有亲友创业的少数民族大学生的这一比例为 24.66%，前者比后者高 5.60%。结合高民族网络样本情况可知，身边有亲友创业的少数民族大学生的民族网络水平整体高于身边没有亲友创业的少数民族大学生。

从参加创业教育的情况看，参加过创业教育的少数民族大学生中有 26.99% 的学生属于低民族网络，没参加过创业教育的少数民族大学生的这一比例为 28.92%，前者比后者低 1.93%。结合高民族网络样本情况可知，参加过创业教育的少数民族大学生的民族网络水平整体高于没参加过创业教育的少数民族大学生。

从专业领域看，各专业中低民族网络样本比例均偏低，其中比例最高的是教育学专业的少数民族大学生，为 34.21%；比例最低的是文学艺术专业的少数民族大学生，为18.18%。其他专业中低民族网络人数比例由高到低依次为：工学专业为30.77%，医学专业为30.53%，经济学专业为28.40%，法学专业为28.36%，管理学专业为28.16%，农学专业为26.32%，理学专业为18.75%，具体见图4-40。结合高民族网络样本情况，文学艺术专业中高民族网络人数比例最高，而低民族网络比例最低，这说明文学艺术专业的少数民族大学生的民族网络水平最高。

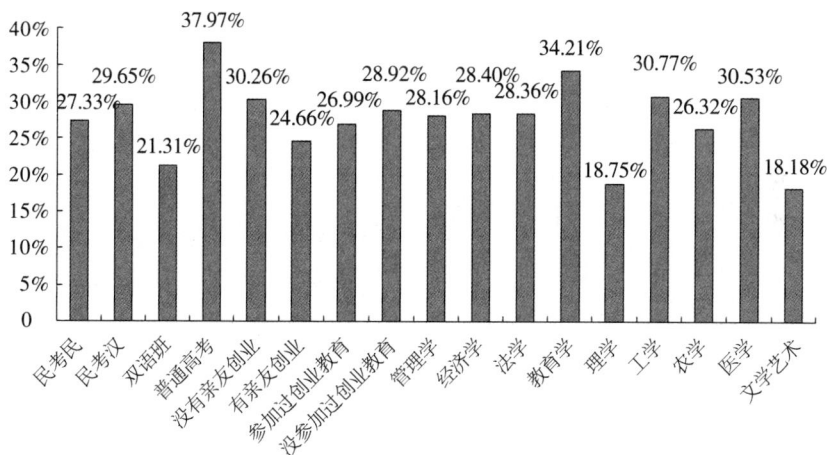

图4-40　低民族网络样本在不同考试类别、创业氛围、创业教育、专业领域的分布情况

4.9　本章小结

本章分析了少数民族大学生创业能力的八大影响因素现状，包括创业意愿、创业动机、创业导向、不确定性规避、全球化导向、创业学习、创业教育与民族网络。统计结果显示：大部分少数民族大学生对创业感兴趣，但实际愿意去创业的人数比例却较低；其创业动机主要是自我实现；创业导向、不确定性规避、全球化导向与民族网络高低组的少数民族大学生样本组成不同；少数民族大学生主要通过亲友及创业老师的讲授进行创业学习，但受不同文化背景熏陶的少数民族大学生选择创业学习的方式存在差异；大部分少数民族大学生都参加过创业教育，但其学习成效并不明显。

第5章 新疆少数民族大学生创业能力 存在的问题及原因分析

在前面分析的基础上，本章结合152名少数民族大学生的访谈结果，从少数民族大学生的创业能力本身、培养自身创业能力的态度以及个体特征对创业能力的影响等方面，进一步分析少数民族大学生创业能力存在的问题，并从个人、学校、家庭、政府等4个层面，深入探讨问题存在的原因。

5.1 新疆少数民族大学生创业能力存在的问题

5.1.1 少数民族大学生创业能力的区域差异及各维度分析

1.南北疆少数民族大学生创业能力不平衡

与北疆地区相比，南疆地区少数民族大学生的创业综合能力均值偏低。北疆地区少数民族大学生的创业综合能力均值为3.64，而南疆地区少数民族大学生的创业综合能力均值仅为3.53，二者均值相差

0.11。从创业能力的不同维度看，南疆地区少数民族大学生的机会识别能力、人际关系能力、战略管理能力、创新能力、学习能力、受挫能力和跨文化能力的均值均低于北疆地区的少数民族大学生，其中跨文化能力均值差异最为明显，但资源整合能力高于北疆地区的少数民族大学生，具体见图5-1。

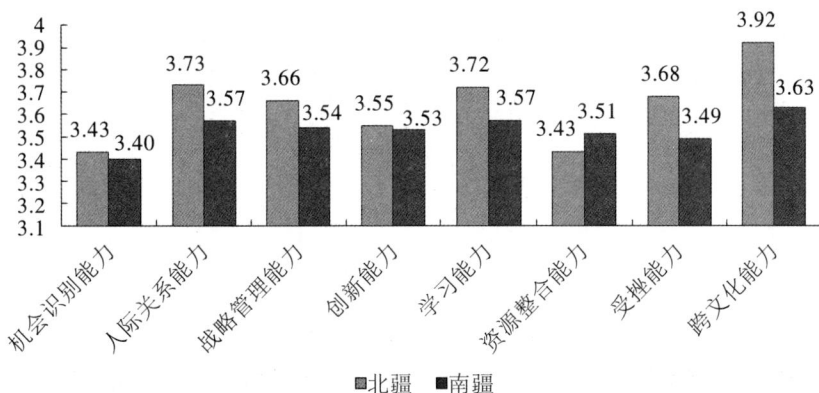

图5-1 南北疆少数民族大学生创业能力各维度均值对比图

从一定程度上看，跨文化能力决定了少数民族大学生的社交半径大小，影响着他们人际关系的广度和获取资源的机会与渠道，从而对他们的创业活动产生影响。南疆地区少数民族人口居多且主体民族单一性强，跨文化交流相对较少，不利于他们自身跨文化能力的开发和培养，这导致南疆地区少数民族大学生的跨文化能力明显低于北疆地区的少数民族大学生。如何加强南疆地区少数民族大学生的跨文化能力培养是值得重视的问题。

2.与省会城市相比，非省会城市少数民族大学生创业能力各维度相对偏低

由于地理位置差异和政府资源分配的不同，省会城市的社会经济发展水平通常高于非省会城市，因此，在省会城市求学的少数民族大学生所处环境的创业氛围更好，他们有更多的学习机会，接触的新鲜事物和身边可利用的资源相对较多，这使得他们的创业能力在各个方面都强于非省会城市的少数民族大学生。从创业能力的不同维度看，非省会城市

少数民族大学生在 8 个维度上的得分均低于省会城市的少数民族大学生，其中人际关系能力、学习能力和受挫能力表现尤为明显，差距均超过 0.20，具体见图 5-2。

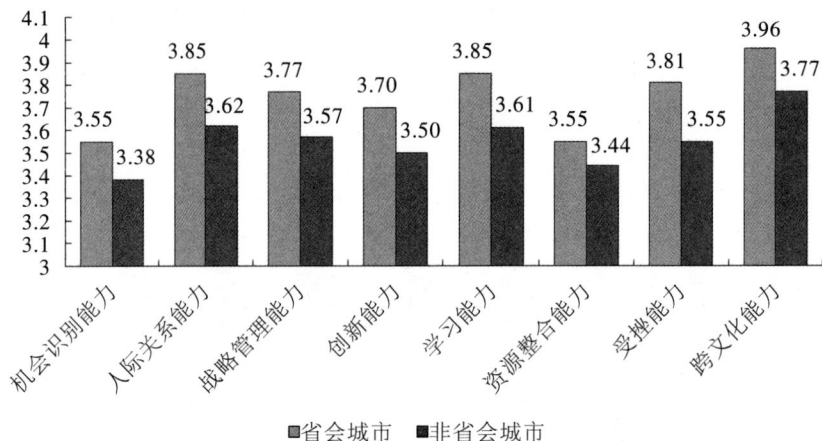

图 5-2　省会城市与非省会城市少数民族大学生创业能力各维度均值对比图

在访谈过程中，问及"您觉得身边有好的商机吗？您是如何判断的？举例说明"时，石河子和库尔勒等非省会城市参加访谈的 94 名少数民族大学生中，有 38 人（占 40.4%）认为身边没有商机或没有关注过是否有商机，而在乌鲁木齐和昌吉地区参加访谈的 58 名少数民族大学生中，只有 7 人（占 12.07%）认为身边没有商机或没有关注过是否有商机。问卷调查结果显示，受经济发展活跃程度和创业氛围的影响，不同地区少数民族大学生的机会识别能力和资源整合能力均值差异较大，但总体上看相对偏低。乌鲁木齐和昌吉地区少数民族大学生的机会识别能力均值超过样本总体均值（3.45），库尔勒和阿拉尔地区少数民族大学生的机会识别能力均值低于样本总体均值，石河子地区少数民族大学生的机会识别能力均值则远低于样本总体均值；乌鲁木齐、昌吉和阿拉尔地区少数民族大学生的资源整合能力均值超过样本总体均值（3.41），库尔勒地区少数民族大学生的资源整合能力均值低于样本总体均值，石河子地区少数民族大学生的资源整合能力均值则远低于样本总体均值，具体见图 5-3。

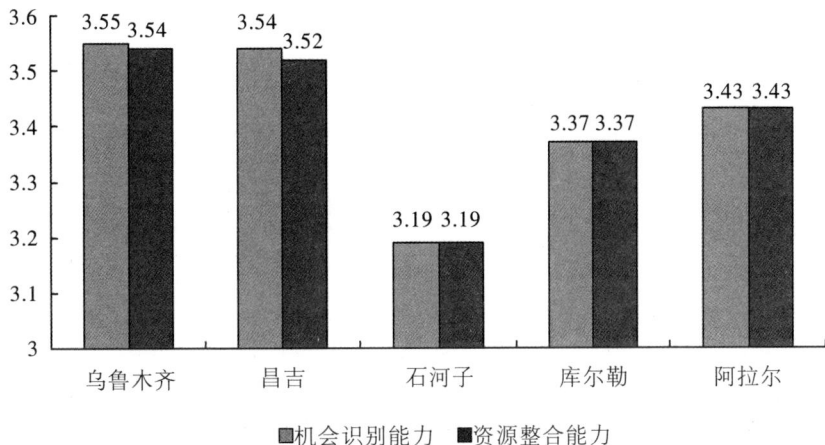

图5-3　不同地区少数民族大学生机会识别能力与资源整合能力均值图

3.对商业机会的敏感性不强，缺乏对资源的有效整合与利用

大部分少数民族大学生对身边商业机会的敏感性不强，觉察商业机会的敏锐度不高，对身边资源的利用率不足，在整合身边分散的资源使其产生更大的价值方面表现不佳。数据分析显示，少数民族大学生创业综合能力均值为3.64，在个别维度上的均值明显偏低，机会识别能力均值（3.45）和资源整合能力均值（3.47）明显低于创业综合能力及其他各维度均值，具体见图5-4。访谈过程中问及"您认为您周围有哪些可利用的创业资源（包括人、财、物等）？"时，80%以上的少数民族大学生将创业资源局限在熟人圈，回答"有亲朋好友可提供支持与帮助"，仅有少数提到政府、学校的一些相关政策，网络资源等。当继续追问"如果有请举例说明"时，仅泛泛而谈资金、经验等，能说出具体细节的少之又少。机会识别是创业活动的开始，而能否很好地整合资源则对创业活动能否顺利开展起重要作用，这两方面能力偏低不利于大学生创业综合能力的提高。

4.创新能力不高，创新行为不足

少数民族大学生在创新能力维度上的总体得分仅略高于机会识别能力和资源整合能力。在访谈过程中，大多数少数民族大学生承认创新能力是其创业能力中较为薄弱的一项，在问及"您在学习生活过程中采用过哪些新想法来解决问题？请具体说明"时，绝大多

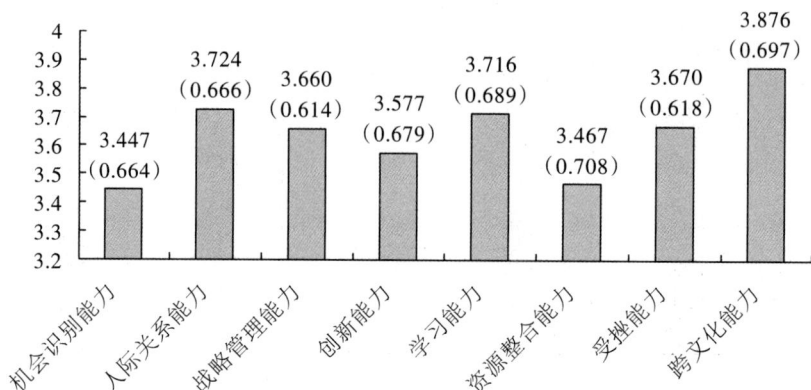

图5-4 少数民族大学生创业能力各维度均值图（括号内为标准差）

数学生都想不出说什么，或者觉得有，但是对具体是什么方法、怎么解决的又说不出来，还有的直接回答"解决问题都有现成的办法"，比较倾向于用传统的方式解决问题。由此可知，当前新疆少数民族大学生的创新能力亟待提升。在少数民族大学生创业能力各维度重要性的排序中，专家打分最高的为创新能力，少数民族大学生自身也认为创新能力最为重要，但其对创新能力的自我评价多集中在"一般"和"符合"，选择"非常符合"的比例相对较低，具体见图5-5和图5-6。

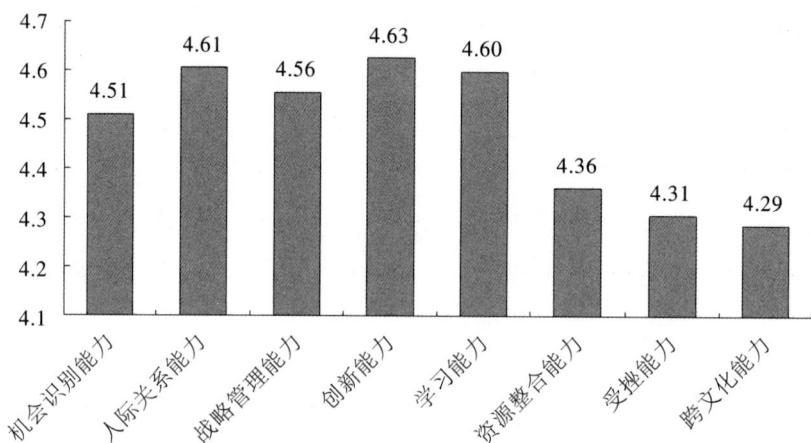

图5-5 少数民族大学生对创业能力各维度重要性的评价均值

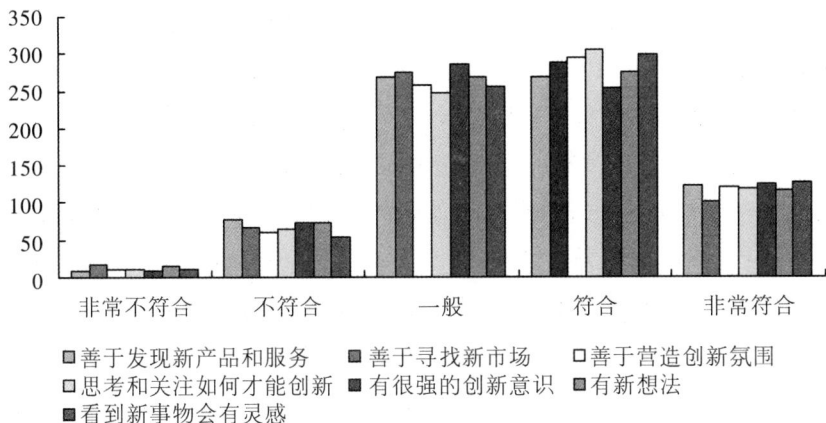

图5-6　少数民族大学生创新能力的自我评价

5.1.2　少数民族大学生创业能力的个体特征

1.参加民考汉的少数民族大学生的创业能力偏低

由第4章的分析可知，参加民考汉的少数民族大学生的创业能力显著低于其他考试类别的少数民族大学生。在机会识别能力和资源整合能力上，参加民考汉的少数民族大学生显著低于参加民考民和普通高考的少数民族大学生；在战略管理能力、创新能力和学习能力上，参加民考汉的少数民族大学生显著低于参加民考民、双语班和普通高考的少数民族大学生；在受挫能力上，参加民考汉的少数民族大学生显著低于参加民考民的和双语班的少数民族大学生。可见，参加民考汉的少数民族大学生的创业能力明显要低于其他考试类别的少数民族大学生。参加民考汉的少数民族大学生汉语水平、对多元文化的理解和接受程度都相对较高，从理论上来说，应该具有更高的创新能力、学习能力和资源整合能力，但是数据分析的结果却与这一推理相反。通过进一步访谈发现，造成这种现象的原因主要来自两个方面：一是参加民考汉的少数民族大学生进入大学后和汉族学生面临同样的要求，开始时易把汉族学生作为潜在的竞争对手，面对来自汉族学生的压力，其自信心水平会有所下降，对创业的态度较为消极，不利于创业能力的培养；二是参加民考汉的少数民族大学生受到"学而优则仕"的观念影响，更追求稳定、体面的工作,希望能从事公务员、医生或教师等职业,因此从思想和行为上不重视自身创业能力的培养,从而导致其创业能力偏低。

2.缺乏间接先验经验的少数民族大学生创业能力偏低

身边亲友的创业经验属于间接先验经验,缺乏间接先验经验的少数民族大学生对创业的兴趣不足,创业能力偏低。数据分析结果显示,与有亲友创业的少数民族大学生相比,没有亲友创业的少数民族大学生对自主创业的兴趣明显偏低,其中在选择对自主创业感兴趣和非常感兴趣的学生中,没有亲友创业的少数民族大学生的比例低于有亲友创业的少数民族大学生;在选择对自主创业感觉一般、不感兴趣和非常不感兴趣的学生中,没有亲友创业的少数民族大学生的比例都高于有亲友创业的少数民族大学生。这表明是否有间接先验经验会在很大程度上影响少数民族大学生对自主创业的态度和兴趣,从而影响其创业能力的培养,具体见图5-7。

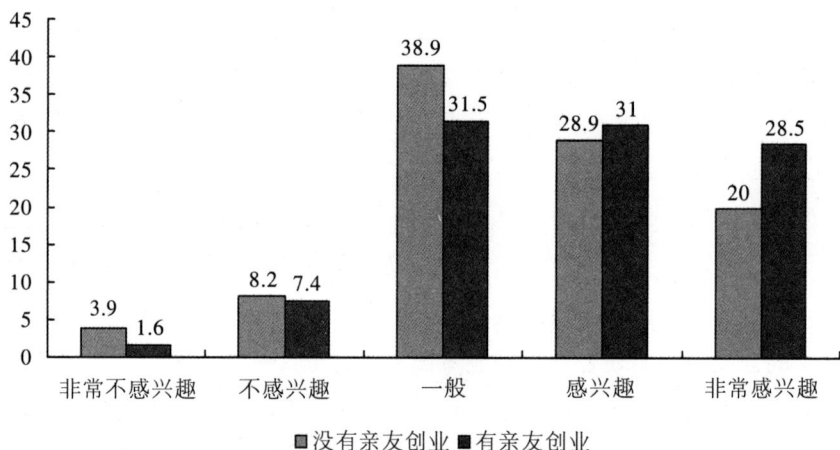

图5-7 少数民族大学生自主创业兴趣调查结果图

由第4章的内容可知,创业能力在亲友创业情况上的独立样本t检验结果显示,身边是否有亲友创业会对少数民族大学生的创业能力产生显著影响,其中身边有亲友创业的少数民族大学生的创业能力显著高于没有亲友创业的少数民族大学生。

交叉效应检验结果表明,身边是否有亲友创业和考试类别对少数民族大学生创业能力的交叉效应显著,P=0.041(P<0.05),具体见表5-1。

表 5-1 交叉效应检验结果

源	Ⅲ型平方和	df	均方	F 值	显著度
校正模型	12.164ª	7	1.738	6.360	0.000
截距	7 682.382	1	7 682.382	28 116.914	0.000
考试类别	3.931	3	1.310	4.795	0.003
是否有亲友创业	8.853	1	8.853	32.400	0.000
考试类别*是否有亲友创业	2.266	3	0.755	2.765	0.041
误差	201.370	737	0.273		
总计	10 072.114	745			
校正的总计	213.534	744			

a 检验变量：创业能力。

简单效应分析结果显示，部分身边没有亲友创业的少数民族大学生会因为缺乏间接先验经验而导致创业能力偏低。考试类别为民考民的少数民族大学生中，有亲友创业对其自身创业能力的影响并不显著，P=0.118（P>0.05），但是考试类别为民考汉、双语班和普通高考的少数民族大学生中，有亲友创业可以显著提升其自身的创业能力，P分别等于0.028、0.023、0.000（P<0.05），具体见表5-2。

表 5-2 简单效应分析结果

检验变量	考试类别	是否有亲友创业	均值	F 值	显著性
少数民族大学生创业能力	民考民	有	3.747	2.45	0.118
		没有	3.635		
	民考汉	有	3.625	4.82	0.028
		没有	3.405		
	双语班	有	3.754	5.18	0.023
		没有	3.573		
	普通高考	有	3.910	17.17	0.000
		没有	3.429		

由前述差异性分析可知，与身边有亲友创业的少数民族大学生相比，身边没有亲友创业的少数民族大学生在创业能力各个维度上的均值都显著偏低，特别体现在机会识别能力和资源整合能力上。这说明间接先验经验对创业能力各维度的提升有重要作用，在进行创业教育时应充分开发和利用少数民族大学生身边的资源。

5.1.3 少数民族大学生培养自身创业能力的态度分析

1.少数民族大学生对创业的认知不足，创业行为滞后

访谈结果表明，少数民族大学生对创业的认知范围较窄，多数停留在表面。在对"请你用一句话形容创业是什么"的回答中，152名少数民族大学生中提到创新、推出新产品的人数比例为24.1%，提到自己当老板的比例为14.8%，提到发挥自己的能力服务于人的比例为20.4%，提到赚大钱的比例为18.5%，其他的比例为22.2%。对部分少数民族学生而言，自己开小店、做小生意都不在他们理解的创业范畴内。可见，少数民族大学生对创业的期望过高，缺乏对创业的正确理解，认知比较模糊。

问卷调查结果显示，即使条件具备，仍有不到半数的少数民族大学生表示会尽快开始创业，同时152名被访谈学生对于"请问您有没有想过自主创业（是否具有创业意愿）？为什么？"的回答分为三种情况：一是有非常明确的创业打算，想好了以后可能的创业方向的少数民族大学生占46.05%；二是有过创业的想法，但是由于各种原因还是不会选择创业或者想先工作以后再考虑创业的少数民族大学生占17.76%；三是完全没想过以后创业的少数民族大学生占36.19%，见表5-3。

表5-3 　　　　　　　　　　少数民族大学生创业意愿情况

	创业意愿明确	曾经想过但不会	完全没有创业意愿
人数（人）	70	27	55
百分比（%）	46.05	17.76	36.19

少数民族大学生中有创业想法的人比较多，创业意愿较强，但这一群体所选择的创业领域主要集中在传统的餐饮业、服装业以及食品业，且真正积极准备创业的少数民族大学生实际上很少，甚至有17.76%的少数民族大学生虽明确表示想过创业，但不会付出实际行动。在自身方面，他们不愿创业的主要原因有：创业风险太大，追求稳定；有想法，但是不敢去实践，不能坚持；没有好想法，觉得自己想不出什么创新的东西；缺乏经验，想先工作积累经验；缺乏资金和相关技能等。在家庭方面的主要原因是，家庭不支持。在学校方面的主要原因是，未开设相关课程，创业培训师资薄弱。从客观方面讲，创业的风险太大，而且现实中创业失败的案例很多，从根本上影响了少数民族大学生进行创业实践。

计划行为理论提出，个体的态度和认知会影响其行为。由于少数民族大学生对创业的认知不足，他们在学习生活中从思想上不重视自己创业能力的培养，因而不会有相应的行动，这在很大程度上阻碍了少数民族大学生创业能力的自我培养和提升。

2.少数民族大学生创业动机不足

对创业动机进行分组，我们检验了少数民族大学生创业能力在创业动机上的差异性。独立样本t检验结果表明，t值为9.623，P=0.000（P<0.05），表明有创业动机和完全没有创业动机的少数民族大学生创业能力均值存在显著差异，其中没有创业动机的少数民族大学生的创业能力均值显著低于有创业动机的少数民族大学生，具体见表5-4。

表5-4　　　　　　少数民族大学生创业能力在创业
动机上的独立样本t检验结果

检验变量	创业动机	平均数	标准差	t值	sig.
少数民族大学生创业能力	有	3.691	0.502	9.623	0.000
	没有	2.975	0.522		

从创业能力的不同维度看，没有创业动机的少数民族大学生在8个维度上的均值都显著低于有创业动机的少数民族大学生，具体见图5-

8。这说明创业动机影响了少数民族大学生的创业行为。虽然完全没有创业动机的少数民族大学生在调查样本中所占比重较小，但在一定程度上证明了缺乏创业动机的少数民族大学生在学习、生活中培养自己创业能力的意识薄弱，导致其创业能力各维度均值偏低。因此，在鼓励少数民族大学生创业和进行创业教育时，不能忽视对创业动机的激发和培养。

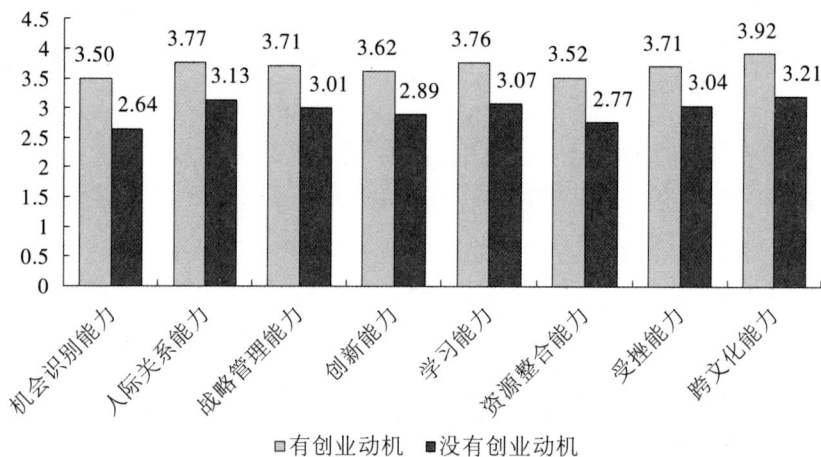

图5-8　少数民族大学生创业动机在创业能力维度上的显著差异图

3.少数民族大学生创业学习主动性差，实践活动参与度低

对于"请问您有没有接触过与创业相关的实践、培训、宣传教育等活动？"的访谈表明：没有接触过任何与创业相关的实践、培训、宣传教育等活动的少数民族大学生有41人，占到总人数的27%；接触过创业活动的少数民族大学生有111人，占总人数的73%，其中，接触过学校举办的创业活动的少数民族大学生有82人，占总人数的54%，从亲友身上了解创业相关知识的少数民族大学生有12人，占比为8%，主动搜索创业相关活动的少数民族大学生有27人，占比为11%，具体见表5-5。值得一提的是主动查阅书籍、利用网络搜索创业相关政策、从事简单创业活动的少数民族大学生有27名，较之其他的少数民族大学生，他们表现出更强的创业意愿。

表5-5	少数民族大学生参与创业活动访谈结果情况	单位：人，%	
是否接触过与创业相关的实践、培训、宣传教育等		人数	占比
没有接触过任何与创业相关的实践、培训、宣传教育等活动		41	27
接触过学校举办的创业活动		82	54
从亲友身上了解创业相关知识		12	8
其他：书籍，上网搜索，参加创业培训班		27	11

少数民族大学生对与创业相关的实践、培训、宣传教育等活动参与度不高。访谈发现，造成这种问题的原因有三个：一是少数民族大学生对创业活动不感兴趣，不愿意去关注或者参与相关活动；二是创业讲座多使用汉语，受汉语水平的制约，部分少数民族大学生对理解讲座内容有一定的难度；三是少数民族大学生有严重的"抱团"现象，在没有同伴参加的时候，会打消自己参加的念头。

4.创业教育效果较差，少数民族大学生对创业课程的感触不深

独立样本t检验结果表明，参加过创业教育的少数民族大学生和没参加过创业教育的少数民族大学生相比，创业能力均值差异不显著。这说明创业教育提升创业能力的作用不明显。尽管大部分少数民族大学生参加了学校的创业教育相关课程，但是创业教育效果并不理想。在参加过创业教育的少数民族大学生中，对于"学习了创业课程后，我会考虑创业"这一问题选择"符合"和"非常符合"的学生不到50%，这说明创业教育在激发参与者的创业兴趣、提高参与者的创业意识，进而增强其创业能力方面并没有起到显著作用。访谈发现，接触过学校举办的创业活动的82人中有18人对参加的创业课程内容没有任何印象，造成这种现象的原因有两点：一是创业课程课时太少；二是创业课程的吸引力不够。一般来讲，足够的创业知识储备及创业实践经验是创业的基础和前提。即使接触过创业相关活动，75.8%的少数民族大学生依然表示对创业相关知识"了解不多，知道一点"。

调查发现，各大高校都开设了创业教育相关课程，有的高校甚至将创业课程安排在必修课程体系内，但是依然存在课程内容设置不合理、

创业实践平台缺乏、专业师资不足等问题。这些问题的存在导致创业教育在激发少数民族大学生创业意愿、提升创业能力方面效果不明显。访谈过程中，问及"你觉得自己的创业能力足够吗？若不足，从自身、家庭、学校、政府的角度来讲为什么？"时，受访者在学校层面的典型回答见表5-6。

表5-6　　　　　　　　　　　　　　典型回答

答案编码	典型回答内容
QA1	课余时间不足。平日里学业压力太大，没有时间和精力去接触创业
QA2	创业教育不足，针对性差。学校虽然开设了创业课程但是持续时间短，课程设置不合理，缺乏针对性，教授的创业知识不适合
QA3	缺乏实践。学校的创业教育理论性强，但是缺乏实践性，无法获得实际意义上的收获

5.2　新疆少数民族大学生创业能力存在问题的原因分析

5.2.1　大学生培养创业能力的意识较弱

1.缺乏动机，思想上不重视

调查发现，少数民族大学生的创业动机中得分最高的是自我实现。然而，现实和理想存在差距，在马斯洛提出的需求层次中，自我实现处在最顶层，大部分少数民族大学生并没有优越的家庭资源禀赋，大学毕业时首先考虑的是解决较低层次的需求（生理需求、安全需求、社交需求和尊重需求），通常不会去考虑风险较大的创业。此外，不喜欢改变是长期潜藏在人们心里的意识，人们通常更习惯于被动等待，对于主动创新和变革接受程度较低。少数民族大学生亦是如此，受到传统就业观念的束缚和长期以灌输为主的教育方式影响，养成了被动接受的习惯，缺乏白手起家、艰苦奋斗的精神和勇气。因此，在缺乏创业动机的前提下，大部分少数民族大学生从思想上不重视自己创业能力的培养，对于学校的创业课程仅当作完成学习任务，缺乏内在需求和积极性，学习效果不佳，更不会主动通过网络、书籍、实践等途径来锻炼、提升自己的创业能力，从而影响其创业综合能力的提升。

2.缺乏创业的自信，参与实践活动积极性不高

大学阶段是探索和认知的好时期，但是通过访谈发现，相当多的少数民族大学生对自己的兴趣爱好、优势劣势、专业特征、社会环境等方面缺乏全面、客观的认识和判断，也不懂得如何充分利用身边的各种资源。因此，他们面对人生方向的决策时，自信心不足，依赖性较强，缺乏创业的勇气和信心，为了避免创业失败，选择不去创业。这类少数民族大学生非常缺乏主动培养自身创业能力的意识，对学校组织的各类创业活动积极性不高，其中很多人即使参与一些实践活动，也只是抱着完成课程任务的想法，没有全身心投入其中，最后收获甚微。在访谈中问及"你有创业的想法吗，为什么?"时，受访者的典型回答见表5-7。

表5-7 典型回答

答案编码	典型回答内容
QW1	不想，父母希望我能找个稳定的工作，我也觉得创业风险太大，不敢冒险
QW2	曾经想过，但是身边的失败案例比较多，父母不同意，还是打算考公务员，稳定一点
QW3	不太想，因为我觉得自己各方面的能力都不够，而且创业风险太大，还是想找个稳定的工作
QW4	不想，我觉得自己比较循规蹈矩，创新能力不好，就想平平淡淡地过日子

5.2.2 家庭对创业支持力度不够，忽视子女的创业能力培养

1.传统就业观念不利于创业能力培养

调查发现，大部分少数民族家长对大学生毕业后自主创业并不支持，特别是条件一般和贫困的少数民族大学生家庭。在少数民族家庭中，一方面大多数父母都希望自己的孩子将来能找一份体面、稳定的工

作，一生衣食无忧，因而不支持大学生选择创业作为未来的发展方向；另一方面，创业能否成功受到很多因素影响，需要很长的时间检验，前期需要投入大量的资源和精力，而受到家庭资源禀赋的影响，大部分少数民族大学生承担不起万一失败付出的代价，缺乏创业的勇气。资源保存理论（conservation of resources theory，COR）提出的丧失螺旋效应指出，不但缺乏资源的个体更易遭受资源损失带来的压力，而且这种压力的存在致使用于防止损失的资源往往入不敷出，从而会加速资源损失。在资源缺乏的压力下，为了避免资源损失，少数民族大学生就业时，即使工资不高，也倾向于选择更为稳定的职业来保全现有资源，规避创业可能带来的风险。因此，缺乏家庭从物质到情感上的支持使少数民族大学生忽视创业能力培养。

2.缺乏间接先验经验不利于创业能力培养

调查发现，没有亲友创业的少数民族大学生的创业能力相对较低。一方面，生活环境中没有亲友创业的少数民族大学生，没有机会受到创业氛围的耳濡目染，缺乏对商业机会的敏感性，而那些身边有亲友创业的少数民族大学生对商业活动的认识和想法较多，与身边无亲友创业的学生有着非常显著的差异。另一方面，少数民族群体之间的凝聚力较强，互相之间的影响程度更深，那些身边没有亲友创业的少数民族大学生不但无法获得间接的先验经验，而且出于对未知或失败的恐惧，也会从心理上对自主创业望而却步；而身边有亲友创业的少数民族大学生，通过亲友的先验经验对创业活动有更全面的了解，更能够客观地评估自主创业的利弊，也更容易通过实践学习提升自己的创业能力。因此，由于先验经验的缺乏，部分少数民族大学生缺乏创业意识，再加上家庭对创业风险的承受力可能较低，对创业的支持力度不足，少数民族大学生对创业能力的开发明显不足。

3.寻求稳定的思想不利于创业能力培养

本书的调查对象来自维吾尔族、哈萨克族、乌孜别克族、柯尔克孜族、回族等多个少数民族。虽然不同民族在传统文化、习俗方面存在差异，但一些文化价值观在一定程度上减弱了少数民族大学生培养创业能力的意识。部分少数民族家庭对物质利益的追求不高（阿地力江·阿布都力，2010），比较向往自由、安逸的生活，这在一定程度上影响了一部分少数民族大学生，他们寻求更稳定的生活，对自主创业的积极性不高，从而影响了自身创业能力的培养。各个少数民族独特的生活习惯也会影响本民族大学生与其他民族大学生的日常交往与合作，使他们的商业活动范围较小，从而影响创业的眼界和格局，不利于他们创业综合能力尤其是机会识别能力和创新能力的提升。

5.2.3 学校创业教育体系不健全

调查区域内，各大高校都开设了创业教育相关课程，有的高校甚至将创业课程安排在必修课程体系内，但依然存在课程内容设置不合理、创业实践平台缺乏、专业师资不足等多方面的问题，这些问题的存在导致创业教育在激发少数民族大学生创业意愿、提升创业能力方面效果不明显。

1.创业宣传不到位，氛围不够浓

虽然在各级政府的号召下，高校都开展了各种形式的创业宣传教育活动，但是调查发现，有部分高校在创业氛围营造方面还有待进一步提高。许多少数民族大学生认为学校创业氛围不浓，身边的同学、朋友真正参与创业实践的很少，学校虽然举办过创业讲座和创业大赛等创业活动，但是对其宣传不到位，很多少数民族大学生根本不知道相关的活动，在知道这些活动的学生中，真正能参与其中并得到锻炼的也是少数。此外，高校的创业宣传或讲座面向的都是全体大学生，部分汉语能力欠佳的少数民族学生在听讲过程中理解和吸收能力有限，影响了他们参加创业教育的热情。

事实上，校园的创业氛围对大学生的创业意愿有很好的促进作用，特别是少数民族大学生，容易受到身边同民族同学的影响。创业氛围不浓影响了少数民族大学生的创业意愿，从而阻碍了少数民族大学生对培养自身创业能力的重视，加之部分学校的培养目标、评价体系也没有向培养创业能力方面倾斜，导致创业教育流于形式，没有真正起到培养少数民族大学生创业精神的作用，从而影响了少数民族大学生创业能力的开发效果。

2.课程设置不合理，缺乏实践平台

虽然各高校都意识到创业教育的重要性，举办了各种创业教育活动，但是并没有将创业能力培养活动真正融入专业教育和人才培养体系中。各高校开设的创业相关课程均在不同程度上存在目标定位不明确、整体规划不足、课程体系设置不合理、授课内容趣味性不足、精品教材和实践平台缺乏等问题，结果导致创业教育的作用并没有得到充分发挥。调查发现，S高校虽然开设了创业相关课程，并将其作为必修课，但是课时安排只有24个，授课老师大多是临时聘用的，缺乏实操经验或经历，课程的教学质量很难保证。

通过访谈得知，各高校开展的创业教育课程以理论居多，授课内容重在知识传递，较少涉及实践项目，这导致了创业知识很难真正内化为少数民族大学生的创业能力，无法培养出"创业者"。一方面，缺乏实践训练项目可能导致授课内容和社会实际脱节，无法满足真正有创业意愿的少数民族大学生的需求，也不能保证创业教育所学能经得起社会实践的考验；另一方面，大多数少数民族大学生缺乏在实践中锻炼能力的平台和机会，无法将理论与实践结合，很难真正提高其创业综合能力。此外，即使有实践机会，能参与其中的学生数量有限，对于一些汉语水平不佳的少数民族大学生来说，资源竞争能力和机会把握能力都有限，这严重影响了创业教育在激发少数民族大学生的创业热情和提升其创业能力方面所发挥的作用。

3.专业师资力量比较匮乏

创业教育课程被纳入高校课程体系的时间相对较短，从事创业教育的专项师资不足。所调查的高校中，负责给学生讲授创业课程的讲师大都由辅导员或者其他课程的讲师兼任，这些讲师虽然经过培训，但是毕竟自身并没有创业经验，讲课时以灌输知识为主，难以给有需求的学生提供有针对性的"一对一"辅导，难以将授课内容转化为实际的创业能力。辩证唯物主义认为，事物发生变化的根本原因不在于外部，而在于事物的内部，外因只有通过内因才能起作用。少数民族大学生具有不同的文化背景和汉语水平，高校开展创业教育时，只考虑了外在因素而没有考虑内在因素，忽略了少数民族大学生的理解能力和文化基因。创业教育本身应该是以学生为中心，师生之间相互交流、共同创造、共同探索和共同成长的过程，高校在对少数民族大学生进行创业教育时忽略了内部因素，未能根据其特点配备专业的讲师，这在很大程度上影响了创业教育对少数民族大学生创业能力的开发效果。

4.教育观念、培养模式与教学方式陈旧

创业本身是一个需要大量投入，但无法在短期内看到成效的过程。只准成功不许失败的传统教育观念缺乏对失败的包容，给有创业意愿的大学生造成了很大的心理压力，很可能将许多大学生的创业潜能扼杀在摇篮里，阻碍他们提升创业能力。少数民族大学生在学校大都接受灌输式和管理式的培养，学习的理论知识多，实践机会少，对社会的了解和接触不足，因而在瞬息万变的市场中，对机会的发现和把握能力、对各种资源的利用能力显得不足。从培养模式上看，有的太注重形式，形成了以分数和绩点为导向的考评体系，而缺乏对少数民族大学生实际应用能力的培养。课堂教学方式多以老师讲授为主，少数民族大学生对所学内容属于被动接受，辩证性思考不足，因而大部分少数民族大学生缺乏创新精神和冒险精神。调查结果显示，经管类专业少数民族大学生在提升创业能力方面效果不明显，这充分说明了少数民族大学生在实际生活中运用专业知识的能力有待加强。

5.2.4　区域创业环境不够优越

1.创业资源配置不同制约少数民族大学生创业能力提升

一方面，由于不同地区在新疆整体经济发展中所处的战略地位不同，政府在各地区的资源配置不同，各地区经济发展水平也不同。因此，不同地域的少数民族大学生的眼界和见识以及能接触到的资源存在较大差距，当乌鲁木齐的少数民族大学生有好想法时，更有机会将想法付诸行动，在实践中锻炼自己的创业能力，而其他地区的少数民族大学生即使有想法，能真正实践的可能性相对偏低，因而不同地区的少数民族大学生的创业能力会出现差距。另一方面，南北疆地区的少数民族人口数量存在显著差异，南疆地区少数民族居多且主体民族单一化，高校的少数民族大学生人多以本地生源为主，其接触的人群比较单一，接触多元文化的机会相对较少，这制约了他们跨文化能力的提升。

2.政策宣传不到位，缺乏对少数民族理解能力的考虑

在鼓励大学生创业的大环境下，政府出台了相应的政策支持大学生创业，但是政策的宣传和落实过程存在很多问题。一方面，政策宣传广度不够，大部分少数民族大学生对当地有哪些创业优惠政策不了解，只有少数学生听说过无息贷款，但并不清楚具体的办理流程，这使得一些好的政策最终无法发挥其应有的作用。另一方面，部分少数民族大学生的汉语水平有限，对创业相关政策的理解不够，特别是对专业术语难以理解，无法有效运用相关政策，从而难以激发少数民族大学生创业的积极性。

3.少数民族创业服务体系不健全

目前，虽然政府出台了多项政策措施为大学生创业提供便利条件，但是依然缺乏完善、规范的创业指导服务体系。第一，缺乏专门的创业金融服务机构。调查发现，很多少数民族大学生不考虑创业的原因都与资金有关，虽然部分地区的政府对大学生创业贷款出台了优惠政策，但是落实过程存在各种问题，资金依然是少数民族大学生创业面临的最重要的难题之一。第二，缺乏政策咨询和创业指导服务机构。政府的各项政策多是针对所有大学生、以汉语形式下发的，这给汉语水平不佳的少数民族大学生带来了理解上的障碍，不清楚相关流程会使少数民族大学生在创业过程中遇到很多阻碍，遇到问题时不能及时向专门的服务机构咨询，这也会降低少数民族大学生创业的积极性。第三，缺乏有效的创业技能培训机构。虽然各地根据政策开设了创业技能培训班，但是面对不同个体授课内容千篇一律，缺乏个性化、有针对性的培训课程和成熟的少数民族大学生创业者素材。少数民族大学生具备多样化的文化背景、价值观和汉语水平，并且不同的成长环境使其个人能力和综合素质都有所差异，选择的创业方向和领域有很大不同，因此，大众化的创业培训缺乏吸引力，无法切实发挥提升少数民族大学生创业能力的作用。此外，创业是一个艰辛、漫长的过程，但创业技能培训机构往往只在创业前期提供技能培训，缺乏对创业后续的管理、营销等方面的支持，不利于少数民族大学生在实践中获得能力上的提升，从而导致少数民族大

学生创业的成功率较低。

5.3　本章小结

基于访谈和调查数据分析，本章对少数民族大学生创业能力存在的问题和原因进行了剖析。结果发现，在经济发展水平不同的地区，少数民族大学生的创业能力不平衡，南疆地区相比于北疆地区、非省会城市相比于省会城市，其少数民族大学生创业能力偏低；从总体上看，少数民族大学生存在机会识别能力和资源整合能力偏低、创业综合能力不足的问题。就少数民族大学生个体特征对创业能力的影响而言，民考汉、身边无亲友创业的少数民族大学生存在创业能力偏低的问题。就培养自身创业能力的态度而言，少数民族大学生存在培养创业能力认知与动机不足、创业学习主动性差以及对创业教育感触不深的问题。究其原因，有4个层面：在个人层面，主要是因为培养创业能力的意识较弱；在学校层面，主要是因为创业教育体系不够健全；在家庭层面，主要是因为对创业支持力度不足，忽视创业能力的培养；在政府层面，主要是营造的创业环境还不够优越。

第6章　新疆少数民族大学生创业能力的实证分析

基于要"原生态"地展现少数民族大学生创业能力的内涵、维度和形成机理的目标，本书从创业动机、不确定性规避、创业教育、创业学习、全球化导向、民族网络等6个方面对少数民族大学生创业能力进行实证分析。通过深入探讨创业能力维度和少数民族大学生拥有的独特文化背景、传统习俗等民族因素的关系，发现其创业能力形成的某些特殊性。这也将为少数民族地区新生代创业者、未来的职业经理人以及有志创业的少数民族大学生提供可借鉴的实践经验。

6.1　创业动机对新疆少数民族大学生创业能力的影响

6.1.1　引言

少数民族大学生具有特殊性，识别其创业动机能更好地为其提供创业态度、行为和技能指导，提升其创业能力。现有的研究表明，创业动机是影响创业企业发展的一个重要因素（Naffziger et al.，1994；Blawatt，1995）。创业动机源自创业者自身的心理定位，是创业者创业行为的内在驱动力，有创业动机的人会表现出更积极的创业态度、创业行为。目前的研究表明，大学生的创业动机包含家庭社会网络（肖璐和范明，2013）、成就（张凯竣和雷家骕，2012）、社会支持（高日光，2011）等因素，不同性别的大学生的创业动机存在差异性（朱贺玲和周霖，2010）。已有研究表明，大学生的创业动机对创业能力具有正向预测作用（巫程成等，2014）。调查发现，自我实现是少数民族大学生创业的普遍动力，自我实现意愿较强烈的大学生表现出的创业能力更强，更敢于开展创业实践。随着少数民族大学生不断参与创业教育、创业培训和创业专题讲座，他们可以了解到更多的创业知识和优惠的大学生创业政策，更加愿意创业。家庭也是影响其创业的一个重要因素，虽然我们在访谈中发现大部分的少数民族家庭不支持孩子创业，但家庭网络成员的创业行为会对其创业产生积极的影响，使其表现出更强的创业意愿和创业能力。基于此，少数民族大学生群体的创业动机是否具有特殊性、其创业动机的主要内容有哪些、如何影响其创业能力、对其影响程度及差异性如何等问题还需要验证。

6.1.2　文献回顾与研究假设

创业动机是促使创业者不断追求成就需求的内在心理倾向或动力，它激发和维持着具备创业条件和创业能力的个体从事创业活动，并使之处于积极心理状态，包括目标导向和自我效能感两个衡量指标（Olson & Bosserman，1984；Baum & Locke，2004）。

大学生创业既是创业者为了收获名誉、地位、财富，实现自我、获得个人成长而进行的一种带有目的性的"主动"创业，也是创业者受宏观经济环境、政府优惠政策和亲人朋友支持的影响，具备了创业成功所需的资源和条件后进行的一种相对"被动"的创业（高日光等，2009）。在内因驱动和外因拉动的共同作用下，个体产生创业心理倾向的动力，为满足自身对创业成功的需要，人们会更加努力使自己获得促使创业成功的各方面能力。

国内外对于创业动机和创业能力的现有相关研究，多是研究成就目标理论的创业动机与创业自我效能感之间的关系，而对创业动机与少数民族大学生创业能力之间关系的研究较少。学者们发现，创业者的创业动机与创业自我效能感密切相关（李爱国和曾宪军，2018），创业者的成就动机能够显著影响其学业、技能使用及管理方面的自我效能感（黄妍娟，2008）。从心理学视角看，大学生创业动机影响着大学生创业能力，具有创业倾向的大学生，会受到内在心理需求和外在环境的影响，激发其创业动机，进而坚定自己的创业意愿，并为保证创业成功而不断提升和丰富自己的创业能力（巫程成等，2014）。由上可知，创业动机会导致少数民族大学生在评估自身能力后，产生一种内在的动力，驱使自己不断努力获得能够满足自身创业动机需求的能力，即创业能力。基于此，本书提出以下假设：

假设1：创业动机对少数民族大学生创业能力产生正向影响

假设1a：追名求富对少数民族大学生创业能力产生正向影响

假设1b：自我实现对少数民族大学生创业能力产生正向影响

假设1c：家庭影响对少数民族大学生创业能力产生正向影响

假设1d：社会支持对少数民族大学生创业能力产生正向影响

6.1.3 研究设计

1.变量测量

（1）少数民族大学生创业能力。本书采用课题组开发的少数民族大学生创业能力量表。

（2）创业动机。本书参考高日光等（2009）编制的"大学生创业动机测量问卷"，包含4个内容维度和16种典型行为描述，每个维度4个项目。4个内容维度分别是：自我实现（如发挥专业特长），追名求富（如提高自身的社会地位），社会支持（如学校提供创业基金和条件），家庭影响（如家人朋友鼓励创业）。

（3）控制变量。借鉴以往研究，选取性别、民族、年级、专业领域、亲友是否创业为控制变量。

（4）调查问卷各测量题项均采用Likert 5点量表进行测量，其中，1

代表完全不符合，5代表完全符合。

2.量表的信效度检验

（1）同源方差检验

本书采取Harman的单因子检测方法，检测结果显示未旋转成分得到的第一个主成分解释率为33.752%，低于平均标准（50%），检验结果表明本书所使用的数据同源误差在可接受的范围内，适合用于后续分析。

（2）量表的信效度分析

根据探索性因子分析结果，少数民族大学生创业能力量表的KMO值为0.963（>0.7），巴特利特球形检验 χ^2 值为17 304.704（sig.=0.000），抽取8个因子，累计解释方差变异总量为58.26%；创业动机量表的KMO值为0.918（>0.7），巴特利特球形检验 χ^2 值为4 894.553（sig.=0.000），抽取4个因子，累计解释方差变异总量为63.305%；通过软件AMOS 22.0进行验证性因子分析，可以看出创业动机各项拟合指标均达到标准（$\chi^2/df<5$；GFI、NFI、IFI、CFI均大于0.9；RMSEA<0.08），少数民族大学生创业能力GFI、NFI、IFI、CFI值略微偏低，但 χ^2/df、RMSEA达到了基本标准，具体见表6-1。综合考虑，本书认为各变量区分度较好。

表6-1　　　　　　　　模型主要拟合优度评价表

拟合指标	χ^2/df	GFI	NFI	IFI	CFI	RMSEA
少数民族大学生创业能力	4.027	0.765	0.767	0.814	0.814	0.064
创业动机	3.879	0.940	0.928	0.946	0.946	0.062

6.1.4　数据分析及结果

由表6-2可知，少数民族大学生创业能力分别与创业动机及其各维度在0.01的水平上显著正相关，这表明创业动机可能正向影响少数民族大学生创业能力。但是，创业动机各维度与少数民族大学生创业能力的相关系数各不相同，这说明创业动机各维度对创业能力的影响程度有差异。

表6-2　　　　　创业动机与创业能力的相关分析（N=745）

	均值	标准差	1	2	3	4	5	6
1.创业动机	3.544	0.614	1					
2.追名求富	3.425	0.759	0.786**	1				
3.自我实现	3.764	0.745	0.788**	0.512**	1			
4.家庭影响	3.417	0.758	0.830**	0.524**	0.509**	1		
5.社会支持	3.569	0.766	0.837**	0.512**	0.543**	0.656**	1	
6.创业能力	3.644	0.533	0.699**	0.497**	0.618**	0.534**	0.619**	1

注：**表示在0.01水平（双侧）上显著相关。

以创业动机为自变量，以少数民族大学生创业能力为因变量，以性别、民族、年级、专业领域、亲友是否创业为控制变量，进行回归分析。结果显示，R^2为0.497（P<0.001），调整后R^2为0.461（P<0.001），F值为121.730（P<0.001），创业动机β系数为0.690，t值为26.028（P<0.001），这说明创业动机对少数民族大学生创业能力有显著正向影响，假设1得到验证，具体见表6-3。

表6-3　　　　　回归分析结果（N=745）

	非标准化系数		标准系数	t	sig.
	B	标准误差	试用版		
（常量）	69.353	5.217		13.293	0.000
性别	0.613	1.432	0.011	0.428	0.669
民族	0.179	0.541	0.009	0.332	0.740
年级	0.244	0.718	0.009	0.341	0.733
专业领域	0.008	0.185	0.001	0.045	0.964
亲友是否创业	4.431	1.348	0.088	3.287	0.001
创业动机	1.760	0.068	0.690	26.028	0.000
F值	121.730				
R^2	0.497				
ΔR^2	0.461				

　　进一步以创业动机的4个维度，即追名求富、自我实现、家庭影响及社会支持为自变量，以创业能力为因变量，以性别、民族、年级、专业领域、亲友是否创业为控制变量，进行回归分析。根据表6-4中的结果，R^2为0.521（P<0.001），调整后R^2为0.485（P<0.001），F值为88.701（P<0.001），追名求富β系数为0.112，t值为3.468（P<0.01），假设1a成立；自我实现β系数为0.339，t值为10.363（P<0.001），假设1b成立；家庭影响β系数为0.087，t值为2.419（P<0.05），假设1c成立；社会支持β系数为0.313，t值为8.604（P<0.001），假设1d成立，具体见表6-4。这说明追名求富、自我实现、家庭影响及社会支持对少数民族大学生创业能力有显著正向影响。经对比4个维度的β系数发现，创业动机中自我实现对少数民族大学生创业能力的影响最大，其次是社会支持，而追名求富与家庭影响对少数民族大学生创业能力的影响较小，其中家庭影响最小。

表6-4　　　　　　　　　　回归分析结果（N=745）

	非标准化系数		标准系数	t	sig.
	B	标准误差	试用版		
（常量）	67.279	5.128		13.120	0.000
性别	0.859	1.404	0.016	0.612	0.541
民族	0.228	0.532	0.011	0.428	0.669
年级	0.317	0.703	0.012	0.450	0.653
专业领域	0.003	0.182	0.000	0.017	0.986
亲友是否创业	4.384	1.320	0.087	3.321	0.001
追名求富	0.926	0.267	0.112	3.468	0.001
自我实现	2.852	0.275	0.339	10.363	0.000
家庭影响	0.719	0.297	0.087	2.419	0.016
社会支持	2.559	0.297	0.313	8.604	0.000
F值	88.701				
R^2	0.521				
ΔR^2	0.485				

6.1.5 研究结论

综上所述，创业动机对少数民族大学生创业能力有积极的促进作用，其中追名求富、自我实现、家庭影响和社会支持均对其有显著正向影响。受内在驱动力和外在环境的影响，少数民族大学生产生创业的倾向。为成功创业，少数民族大学生需要采取措施开发自身的创业能力。因此，创业动机是影响少数民族大学生创业能力的前瞻性心理变量。

创业动机4个维度中，自我实现维度对少数民族大学生创业能力的影响最大。根据成就目标理论，少数民族大学生创业主要是为了自我实现，这就表明少数民族大学生属于高成就需求的个体，为了通过创业获得成就感，通常会挑战一些带有一定难度的目标，在此过程中对自身创业能力进行评估及反馈，发现自己的不足之处，并在创业动机的进一步驱动下不断提升自身的创业能力。

社会支持维度对少数民族大学生创业能力的正向促进作用仅次于自我实现维度。经过访谈发现，对少数民族大学生来说，在最需要提升的创业能力方面，除了获取人、财、物的资源整合能力之外，还有面对风险和创业失败的受挫能力，而社会支持是帮助少数民族大学生分散风险，为其提供有力帮助的最有效途径。因此，当少数民族大学生了解越多与创业相关的社会支持项目和内容时，越会激发他们的创业欲望，进而促进他们对自身创业能力的培养，以提升创业成功的概率。

追名求富维度对少数民族大学生创业能力的正向促进作用次于社会支持维度。经过访谈发现，对少数民族大学生来说，创业并不能使其提高自身的社会地位或获得权力。首先，绝大多数少数民族大学生表示只有在自己没能找到稳定工作的情况下，才会选择创业；其次，他们身边的绝大部分亲人朋友都不支持其创业，认为创业风险太大、不稳定。因此，追名求富相比于自我实现和社会支持来说对少数民族大学生提升创业能力的驱动力较小。

家庭影响维度对少数民族大学生创业能力的正向促进作用最小，这是因为大多数少数民族大学生家庭并不支持他们创业，即便是父母正在从事创业的家庭，仍然希望子女接受高等教育后能够找一份相对稳定的工作。因此，家庭影响对于少数民族大学生提升创业能力的驱动力最小。

6.2 不确定性规避对新疆少数民族大学生创业能力的影响

6.2.1 引言

不确定性规避对创业能力的影响机制研究较为罕见，少数民族大学生受其文化因素的影响，所表现出的创业态度、行为等具有特殊性，从文化的角度探讨不确定性规避对少数民族大学生创业能力的影响及作用机理，对高校开展少数民族大学生创业教育具有重要意义。

目前，关于大学生创业能力的研究成果较多，但系统研究少数民族大学生创业能力的成果并不多见。在大学生创业能力的影响因素方面，学者们发现情绪智力、创业经验、心理资本、创业教育等（陈权和施国洪，2013；秦双全和李苏南，2015；Sánchez，2013）都会影响大学生创业能力，但对文化因素的探讨非常少见。对于具有独特文化背景的少数民族大学生来说，他们的创业能力是否与文化有关、受到怎样的影响等问题还有待进一步研究。现有文化与创业关系的研究中，国家层面的研究成果较多，个人层面的研究成果较少。虽然民族文化对个人行为会产生影响，但是个体之间依然存在文化价值差异（Chen et al.，1998）。目前，已有研究探讨了不确定性规避与创业活动或创业倾向间的关系，但是直接探讨不确定性规避与创业能力关系的研究较为罕见。已有研究表明不确定性规避与创业存在负相关关系（Shane，1995；Thomas & Mueller，2000；Nguyen et al.，2009），但也有学者认为二者之间存在正相关关系（Wennekers et al.，2007；赵向阳和李海，2012），这显示出它们之间可能还存在其他影响因素。鉴于文化的复杂性，不确定性规避与创业间的关系并不是很清晰，从理论上看，高不确定性规避的社会成员倾向于保守，不愿冒险而阻碍创业，但正因为如此，他们也可能通过各种办法规避风险从而提升创业能力。因此，本书从个体层面出发，引入不确定性规避这一文化变量，探讨其与少数民族大学生创业能力的关系。

创业教育作为提升创业能力的重要渠道之一（陆秋萍，2015；Bayon et al.，2015），近年来越来越受到学者们的关注。创业教育的本质是提高大学生的创业能力，通过相关创业教育，可以增加少数民族大学生对创业知识的理解和掌握，锻炼少数民族大学生的实践能力，这些都有利于少数民族大学生创业能力的提升。调查发现，少数民族大学生由于文化背景的差异，对未来的不确定性有不同的态度，对创业教育的接受能力存在差异；同时，由于语言水平的差异，少数民族大学生创业教育的学习效果存在差异，造成其在创业能力上产生差异。

6.2.2　文献回顾与研究假设

1.不确定性规避与少数民族大学生创业能力

不确定性规避是一个非常重要的文化变量，已有研究表明，霍夫斯泰德（Hofstede）提出的文化维度不仅存在于国家层面，也存在于个人层面，文化会直接影响其社会成员的个人行为（Hofstede，1984；Dorfman & Howell，1988）。不确定性规避是指社会成员在不确定或不了解的情境中感受到威胁的程度（Joiner，2001）。不确定性规避程度强的社会成员对模糊性的容忍程度低，习惯比较精确地描述或掌控事情，面对未知会表现出更高程度的焦虑，行为风格较为保守，更关注稳定和安全感；不确定性规避程度弱的社会成员则对非结构化和模糊性表现出高容忍度，具有冒险精神，具有更高的成就动机和内控倾向（Hofstede，1984）。

大学生是创业者的重要组成部分，他们具有鲜明的特征，虽然拥有较强的创新能力，但是缺乏社会经验和创业实践经验，因而大学生创业能力有别于其他个体。学者们认为大学生创业能力包括以下几个方面：一是对创业机会的识别和利用方面，如机会发掘能力、机会把握能力、市场机遇捕捉能力等（杨道建等，2014；王辉和张辉华，2012；高桂娟和苏洋，2013）；二是创业活动的管理方面，如组织管理能力、战略决策能力、资源整合能力、谈判能力、专业能力等（杨道建等，2014；王辉和张辉华，2012）；三是创新方面，如创新能力、创造能力等（杨道建等，2014；高桂娟和苏洋，2013）；四是人际关系方面，如人际交往能力、关系胜任力等（王辉和张辉华，2012；高桂娟和苏洋，2013；曾春水等，2005）；五是心理方面，如挫折承受能力、创业坚毅力、创业原动力等（杨道建等，2014；王辉和张辉华，2012；高桂娟和苏洋，2013）。虽然目前未见学者直接定义少数民族大学生创业能力，但是它包含了创业能力的基本内涵，由于其群体特殊性，又具有一些其他特征。少数民族大学生创业能力是在民族文化背景下，整合资源、承担风险来创造社会经济价值的综合能力。少数民族大学生是大学生群体中特色鲜明的一部分，其创业能力中除了大学生创业者共有的核心能力之外，还具有与文化相关的特有能力，即人际关系能力、学习能力和跨文化能力。

近年来，不确定性规避作为影响创业的重要文化因素之一逐渐受到重视，虽然目前还未见不确定性规避和创业能力直接相关的研究，但是学者们探讨了不确定性规避和创业之间的关系，并得出了差异化的结论。本书认为不确定性规避程度高的少数民族大学生一旦产生创业意愿，会通过学习、建立规则或计划来降低不确定性，回避风险，增强对创业活动结果的自我控制，从而有助于少数民族大学生创业能力的提升，因此，提出以下假设：

假设1：不确定性规避对少数民族大学生创业能力有显著正向影响

2.不确定性规避与创业教育

个人行为在很大程度上受到文化的影响，不确定性规避程度较高的少数民族大学生进行创业活动时，为了减少不确定性，很可能寻求各种途径提高自己对未来的掌控感，创业教育就是其中之一。对于不确定性规避程度较低的少数民族大学生来说，程序化、规范化程度高的创业教育会束缚其创业行为，他们可能不愿参加创业教育。基于此，提出以下假设：

假设2：不确定性规避对创业教育有显著正向影响

3.创业教育与少数民族大学生创业能力

创业教育的目的是要培养具有专业技术、管理能力、社交能力、独立工作能力并可以承担风险的人。国内创业教育的主体对象是大学生，从广义上讲创业教育是通过课程培养学生从事创业实践活动所必须具备的知识、能力和心理品质，使其成为具有开创性个性的人才的一种教育理念和教育体系；从狭义上讲，创业教育就是对学生创业能力的培养过程（林强，2001）。已有研究表明，创业教育对创业能力有促进作用（李爱国和曾宪军，2018；陆秋萍，2015；Bayon et al.，2015；Sánchez，2013）。创业教育可以增加少数民族大学生对创业知识的理解和掌握，提升其能力，尤其是实践训练课程可以促进大学生创业技能的提升，从而激发其创业积极性。基于此，提出以下假设：

假设3：创业教育对少数民族大学生创业能力有显著正向影响

4.创业教育的中介作用

计划行为理论解释了个人行为模式是如何改变的，该理论提出个人的行为会受到个人态度、主观规范和知觉行为控制力的影响，其中知觉行为控制是指个人对未来行为预期的阻碍，当个人认为自己所掌握的资源与机会愈多、所预期的阻碍愈少时，对行为的知觉行为控制就愈强。受到不同文化的影响，少数民族大学生个体对待未来的不确定性持有不同的态度，当不确定性规避程度高的大学生想从事创业活动时，他们会通过各种途径增强自己对创业活动的控制力，例如通过参加创业教育提升创业能力，从而增强知觉行为控制感，他们的知觉行为控制力越强，则从事创业活动的可能性越大。因此，不确定性规避可以通过创业教育对创业能力产生正向影响。基于此，提出以下假设：

假设4：创业教育在不确定性规避对少数民族大学生创业能力的影响中起中介作用

综上所述，本书提出图6-1中的理论模型。

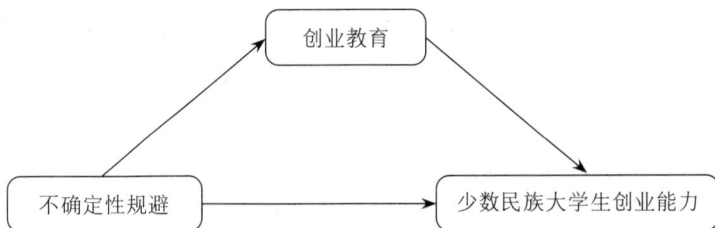

图6-1　理论模型图

6.2.3 研究设计

1.变量测量

（1）不确定性规避。本书选择 Jung 和 Kellaris（2004）的量表（共包含7个题项）。经过其他学者反复检验，该量表具备良好的信度和效度，本书在使用时结合中国情境对量表题项的语义、表达进行反复揣摩和完善，最终使量表整体内部一致性系数达到0.774。

（2）少数民族大学生创业能力。本书采用课题组开发的少数民族大学生创业能力量表。

（3）创业教育。本书采用赵静（2015）设计的创业教育量表，共6个题项，包括对创业课程、创业竞赛和创业实践3个方面的测量，量表整体内部一致性系数为0.868。

（4）少数民族文化保护。本书采用 Chen 等（2015）提出的全球倾向量表中的少数民族文化保护部分，共包含12个题项，量表整体内部一致性系数为0.929。

本书对调研问卷中的所有测量题项均采用李克特5点量表进行测量。其中，1代表完全不符合，5代表完全符合。

2.量表的信效度检验

在进行数据分析前，先根据 Harman 的单因子检验法，利用 SPSS 19.0检验了数据的同源误差情况，对所有变量一起进行探索性因子分析，根据未旋转的因子分析结果，共得到10个因子。这10个因子共解释了总变量的56.075%，其中第一个因子解释了总变量的31.822%，低于判断标准50%，检验结果表明本书所使用的数据同源误差在可接受的范围内，适合用于后续分析。

本书运用 Amos 17.0软件检验变量的区分效度，其中单因子和双因子模型的 RMSEA 达到基本标准，但其他指标均未达到基本的拟合要求，3个模型中三因子模型拟合效果最好，虽然 GFI 和 NFI 的值略微偏低，但 IFI、CFI 达到了基本标准，χ^2/df、RMSEA 达到了良好标准，具体见表6-5。综合考虑后，课题组认为各变量区分度较好。

表6-5　　　　　　　　　模型主要拟合优度评价表

模型	χ^2/df	GFI	NFI	IFI	CFI	RMSEA
三因子模型	2.898	0.779	0.774	0.839	0.839	0.051
双因子模型	3.578	0.721	0.720	0.781	0.781	0.059
单因子模型	4.120	0.685	0.678	0.735	0.734	0.065

注：三因子模型：不确定性规避；少数民族大学生创业能力；创业教育。

双因子模型：不确定性规避+创业教育；少数民族大学生创业能力。

单因子模型：不确定性规避+少数民族大学生创业能力+创业教育。

6.2.4　数据分析及结果

1.变量的相关分析

利用SPSS 19.0统计软件对回收的数据进行相关性分析。结果显示：（1）不确定性规避与少数民族大学生创业能力和创业教育均显著正相关，相关系数分别为0.314和0.197，假设1和假设2得到初步验证；（2）创业教育与少数民族大学生创业能力显著正相关，相关系数为0.563，假设3得到初步验证，具体见表6-6。

表6-6　　　　　　　　变量的均值、标准差及相关分析

变量	M	SD	1	2	3	4	5	6	7
1	1.679	0.467	1						
2	1.650	1.225	−0.051	1					
3	2.791	0.939	0.141**	−0.086*	1				
4	4.871	3.546	0.012	−0.071	0.039	1			
5	1.510	0.500	0.138**	−0.106**	−0.093*	−0.040	1		
6	3.478	0.645	−0.112**	−0.030	−0.034	0.058	0.095**	1	
7	3.643	0.533	−0.059	0.030	−0.064	0.029	0.168**	0.314**	1
8	3.531	0.772	−0.022	−0.010	−0.100**	−0.067	0.087*	0.197**	0.563**

注：*代表$P<0.05$，**代表$P<0.01$；1=性别，2=民族，3=年级，4=专业，5=身边是否有亲友创业，6=不确定性规避，7=少数民族大学生创业能力，8=创业教育。

2.回归分析与假设检验

为了进一步检验假设，利用层次回归法探讨各变量之间的关系，具

体分析结果见表6-7。

表6-7   **变量的回归分析**

变量	创业教育		少数民族大学生创业能力		
控制变量	模型1	模型2	模型3	模型4	模型5
性别	0.007	0.026	−0.024	0.005	−0.008
民族	−0.035	−0.027	0.006	0.019	0.033
年级	−0.111***	−0.105***	−0.077	−0.067	−0.013
专业	−0.069**	−0.080**	0.026	0.010	0.051
身边是否有亲友创业	0.104***	0.088**	0.171***	0.144***	0.099***
自变量：不确定性规避		0.192***		0.299***	0.200***
中介变量：创业教育					0.517***
F值	3.790***	7.969***	5.524***	17.253***	62.908***
R^2	0.025***	0.061***	0.036***	0.123***	0.374***
ΔR^2	0.025***	0.036***	0.036***	0.087***	0.251***

注：**表示P<0.05，***表示P<0.01。

（1）不确定性规避对少数民族大学生创业能力的影响。以少数民族大学生创业能力为因变量，首先在模型3中引入控制变量，模型4在模型3的基础上再加入自变量不确定性规避，R^2从模型3的0.036增加到模型4的0.123，ΔR^2为0.087，且模型4中F值为17.253（P<0.01），这表明模型4的预测效果比模型3好。不确定性规避的系数β值为0.299（P<0.01），即不确定性规避对少数民族大学生创业能力有显著的正向影响，假设1得到验证。

（2）不确定性规避对创业教育的影响。以创业教育为因变量，先在模型1中引入控制变量，模型2在模型1的基础上再引入自变量不确定性规避，模型2与模型1相比，R^2增加0.036，即由0.025增加到0.061，且在模型2中F值等于7.969（P<0.01），这表明模型2的预测效果优于模型1。不确定性规避的系数β值为0.192（P<0.01），即不确定性规避对创业教育有显著的正向影响，假设2得到验证。

（3）创业教育的中介效应检验。以少数民族大学生创业能力为因变量，在模型5中先引入控制变量，再使自变量不确定性规避与中介变量创业教育同时进入回归方程，创业教育与少数民族大学生创业能力显著正相关（β=0.517，P<0.01），假设3得到验证；不确定性规避对少数民族大学生创业能力的影响依然显著，但β系数由0.299（P<0.01）减小到0.200（P<0.01）。因此，结合模型2、模型4、模型5的检验结果得出，创业教育在不确定性规避和少数民族大学生创业能力间起部分中介作用，假设4得到验证。

3.研究变量的差异性分析

（1）研究变量在少数民族文化保护上的差异分析

根据各样本在少数民族文化保护题项上的得分情况，利用SPSS 19.0对其进行了高低分组，并利用独立样本t检验分析了不确定性规避、少数民族大学生创业能力和创业教育在文化保护程度不同组别的差异性。由表6-8可以看出，"高文化保护"组群少数民族大学生的不确定性规避、创业能力和创业教育均值都显著大于"低文化保护"组群的少数民族大学生（P<0.05）。这说明在文化上较为保守的少数民族大学生的不确定性规避程度更高，他们的创业能力相对较强，与上文中得出的结论相符合，说明这类群体会为了规避不确定性而强化学习，从而增强对未来的把握能力。

表6-8　　　　　　　　　少数民族文化保护上的差异分析

检验变量	少数民族文化保护	平均数	标准差	t值	sig.
不确定性规避	低文化保护	3.213	0.798	10.006	0.000
	高文化保护	4.064	0.491		
少数民族大学生创业能力	低文化保护	3.566	0.570	8.683	0.000
	高文化保护	4.119	0.416		
创业教育	低文化保护	3.438	0.794	4.460	0.000
	高文化保护	3.899	0.835		

（2）研究变量在身边亲友创业上的差异分析

不确定性规避、少数民族大学生创业能力和创业教育在身边亲友创业情况上的差异性检验结果见表6-9。"有亲友创业"组群的少数民族大学生的不确定性规避、创业能力和创业教育的均值都显著大于"没有亲友创业"组群的大学生，这表明间接经验有助于创业能力的提升。

表6-9　　　　　　身边亲友创业情况上的差异分析

检验变量	身边亲友创业情况	平均数	标准差	t值	sig.
不确定性规避	有亲友创业	3.540	0.614	2.605	0.009
	没有亲友创业	3.418	0.673		
少数民族大学生创业能力	有亲友创业	3.735	0.527	4.659	0.000
	没有亲友创业	3.556	0.525		
创业教育	有亲友创业	3.599	0.748	2.370	0.018
	没有亲友创业	3.465	0.793		

6.2.5　研究结论

本书从文化的角度出发，提出了不确定性规避、创业教育和少数民族大学生创业能力的相关假设，并通过实证分析验证了相关假设，得出以下结论：

第一，不确定性规避对创业教育和少数民族大学生创业能力均有显著正向影响。此结论呼应了Wennekers等（2007）的研究，表明在一定程度上个体层面的不确定性规避对创业具有正向促进作用。本书的对象大多属于不确定性规避程度适中的伊斯兰文化背景（Hofstede，2010），但来自相同文化背景的人也有文化差异。从回归系数可以看出，个体不确定性规避程度每增高1%，创业教育增加0.192%，少数民族创业能力可以增加0.299%。从理论上来说，高不确定性规避会抑制创业活动的数量，因为高不确定性规避的个体倾向于回避风险和模糊性。但正因为如此，高不确定性规避的少数民族大学生产生创业的想法时，更有可能主动参加创业教育，通过各种渠道学习创业知识，可以增强其创业能力，从而提高对创业活动的控制力，减少创业活动中的不确定性。例如德国是典型的不确定性规避程度高的国家，这个国家中创业活动的数量很低，但是创业活动的质量很高（Autio，2007），这也在一定程度上证明了不确定性规避对创业能力有正向影响。因此，不确定性规避是少数民族大学生创业能力和创业教育重要的前因变量。

第二，创业教育在不确定性规避对少数民族大学生创业能力的影响中起部分中介作用。由模型 2、模型 4、模型 5 的回归系数可以看出，不确定性规避对少数民族大学生创业能力的影响总效应为 0.299，其中，间接效应为 0.099（=0.192×0.517），直接效应为 0.200，这表明不确定性规避对少数民族大学生创业能力的影响有一部分是通过创业教育传递的，即不确定性规避会通过影响创业教育来影响少数民族大学生创业能力。

第三，对本民族文化保护程度高的少数民族大学生，其不确定性规避、创业能力和创业教育水平更高。通过访谈发现，一部分少数民族大学生出生在商业文化氛围很强的地区，本身创业意识就比较强，不确定性规避程度较低；而那些有创业想法但比较传统的少数民族大学生，创业的领域大多与民族文化相关（如民族食品、饰品等），需要有较广泛的民族网络整合创业资源，通过同民族的帮助来学习经验，降低创业中的不确定性，从而提高自身的创业能力。因此，在一定程度上，民族文化保护有利于增强少数民族大学生的创业能力。

第四，身边是否有亲友创业对少数民族大学生创业教育和创业能力均有显著正向影响。模型 1、模型 2、模型 3、模型 4 和模型 5 中亲友创业的回归系数均为正，且具有统计上的显著意义，这说明身边亲友的创业行为对少数民族大学生的创业教育和创业能力有促进作用。由差异性分析可知，有亲友创业的少数民族大学生的创业能力显著高于没有亲友创业的同学，一方面，少数民族社会网络中亲情意识强，少数民族大学生容易受到身边亲友的影响；另一方面，身边的亲友创业可以给少数民族大学生提供经验，增强他们对机会的把握能力以及对风险的评估和控制能力，从而提高其创业能力。

6.3　创业学习对新疆少数民族大学生创业能力的影响

6.3.1　引言

创业学习对创业能力具有积极的促进作用，但是对二者关系的系统研究较少，并且由于个体特质、文化等差异，不同的创业知识对创业能力的影响存在差异性，创业学习各维度对创业能力影响差异性的实证分析对创业教育和培训具有重要的参考价值。目前，创业学习的相关研究很多，多是对创业个体、组织或企业的创业学习模式、类型与创业绩效之间关系的研究，系统研究创业学习对创业能力影响的成果不多。现有研究表明，创业学习既是对现有创业知识、经验、技能的学习（Minniti & Bygrave，2001；Politis，2005；Cope，2005；Hamilton，2011），也是创业者转化已学知识、经验和技能以提升其创业能力的过程，虽然目前对创业学习的内涵还没有形成统一的观点，但是以往的研究都肯定了创业学习对创业者机会识别、资源获取、人际关系等能力的影响（汤淑琴，2011；谌启标，2014；张红和葛宝山，2016）。对大学生而言，创业学习更多是指对创业相关理论知识和他人创业经验的学习。调查发现，无论创业意愿是否强烈，少数民族大学生普遍重视创业理论学习，创业意愿较强的学生会更加主动地从网上资源平台、书籍、创业课程、创业讲座或导师那里获取创业知识和经验，一些准备进行创业或正在创业的学生更加注重在实践中积累创业经验，对他人的实践经验表现出较强烈的学习兴趣，这部分学生表现出的创业能力水平较高。本书希望通过对创业学习5个维度与创业能力的关系的实证研究，探索不同创业学习类型对少数民族大学生创业能力的影响差异性，以期为创业教育和培训提供参考，设计出更加有效的创业能力培养方法和模式。

6.3.2　文献回顾与研究假设

学者们对创业学习内涵的界定基本可以归纳为两种类型：一种强调对已经总结出的创业经验、知识和技能的学习，认为创业学习是把有价值的经验应用于创业背景中，通过对以往的创业活动或案例及知识的回顾、分析、总结和反思（Taylor & Thorpe，2004），并把这些知识与现有知识同化和组合，形成创业理论知识，创业者掌握的这些理论知识对其创业起到"专家指导"的作用。另一种强调创业者在实践中学习，认为创业学习是以创业的方式来工作的过程（Carswell & Rae，2000），创业者在自身创业过程中对过往错误进行反思学习（Petkova，2009），获取创业经验，不断提高自我。创业理论学习和实践学习是保障创业取得成功和可持续发展的必要条件。创业理论学习不能仅仅依靠自学或者正式的创业培养，创业者把通过上网或者阅读相关创业书籍学到的碎片化的知识与在学校或专业培训机构获得的系统知识结合，将会激发更多的创新思想。在创业实践过程中获得的职业经验和管理经验等创业经验对于创业学习很重要，创业者在实践过程中观察、模仿创业成功者、竞争者、供应商的创业行为、认知和思维方式（Warren，2004），与他人交流和合作，不断进行自我反思和总结，积累创业经验、技能和知识。

大学生大部分学习活动与战略能力、机会识别能力、组织能力、职业技术能力相关，少量学习活动与概念能力、承诺能力和人际关系能力相关（Mulder et al.，2007）。高等教育或职业教育的创业培训课程是大学生获得创业知识和创业技能的主要手段（Mitra & Matlay，2004）。通过教育培训方式进行的系统化的理论学习，一方面能够使创业者全面、系统地了解和认识企业运营管理知识，能够帮助创业者更好地开展创业实践（Shane & Khurana，2003）；另一方面能够培养创业者的机会识别能力，帮助创业者更好地识别并抓住商业中的机会（Corbett & Hmieleski，2007）。现实中存在大量缺乏先前经验的创业者，交流学习成为其获得创业知识不可或缺的途径，与家人、朋友、创业导师、行业专家、网络成员合作者等讨论、分享创业经验及接受别人指导等，不仅可以激发创业者的思想，在交流过程中他们还可以不断将各种信息内化为自身的知识和技能（谢雅萍和黄美娇，2014）。模仿创业行为、参与创业经营等亲历活动有助于创业者在实践过程中将别人的经验内化，提升自身创业所需的能力。创业者的行业经验、职业经验与机会识别能力、承诺能力正相关，创业经验、职能经验与管理能力正相关（张玉利和曲阳，2014）。丰富的先前经验帮助创业者敏锐地洞察行业变化和发展，识别并把握住有价值的创业机会，快速整合创业所需的关键支持资源，开始创业或解决创业过程中出现的问题，先前经验在创业能力形成过程中发挥了至关重要的作用。亲历学习能够增强创业者的机会识别能力，创业者在参与生产经营过程中，能够更准确地掌握内外部市场信息、行业信息、产品信息以及消费者需求，增强对环境变化的敏感性，从而提升快速、准确识别商业机会的概率（Bhave，1994）。对少数民族大学生而言，理论学习和实践学习都极其重要。

本书从理论学习和实践学习2个维度研究创业学习，理论学习包括碎片化学习和系统学习2个子维度，实践学习包括交流学习、亲历学习和先前经验3个子维度，故提出如下假设：

假设1：创业学习对少数民族大学生创业能力有显著正向影响

H1A：理论学习对少数民族大学生创业能力有显著正向影响

H1Aa：碎片化理论学习对少数民族大学生创业能力有显著正向影响

H1Ab：系统化理论学习对少数民族大学生创业能力有显著正向影响

H1B：实践学习对少数民族大学生创业能力有显著正向影响

H1Ba：交流学习对少数民族大学生创业能力有显著正向影响

H1Bb：先前经验对少数民族大学生创业能力有显著正向影响

H1Bc：亲历学习对少数民族大学生创业能力有显著正向影响

6.3.3　研究设计

1.变量测量

（1）少数民族大学生创业能力。本书采用课题组开发的少数民族大学生创业能力量表。

（2）创业学习。本书参考翟敏（2014）开发的创业学习量表，并根据少数民族大学生实际情况进行了补充和完善。修改后的量表包括碎片化学习、系统化学习、交流学习、先前经验、亲历学习5个维度，共15个题项。其中，碎片化学习包括"我通过听亲朋好友、创业导师等他人讲授，学习创业理论知识"等3个题项；系统化学习包括"我通过正式的学校课堂教学，学习经营管理、财务、人力资源、电子商务等相关创业理论知识"等2个题项；交流学习包括"我与身边对创业感兴趣的人面对面交流经验"等4个题项；先前经验包括"我有兼职或实习的经验"等3个题项；亲历学习包括"我会自学并探索不同的营销或推广方法"等4个题项。

（3）控制变量。借鉴以往研究，本书选取性别、年级、专业、考试类别、汉语水平为控制变量。

调查问卷各测量题项均采用 Likert 5 点量表进行测量，其中，1 代表完全不符合，5 代表完全符合。

2.量表的信效度检验

（1）同源方差检验

本书采取 Harman 的单因子检测方法，检测结果显示未旋转成分得到的第一个主成分解释率为 33.916%，低于平均标准 50%，检验结果表明本书所使用的数据同源误差在可接受的范围内，适合用于后续分析。

（2）量表的信效度分析

根据探索性因子分析结果，少数民族大学生创业能力量表的 KMO 值为 0.963（>0.7），巴特利特球形检验 χ^2 值为 17 304.704（sig.=0.000），抽取 8 个因子，累计解释方差变异总量为 58.26%；创业学习量表的 KMO 值为 0.946（>0.7），巴特利特球形检验 χ^2 值为 5 258.557（sig.= 0.000），抽取 5 个因子，累计解释方差变异总量为 70.001%；通过软件 AMOS 进行验证性因子分析，可以看出创业学习各项拟合指标均达到标准（$\chi^2/df<5$；GFI、NFI、IFI、CFI 均大于 0.9；RMSEA<0.08）；少数民族大学生创业能力的 GFI、NFI、IFI、CFI 值略微偏低，但 χ^2/df、RMSEA 达到了基本标准，具体见表 6-10。综合考虑，本书认为各变量区分度较好。

表 6-10　　　　　　　模型主要拟合优度评价表

拟合指标	χ^2/df	GFI	NFI	IFI	CFI	RMSEA
少数民族大学生创业能力	4.027	0.765	0.767	0.814	0.814	0.064
创业学习	4.250	0.934	0.930	0.946	0.946	0.066

6.3.4　数据分析及结果

根据表 6-11 中的分析结果，创业学习及其各维度分别与少数民族大学生创业能力在 0.01 的水平上显著正相关，这表明创业学习可能会正向影响少数民族大学生创业能力。但是，创业学习各维度与少数民族大学生创业能力的相关系数各不相同，说明创业学习各维度对少数民族大学生创业能力的影响程度存在差异。

表6-11　创业学习与创业能力的相关分析（N=745）

	M	SD	1	2	3	4	5	6	7	8	9
创业能力	3.644	0.533	1								
创业学习	3.350	0.702	0.630**	1							
理论学习	3.382	0.750	0.577**	0.885**	1						
碎片化学习	3.383	0.798	0.566**	0.819**	0.930**	1					
系统化学习	3.380	0.881	0.459**	0.769**	0.865**	0.619**	1				
实践学习	3.334	0.742	0.602**	0.972**	0.750**	0.693**	0.655**	1			
交流学习	3.273	0.819	0.511**	0.902**	0.732**	0.676**	0.640**	0.910**	1		
亲历学习	3.372	0.809	0.581**	0.888**	0.678**	0.628**	0.589**	0.918**	0.738**	1	
先前经验	3.379	0.949	0.481**	0.728**	0.513**	0.471**	0.451**	0.774**	0.572**	0.610**	1

注：**为在0.01的水平（双侧）上显著相关。

以创业学习为自变量，以少数民族大学生创业能力为因变量，进行回归分析。结果显示，R^2为0.401，调整后R^2为0.395，F值为82.055（P<0.001），创业学习β系数为0.627，t值为21.498（P<0.001），具体见表6-12。这说明创业学习对少数民族大学生创业能力有显著正向影响，假设1得到验证。

表6-12　　　　　　　　回归分析结果（N=745）

	非标准化系数		标准系数	t	sig.
	B	标准误差	试用版		
（常量）	2.079	0.134		15.570	0.000
性别	0.015	0.033	0.013	0.451	0.652
年级	0.006	0.017	0.010	0.336	0.737
专业	0.009	0.004	0.058	1.963	0.050
考试类别	-0.006	0.015	-0.011	-0.371	0.710
汉语水平	-0.028	0.020	-0.042	-1.377	0.169
创业学习	0.477	0.022	0.627	21.498	0.000
F值	82.055				
R^2	0.401				
ΔR^2	0.395				

以理论学习和实践学习为自变量，以少数民族大学生创业能力为因变量，进行回归分析。从表6-13可以看出，R^2为0.402，调整后R^2为0.396，F值为70.795（P<0.001），理论学习β系数为0.287，t值为6.624（P<0.001），实践学习β系数为0.384，t值为8.871（P<0.001），这说明理论学习和实践学习对少数民族大学生创业能力有显著正向影响，H1A、H1B得到验证。经对比两个维度的β系数发现，创业学习中实践学习对少数民族大学生创业能力的影响最大。

表6-13　　　　　　　　回归分析结果（N=745）

	非标准化系数		标准系数	t	sig.
	B	标准误差	试用版		
（常量）	2.062	0.134		15.405	0.000
性别	0.012	0.033	0.010	0.355	0.723
年级	0.007	0.017	0.012	0.403	0.687
专业	0.009	0.004	0.060	2.036	0.042
考试类别	−0.006	0.015	−0.011	−0.386	0.700
汉语水平	−0.027	0.020	−0.041	−1.336	0.182
理论学习	0.204	0.031	0.287	6.624	0.000
实践学习	0.276	0.031	0.384	8.871	0.000
F 值	70.795				
R^2	0.402				
ΔR^2	0.396				

以理论学习和实践学习的5个子维度为自变量，以少数民族大学生创业能力为因变量，进行回归分析。结果显示，R^2为0.425，调整后R^2为0.417，F值为54.323（P<0.001），碎片化学习β系数为0.293，t值为7.134（P<0.001），系统化学习β系数为0.053，t值为1.342（P>0.05），交流学习β系数为−0.026，t值为−0.541（P>0.01），亲历学习β系数为0.289，t值为6.330（P<0.001），先前经验β系数为0.154，t值为4.213（P<0.01），具体见表6-14。碎片化学习、亲历学习、先前经验对少数民族大学生创业能力有显著正向影响，系统化学习、交流学习对少数民族大学生创业能力影响不显著，这可能是因为少数民族大学生较少参加系统化的创业课程和创业培训，其对少数民族大学生创业能力的影响不明显，而且通过交流学习获得的经验更倾向于一种间接经验，使其从一种非自身经验内化为创业者自身的创业能力可能还有一定困难。H1Aa、H1Bb、H1Bc得到验证，H1Ab、H1Ba不成立。经对比5个维度的β系数发现，碎片化理论学习和亲历学习对少数民族大学生创业能力的影响

最大，其次是先前经验和系统化学习，交流学习的影响最小。少数民族大学生创业能力的获得更多的与碎片化学习和亲历学习相关，与先前经验中度相关，而系统化学习和交流学习对少数民族大学生创业能力的提升作用不显著。

表6-14 回归分析结果（N=745）

	非标准化系数		标准系数	t	sig.
	B	标准误差	试用版		
（常量）	2.031	0.132		15.383	0.000
性别	0.013	0.033	0.011	0.388	0.698
年级	0.003	0.016	0.005	0.172	0.863
专业	0.009	0.004	0.060	2.078	0.038
考试类别	−0.004	0.015	−0.008	−0.294	0.768
汉语水平	−0.027	0.020	−0.042	−1.389	0.165
碎片化学习	0.196	0.027	0.293	7.134	0.000
系统化学习	0.032	0.024	0.053	1.342	0.180
交流学习	−0.017	0.031	−0.026	−0.541	0.589
亲历学习	0.191	0.030	0.289	6.330	0.000
先前经验	0.086	0.020	0.154	4.213	0.000
F值	54.323				
R^2	0.425				
ΔR^2	0.417				

6.3.5 研究结论

综上所述，创业学习对少数民族大学生创业能力有显著的影响，理论学习中的碎片化学习以及实践学习中的亲历学习和先前经验均对少数民族大学生创业能力有显著正向影响，系统化学习和交流学习影响不显著。根据β值可知，不同类型创业学习对少数民族大学生创业能力的影响程度不同。

创业学习5个维度中，碎片化学习对少数民族大学生创业能力的影响最大，这符合"互联网+"时代大学生创业学习的规律。创业教育在新疆高校开展时间较短，相关的教育教学方式不丰富，部分高校还存在创业教育形式化等问题，难以满足少数民族大学生的创业学习需求，更难以激发少数民族大学生的创业热情，因此很多有意向创业的少数民族大学生更趋向通过网络获取创业知识、结交创业伙伴并与之交流，或自己购买相关的书籍自学、与身边有创业经验或创业意愿的人沟通交流。这说明少数民族大学生的创业知识大部分都是在碎片时间获得的，碎片化学习对少数民族大学生创业能力的形成和发展起到了不可替代的作用。

亲历学习对少数民族大学生创业能力的影响程度排在第二位。根据经验学习理论，知识是从经验中得来的，亲历学习是创业者获得创业经验的重要渠道，特别是少数民族大学生群体，在学校已经学习了一些理论知识，对他们开发创业能力帮助最大的就是自己的创业实践。经过与少数民族大学生访谈发现，有创业经历的学生表现出更强的创业能力。在这种亲历学习过程中，少数民族大学生通过观察、模仿、实施创业行为能在很大程度上把所学的创业理论知识内化，进一步促进自身创业能力的开发。

先前经验对少数民族大学生创业能力的影响程度排在第三位。通过访谈发现，由于语言、风俗习惯、地域限制等原因，少数民族大学生中做兼职、实施创业、有管理实践经验的人较少，相较于亲历学习和碎片化学习，先前经验对少数民族大学生创业能力的影响较弱。少数民族大学生参与兼职、管理等活动的频率和程度较低，很多人由于汉语表达能力和民俗限制未能获得实践的机会，所以先前经验对少数民族大学生创业能力的影响较弱。

系统化学习对少数民族大学生创业能力的影响不显著。少数民族大学生主要通过参与学校组织的培训课程进行系统化的创业学习，而现阶段大学创业教育普遍存在师资力量薄弱、课程设置不合理、学生满意度较低等问题，创业课程质量没有保证，很难激发学生的创业意愿和创业热情。换言之，少数民族大学生很难获得具有较高质量的系统化学习资源，这导致系统化学习对少数民族大学生创业能力的影响不显著。

交流学习对少数民族大学生创业能力的影响不显著。新疆高校中创业者、创业导师、创业活动太少，极少数的创业交流机会很难对少数民族大学生创业能力的形成和发展产生影响。少数民族大学生受其民族特征的影响，很难把一种非自身的创业知识、经验转化为自身的创业能力和资源，这就造成交流学习对其创业能力产生的影响微乎其微。此外，少数民族大学生之间的一些交流不是以学习为目的的，其交流学习的内容和创业相关性不强，这也可能造成对他们的创业能力没有显著影响。

6.4 全球化导向对新疆少数民族大学生创业能力的影响

6.4.1 引言

全球化不仅推动了经济发展，也改变了人们的生活方式。在"引进来"与"走出去"的进程中，全球化朝着更加开放、包容的方向发展，推动了文化的全球化。一方面，人们可以在全球化过程中主动学习各种文化，另一方面人们被各种文化影响着。然而，全球化仍然会受到区域、民族等因素的制约，在一定程度上延缓文化的全球化。互联网技术和信息技术的发展使全球化从物质世界走向虚拟世界，加快了人们对多元文化的了解，拓宽了获取创业资源的途径，人们都会对全球化产生不同的心理反应。

少数民族大学生作为民族地区创业的重要力量，其创业能力不仅关系着民族地区创新创业人才的培养，对民族区域社会稳定与经济发展也具有重要意义。少数民族大学生多处于多民族聚居区，具有自身文化以及多元文化接触的特殊性，且在从封闭到开放状态的成长过程中受互联网的影响更大，其对全球化的感受更加突出。全球化导向为少数民族大学生创业提供了多元文化的新情境，为少数民族大学生创业能力的培养与提升提供了新视角。

目前关于大学生创业能力的研究大多为描述性研究，而探讨大学生创业能力形成的内部机理的解释性研究较少。结合多元文化新情境与文化有关变量对创业能力影响因素的研究较为缺乏，对具有鲜明文化特色的少数民族大学生群体创业能力的关注不多，从定量视角分析少数民族大学生创业能力的构成及影响因素的研究成果更少。少数民族大学生的创业能力中除了大学生创业者共有的核心能力之外，还具有与文化相关的特有能力，即跨文化能力等。

全球化导向是文化适应领域的新概念，是个体响应全球化的心理过程，包括情感、行为和认知3个方面（Chen et al.，2015）。目前其研究尚处于起步阶段，主要集中在不同地区文化适应情况的量表设计与测量，研究领域有限。已有研究表明全球化导向对心理与社会适应以及跨文化联系等均有影响（Chen et al.，2015），而跨文化能力是少数民族大学生创业能力的重要组成部分，全球化导向是否影响创业能力以及如何影响创业能力还待验证。计划行为理论认为，态度、主观规范和知觉行为控制共同作用于人的行为，全球化导向作为对待多元文化的不同态度，在多元文化情境中，对创业学习行为产生不同的社会压力和控制度感知，进而对创业学习行为产生影响。而创业学习是创业能力的主要影响因素之一，观察交流学习能够显著提升创业能力中的战略能力、机会识别能力等（Mulder et al.，2007）。

本书引入创业学习作为中介变量，探索全球化导向对少数民族大学生创业能力的作用机制，为打开全球化导向对少数民族大学生创业能力影响之"黑箱"提供参考。

6.4.2 文献回顾与研究假设

1.全球化导向与少数民族大学生创业能力

全球化导向是个体面对全球化过程对文化适应的主动和被动心理整合的过程，包括多元文化习得和民族文化保护两个维度（Chen et al.，2015）。

少数民族大学生创业能力是在民族文化背景下，整合资源、承担风险来创造社会经济价值的综合能力，包括机会识别能力、人际关系能力、战略管理能力、创新能力、学习能力、资源整合能力、受挫能力、跨文化能力8个维度。由跨文化适应理论可知，在多元文化背景下，个体面对不同文化在适应过程中会产生情感、行为、认知等方面的变化，从文化习得角度出发，跨文化适应被视为习得特定社会技能的过程，对交际能力的重视是研究关注点之一。其中，交际能力包括语言能力以及非语言能力，例如交际规则、社会习俗等。相比于所属族群，与文化一致的非语言行为更显著地预测了跨文化人际交往（Dew & Ward，2010）。同时，对多元文化采取积极主动态度的人对其他民族文化团体持正面态度，他们尊重其他文化，更容易与他们进行合作互动，从而获得适当的人际关系技能，在此过程中更有可能获得丰富的经验。由此可知，高多元文化习得的人群对其他文化语言、非语言行为的学习以及对人际交往的认知反应，有效增强了少数民族大学生创业能力中的跨文化能力及人际交往能力。创新能力是创业能力的重要组成部分，当个人积极将不同文化中的知识传统作为创造性解决问题的资源，而不是身份建构时，两种文化的同时激活会导致文化轮廓增强从而增强创意表现（Leung & Chiu，2010）。高多元文化习得者对多元文化的开放态度及目标导向，有利于其在多元文化背景下提升创造力。虽然民族文化保护与焦虑、抑郁、压力等因素显著正相关，也有学者预测了不同的文化压力（Chen et al.，2015），但是适度的压力在一定程度上会产生积极结果。不同文化产生的冲突思想可能更会引发消极的情绪，一定程度的消极情绪可以促进认知复杂性和创造性地解决问题（Cheng et al.，2011）。对市场的敏锐观察力即机会识别能力是少数民族大学生创业能力的组成部分之一。由文化学理论可知，文化在潜意识里会对人的生活产生深远影响。民族群体在长期的商业活动中形成特殊的商业嗅觉，对市场供需情况及发展趋势有敏锐的观察分析能力。高民族文化保护者对本民族的强烈认可与关注，有助于提升其在此过程中的发现、观察与分析能力。基于此，本书提出如下假设：

H1a：多元文化习得对少数民族大学生创业能力有显著的正向影响

H1b：民族文化保护对少数民族大学生创业能力有显著的正向影响

2.全球化导向与创业学习

创业活动离不开多元文化背景，对待不同文化的情感、行为与认知差异对学习途径与方法会产生影响。根据计划行为理论，个体行为受态度、主观规范和知觉行为控制的影响。高多元文化习得者对跨文化交流持积极主动的态度，在跨文化接触中感知到较小的社会压力和更大的控制力，从而产生更高的社交自信、自我效能（Chen et al.，2015），因此更愿意积极接触其他文化群体，这有助于拓宽学习途径并从中学习，创业者的自信心对创业学习有积极影响（Minniti & Bygrave，2001）。高民族文化保护者在多元文化环境中感知到较大的压力，因此转向民族内部，通过民族内部的观察和交流学习以及选择能尽量避免跨文化接触的书本或网络等途径进行创业学习。由此可以推出，无论是高多元文化习得的少数民族大学生还是高民族文化保护的少数民族大学生，都会从自身特点出发，在已有条件基础上积极探索并通过各种途径进行创业学习。基于此，本书提出如下假设：

H2a：多元文化习得正向影响少数民族大学生的创业学习

H2b：民族文化保护正向影响少数民族大学生的创业学习

3.创业学习的中介作用

高多元文化习得者对多元文化接触经历具有更开放的态度、更积极的评价并主动获取新文化，更愿意从多元文化中学习。一方面，多元文化学习导致认知复杂性增强，这反过来会增强文化敏感性和调整行为策略的灵活性，以应对不同文化背景下不断变化的需求，从而促进创造性想法的产生，提高创造力（Leung & Chiu，2008；Chang et al.，2017）；另一方面，对外部的关注有利于在跨文化接触中的观察与交流学习，以提升战略管理能力、机会识别能力、组织运营能力等（Mulder et al.，2007）。而高民族文化保护者，更多关注民族自身，从而更容易挖掘民族内部的创业优势，充分利用民族内部的资源，从民族内部网络获取经验并学习，与此同时，为了降低跨文化接触的不愉悦感，更多选择通过网络等途径学习，弥补理论知识的不足，进而提升自身的创业能力。可见，创业学习能够促进少数民族大学生在本民族或跨民族接触中加强知识与能量的开发与利用，进而对其创业能力的提升产生积极作用。基于此，本书提出如下假设：

H3a：创业学习在多元文化习得与少数民族大学生创业能力之间起中介作用

H3b：创业学习在民族文化保护与少数民族大学生创业能力之间起中介作用

综合以上论述，本书提出图6-2中的理论模型。

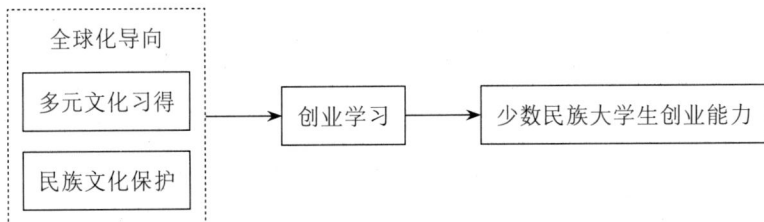

图 6-2　理论模型图

6.4.3　研究设计

1.变量的测量

所有量表均采用Likert 5点设计，1表示非常不符合，5表示非常符合。

（1）少数民族大学生创业能力。本书采用课题组开发的少数民族大学生创业能力量表，量表的Cronbach's α系数为0.963。

（2）全球化导向。本书采用Chen等（2015）设计开发的二维度量表，包括积极反应的多元文化习得与防御反应的民族文化保护，其中多元文化习得包括13个题项，如"我学习并且会说母语以外的其他语言"等；民族文化保护包括12个题项，如"我觉得在多元文化环境下生活很有压力"等。本书中，全球化导向量表的Cronbach's α系数为0.885，其中多元文化习得量表的Cronbach's α系数为0.904，民族文化保护量表的Cronbach's α系数为0.929。

（3）创业学习。本书参考翟敏（2014）开发的创业学习量表，并根据少数民族大学生实际情况进行了补充和完善，即前文使用过的量表，但这里将其分为理论学习和实践学习2个维度，共15个题项。其中，理论学习包括5个题项，实践学习包括10个题项。本书中，量表的Cronbach's α系数为0.922。

（4）控制变量。调查过程中，获取了被试者的一般人口统计学资料，参考相关的研究，本书选取性别、年级、专业、汉语水平4个变量作为控制变量。

2.量表的信效度检验

（1）共同方法偏差检验。采用 Harman 单因子检验方法来检验同源方差是否严重，运用探索性因子分析方法对所有题项进行主成分分析，共析出13个因子，解释了总变量变异的58.99%，第一主成分未经旋转解释的变异量为28.35%，单一因子并未解释大部分的变异量，表明本书的同源方差并不严重，适合后续分析。

（2）区分效度检验。采用 SPSS 22.0 和 Amos 22.0 软件进行统计分析。为检验所涉及变量的区分效度，对多元文化习得、民族文化保护、创业学习、少数民族大学生创业能力进行验证性因子分析，分别构建单因子、双因子、三因子和四因子模型进行比较，利用 Amos 22.0 进行验证性因子分析，结果如表 6-15 所示。四因子模型中，$\chi^2/df=2.806$，RMSEA=0.049，GFI=0.701，CFI=0.807，TLI=0.803，各项指标均比其他模型要理想，虽然 GFI、CFI、TLI 的值略微偏低，但 χ^2/df、RMSEA 达到良好标准。综合考虑，认为四因子模型具有良好的区分效度，所包含的多元文化习得、民族文化保护、创业学习、少数民族大学生创业能力4个因子的概念相互独立。

表6-15　　　　　　　模型主要拟合优度结果（N=745）

变量	χ^2/df	RMSEA	GFI	CFI	TLI
单因子	5.366	0.077	0.400	0.534	0.523
双因子	4.905	0.072	0.430	0.583	0.573
三因子	3.942	0.063	0.533	0.679	0.686
四因子	2.806	0.049	0.701	0.807	0.803

注：单因子模型：多元文化习得+民族文化保护+创业学习+少数民族大学生创业能力。

双因子模型：多元文化习得+民族文化保护+创业学习；少数民族大学生创业能力。

三因子模型：多元文化习得+民族文化保护；创业学习；少数民族大学生创业能力。

四因子模型：多元文化习得；民族文化保护；创业学习；少数民族大学生创业能力。

6.4.4 分析结果

1.变量间的相关性分析

在全球化导向变量中,被调查的少数民族大学生对自身多元文化习得维度的认知度要高于民族文化保护维度,即被试的多元文化习得水平更高。被试少数民族大学生的创业学习和创业能力的整体状况较好,均值分别为3.350和3.644。性别、年级、专业、汉语水平等控制变量与民族文化保护、创业学习和少数民族大学生创业能力呈现不同程度的显著相关性。从研究主变量间的相关系数看,多元文化习得、民族文化保护和创业学习均与少数民族大学生创业能力在0.01的水平上显著正相关。创业学习与少数民族大学生创业能力的相关性更强($r=0.629$,$P<0.01$),全球化导向的两个维度即多元文化习得与少数民族大学生创业能力的相关性($r=0.569$,$P<0.01$)高于民族文化保护与少数民族大学生创业能力的相关性($r=0.319$,$P<0.01$)。相关性与理论预期关系相一致,具体见表6-16。

2.回归分析

采用多元回归的方法进一步验证研究假设,各变量间多元回归结果见表6-17。其中,模型3和模型4是控制性别等变量后,考查全球化导向的两个维度对少数民族大学生创业能力的影响,即自变量与因变量之间的主效应是否显著。模型1和模型2是在加入控制变量后,分别以全球化导向的两个维度为自变量,以创业学习为因变量进行多元回归,考查自变量与中介变量的关系是否显著。模型6和模型7是分别将全球化导向的两个维度与创业学习同时放入模型中,在前两个模型结果的基础上考查创业学习的中介作用。观察各模型回归方程中的F值均在0.001水平上显著,加入新变量后,R^2均有所增加,说明回归方程显著,引入的新变量有效。

(1)全球化导向对少数民族大学生创业能力的影响。从模型3和模型4可以看出,控制性别、年级、专业、汉语水平后,多元文化习得与少数民族大学生创业能力之间的回归系数为0.576($P<0.001$),民族文化保护与少数民族大学生创业能力之间的回归系数为0.302($P<0.001$),

表6-16

变量的均值、标准差及相关系数（N=745）

变量	M	SD	性别	年级	专业	汉语水平	多元文化习得	民族文化保护	创业学习	创业能力
性别	1.679	0.467	1							
年级	2.791	0.939	0.141**	1						
专业	4.871	3.546	0.012	0.039	1					
汉语水平	3.754	0.815	0.019	0.140**	0.255**	1				
多元文化习得	3.887	0.592	0.037	0.012	0.071	0.042	1			
民族文化保护	3.018	0.854	-0.148**	-0.068	0.114**	-0.115**	0.028	1		
创业学习	3.350	0.702	-0.116**	-0.115**	-0.028	-0.161**	0.284**	0.380**	1	
创业能力	3.644	0.533	-0.059	-0.064	0.029	-0.128**	0.569**	0.319**	0.629**	1

注：**表示在0.01的水平（双侧）上显著相关。

表6-17　　　全球化导向、创业学习和少数民族大学生创业
能力的回归分析结果（N=745）

变量		创业学习		少数民族大学生创业能力				
		模型1	模型2	模型3	模型4	模型5	模型6	模型7
控制变量	性别	-0.112**	-0.050	-0.072*	-0.008	0.013	-0.016	0.022
	年级	-0.080*	-0.068	-0.040	-0.030	0.010	-0.001	0.011
	专业	-0.004	-0.041	0.030	0.020	0.058	0.032	0.044
	汉语水平	-0.158***	-0.098**	-0.153***	-0.094*	-0.044	-0.075**	-0.036
自变量	多元文化习得	0.296***		0.576***			0.430***	
	民族文化保护		0.361***		0.302***			0.087**
中介变量	创业学习					0.626***	0.494***	0.595***
	R^2	0.132	0.168	0.355	0.111	0.400	0.567	0.406
	ΔR^2	0.126	0.162	0.351	0.105	0.396	0.563	0.401
	F	22.396***	29.808***	81.288***	18.502***	98.554***	160.826***	84.029***

注：*表示P<0.05，**表示P<0.01，***表示P<0.001。

这说明全球化导向的两个维度即多元文化习得和民族文化保护对少数民族大学生创业能力均具有显著正向影响，即全球化导向能够促进少数民族大学生创业能力的提升，H1a、H1b得到验证。同时，经对比全球化导向两个维度的显著性系数发现，相对于民族文化保护，多元文化习得对少数民族大学生创业能力的正向影响更强，也就是说，相比被动防御，个体主动响应全球化的心理过程更能促进创业能力的提升。

（2）全球化导向对创业学习的影响。从模型1和模型2可知，加入相关控制变量后，多元文化习得与创业学习之间的回归系数为0.296（P<0.001），民族文化保护与创业学习的回归系数为0.361（P<0.001），这说明全球化导向的两个维度即多元文化习得和民族文化保护对创业学习均具有显著正向影响，即全球化导向能够促进创业学习，H2a、H2b得到验证。

（3）创业学习的中介作用。模型1至模型4的结果已经证实了全球化导向能够显著解释少数民族大学生创业能力和创业学习的变动。模型5至模型7分别反映了创业学习对少数民族大学生创业能力的影响结果，以及加入中介变量创业学习后，自变量多元文化习得和民族文化保护对因变量少数民族大学生创业能力影响的变化。模型5反映出创业学习对少数民族大学生创业能力有显著正向影响，回归系数为0.626（P<0.001）；模型6和模型7反映出在加入创业学习后，自变量多元文化习得和民族文化保护对少数民族大学生创业能力的影响显著降低但仍然显著，其中多元文化习得的影响由模型3中的0.576（P<0.001）降到了0.430（P<0.001），民族文化保护的影响由模型4中的0.302（P<0.001）降到了0.087（P<0.01），这表明创业学习在全球化导向与少数民族大学生创业能力之间起到部分中介作用，H3a、H3b得到验证。

6.4.5　研究结论

本书从文化视角解读了全球化导向在个人层面对少数民族大学生创业能力产生作用的过程，主要结论如下：

1.多元文化习得、民族文化保护与少数民族大学生创业能力显著正相关

无论是对其他文化持积极开放的态度与行为，还是更加专注于本民族的文化习俗等，即面对不同文化，不同的情感、行为和认知，均对少数民族大学生创业能力提升有积极影响，但是相对于民族文化保护，多元文化习得的影响更大。由相关性分析可知，多元文化习得与民族文化保护的相关性并不显著（r=0.028，P>0.05），说明两种对待多元文化的态度可能存在于同一个体，但两种态度可能受不同身份或其他影响的驱动，从而在不同场合有不同表现。当个人将本土文化与自己身份紧密联系时，他们以民族主义和保护心态对跨境交易做出反应，而不是合理地评估国际交流（Tong等，2011）。相反，对其他文化的识别与认知减轻了防御反应。这侧面说明态度决定了人们的信息加工处理方式，对多元文化的开放态度在一定程度上可避免对其他文化无理由的消极反应，促进更加理性与真诚的学习交流，更容易对机会做出准确的识别评估，进

而对创业能力中的人际交往能力、机会识别能力等产生积极的影响。而对多元文化的防御会减弱跨文化接触的积极影响，但由于民族文化保护者最小化损失的出发点，其会选择其他方式弥补，例如自我学习、对民族文化相关机会的观察识别等，通过不同路径提升创业能力。总的来说，开放的、以获取收益为先的态度与行为对少数民族大学生创业能力的积极影响更大。

2.创业学习在多元文化习得、民族文化保护与少数民族大学生创业能力的关系中起部分中介作用

由模型1、模型3和模型6可以看出，多元文化习得对少数民族大学生创业能力影响的总效应为0.576，其中间接效应为0.146（=0.296×0.494），直接效应为0.430；由模型2、模型4和模型7可以看出，民族文化保护对少数民族大学生创业能力影响的总效应为0.302，其中间接效应为0.215（=0.361×0.595），直接效应为0.087。也就是说，多元文化习得、民族文化保护通过影响创业学习影响少数民族大学生创业能力。高多元文化习得者和高民族文化保护者通过积极的创业学习提升创业能力。将创业学习分为理论学习与实践学习两个维度分别进行回归，结果显示理论学习、实践学习对多元文化习得与少数民族大学生创业能力关系的中介路径影响效果趋近相同（中介效应分别为0.127和0.128），两者对民族文化保护与少数民族大学生创业能力关系的中介效应趋近（中介效应分别为0.158和0.203），可见多元文化习得与民族文化保护对少数民族大学生创业能力的影响路径不因理论学习或实践学习方式而不同，更可能的原因在于学习对象的不同。高多元文化习得的少数民族大学生对待多元文化的开放态度决定其主要借助外部网络积极吸收外来文化进行创业学习。创业学习将其在与多元文化积极接触过程中获得的知识、资源等转化为与创业相关的知识与行为，以最大化接触的作用，从而提升创业能力。高民族文化保护的少数民族大学生对待多元文化的防御态度决定其主要借助民族内部网络开展实践交流学习，增强了对自身民族文化的敏感性，以提升创业能力。此外，互联网的广泛使用一方面增加了交流与学习的机会与便利性，另一方面通过网络非面对面的交流与学习，在一定程度上降低了直接接触过程中由于文化保护倾向产生的

焦虑、偏见与冲突等消极影响，为高民族文化保护的少数民族大学生创业学习和创业能力提升提供了新途径。

6.5 民族网络对新疆少数民族大学生创业能力的影响

6.5.1 引言

民族网络对少数民族大学生创业能力的形成和发挥具有重要意义，本书进一步探究民族网络对少数民族大学生创业能力的作用机制，为少数民族大学生创业能力的培养与开发提供新途径。

现有对大学生创业能力影响因素的研究多从个体特征、创业教育、创业培养环境等方面探讨（Sánchez，2013；高桂娟和苏洋，2013；杨道建等，2014），从网络关系深入研究的成果比较罕见。目前基于网络关系的创业研究，关注社会网络的多，关注民族网络的少。调查发现，少数民族大学生主要依靠民族网络获取在创业实践过程中需要的创业信息和创业资源，民族成员为少数民族大学生创业提供了大量的创业指导和商业建议，有效地弥补了少数民族大学生创业能力的不足；通过亲缘、地缘、族缘联系起来的民族网络关系对少数民族大学生创业行为的影响更为直接。

从理论上说，民族网络与少数民族大学生创业能力之间并非简单的线性关系。学者们虽然认识到"网络是创业者获取创业信息、知识、资源、情感支持等的重要渠道"，也认同"网络对创业者创业能力成长具有重要的支撑作用"，但是对于网络对创业能力的作用机制，还鲜有学者进行全面的分析和实证检验。网络中蕴含的信息、知识、资源需要通过创业者的转化、吸收和整合，才能内化为创业者的创业能力，而创业学习能够促进信息和知识的应用、资源的整合（Sirmon，2003；苗青等，2013；赵文红和王文琼，2015）。据此推论，创业学习可能显著影响民族网络对少数民族大学生创业能力提升方面的价值。因此，本书构建民族网络、创业学习、少数民族大学生创业能力三者之间的关系模型，探索民族网络对少数民族大学生创业能力的作用机制。

6.5.2 文献回顾与研究假设

1.民族网络与少数民族大学生创业能力

社会网络理论指出个体都是社会网络的一个节点，这些节点之间通过正式或非正式的沟通交流链接在一起，形成强弱交错的网络关系，个体通过网络关系可以选择性地在节点之间获取、调动所需资源（林聚任，2010）。民族网络属于社会网络的一个分支，包含社会网络的基本特征，反映了社会网络中同一民族的存在，主要指在民族情境下，民族成员与同民族的劳动力、供应商、经销商、顾客等在情感、生活、工作等方面的联结程度。研究表明，创业者与民族成员之间的关系联结程度越强，对资源的支配权越大（张一力等，2016），获得与自己有相同文化和语言背景民族商人的商业建议的概率越高，因而在创业实践中具有更多的优势；而且，民族网络建立在共同的民族文化和民族信仰的基础上，民族成员之间具有高于其他网络的情感和信任水平，除了为少数民族创业者带来丰富的资源和信息外，更重要的是给予创业者情感上的支持（杨隽萍等，2013），能够在较大程度上影响少数民族大学生的风险承担能力和自信心水平，进而影响少数民族大学生的创业行为。

民族网络影响少数民族大学生创业能力的原因有3个：一是嵌入到网络中的创业者将会比单独行动的创业者具备更高的创业机会识别能力（Hills et al.，1997）。民族网络为民族创业者提供了获取识别创业机会所需的知识和信息等的通道，民族成员之间基于共同的民族文化和民族信仰建立起来的信任水平降低了其他民族成员对于信息和知识的保护，能够帮助少数民族大学生拓展其理性边界，获得新的创业想法和机会（Meuleman et al.，2010）。二是民族网络为少数民族大学生提供了资源支持。少数民族群体具有文化决定性特征，如敬业精神、民族团结、经济生活、接受风险、遵守社会价值模式、团结忠诚、自我创业导向等（Nijkamp & Masurel，2004）。这些特征为少数民族创业者提供了可以促进和鼓励其创业行为的民族资源。由于缺乏社会积累，少数民族大学生掌握的创业资源难以支撑其创业实践，学校、政府提供的创业支持又存在门槛过高、流程烦琐等问题，民族网络成为少数民族大学生获取创业资源的重要渠道。访谈发现，75%的受访少数民族大学生的创业启动资金通过亲人、朋友等强关系网络获取，创业初期选择的合作伙伴和员工往往是同民族成员，这说明少数民族大学生在面临资源瓶颈的制约时，最依赖的还是他们的民族网络。三是民族网络为少数民族大学生提供了流程、惯例和习惯。民族网络促进了同族人民的联系（Brondolo et al.，2009），这不仅有助于建立支持和可持续的关系，还为少数民族大学生提供了与同族成功创业人士分享创业流程、惯例和习惯的机会，且这些流程、惯例和习惯容易被处于相同社会和文化背景的少数民族大学生接受和吸收，进而复制和扩展用于未来的创业实践中，从而进一步提升其创业能力。基于以上论述，提出如下假设：

H1：民族网络积极影响少数民族大学生创业能力

2.创业学习与少数民族创业能力

学习是能力开发的重要环节，个体通过与环境中的各种力量相互作用，能够得到技能和知识，使行为、认知、态度发生相对持久的变化（Werner & DeSimone，2008）。创业学习是创业者获取、积累和创造知识的过程（Minniti & Bygrave，2001；Politis，2005；Hamilton，2011）。创业能力是可习得的，在创业过程中创业者可以通过学习持续获取和构建自身的创业能力（Rasmussen et al.，2011）。创业者通过创业学习能够不断地更新、积累创业知识，并以新知识、新见解为指导，不断地修正创业行为，从而使创业能力得到提升。具体而言，一是通过系统的理论学习，创业者获得创业所需的运营、管理、战略、营销等方面的知识，用于指导创业实践，提升创业机会识别能力与风险承担能力，以及企业管理能力；二是通过实践学习，创业者在实践中积累经验与知识，为其培养与开发机会识别能力、管理能力以及创新能力提供了途径。基于以上论述，提出如下假设：

H2：创业学习积极影响少数民族大学生创业能力

H2a：理论学习积极影响少数民族大学生创业能力

H2b：实践学习积极影响少数民族大学生创业能力

3.民族网络与创业学习

网络的一个重要功能就是能够实现信息和知识在网络成员之间的共

享（Mohrman，2003），从而推动创业者的创业学习。已有研究表明，网络对创业学习有促进作用，以情感和信任为基础的网络成员之间的交流和沟通将会促进创业学习（杨隽萍等，2013）。沉浸在各种网络关系中的创业者可通过各项讨论、交流等互动活动，把从不同渠道获得的知识运用到实践中，并使其内化为个人的经验和技能（谢雅萍和黄美娇，2016）。创业学习本身是一种社会化的过程，不能独立于一定的社会情境而单独存在，创业网络便为创业者提供了一定的社会情境，从而对创业者创业学习产生极大的影响（单标安等，2015）。

民族网络作为网络的一个分支，具有网络的一般功能，对创业学习应存在积极影响。当民族网络被较多利用时，创业者的自信心水平会得到提升（Granovette，1985；黎晓燕和井润田，2007），创业者的自信心能够对创业学习产生重要影响，有助于创业者更正面和积极地看待环境和自己的能力，发现自我创业能力存在的不足（Minniti & Bygrave，2001；牛芳等，2012）。行为主义的自我调节理论认为，当个体意识到计划的预期与现实的成果存在差异时，个体将采取措施调节自己的行为过程。对在校少数民族大学生来说，参加创业教育、创业培训以及阅读书籍、搜索网络、听他人讲述等理论学习方式最容易操作且成本最小，可以弥补其创业能力的不足。此外，少数民族大学生通过与民族网络成员之间的沟通和交流，可以了解外部环境、市场需求等信息，这将能够积极影响其创业实践学习，以便更好地把握外部环境并抓住商机；民族网络能够为少数民族大学生创业者提供有价值的创业指导意见或建议，帮助其解决创业实践中遇到的问题，对创业实践学习的效果和效率有重要的影响。基于以上论述，提出如下假设：

H3：民族网络积极影响创业学习

H3a：民族网络积极影响理论学习

H3b：民族网络积极影响实践学习

4.创业学习的中介作用

创业者所处的网络有助于其创业能力得到开发，民族网络为少数民族大学生提升创业能力提供了可能，但是这并不意味着具有相同民族网络的大学生均能同等程度地提升创业能力。要使网络中的信息、资源和情感支持等重要内容发挥作用，就需要把这些信息、资源和情感支持等用到创业的各项活动中，而创业学习能够促进信息和知识的应用、资源的整合（Sirmon，2003；苗青等，2013；赵文红和王文琼，2015），通过理论学习的过程可以对信息和知识进行转化吸收，通过实践学习的过程可以将资源进行整合利用。创业学习促进了少数民族大学生对民族网络中所蕴含能量的开发和利用，进而在持续的创业学习过程中构建自身的创业能力。基于以上论述，提出如下假设：

H4：创业学习在民族网络与少数民族大学生创业能力的影响中起中介作用

H4a：理论学习在民族网络与少数民族大学生创业能力的影响中起中介作用

H4b：实践学习在民族网络与少数民族大学生创业能力的影响中起中介作用

综上所述，本书提出图6-3中的理论模型。

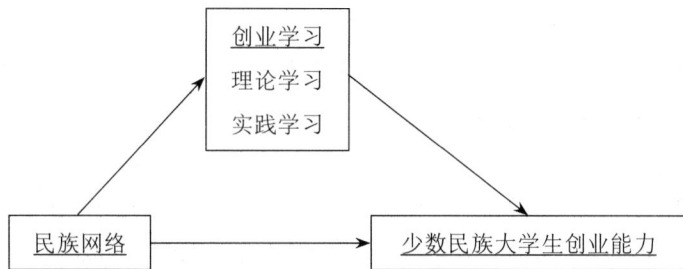

图6-3　理论模型图

6.5.3　研究设计

1.变量测量

（1）少数民族大学生创业能力。本书采用课题组开发的少数民族大学生创业能力量表。

（2）民族网络。本书参考Wang & Altinay（2012）开发的少数民族网络单维度量表，并根据少数民族大学生特点进行了适当的修改，量表共有6个题项，包括"如果我创业，我能获得同民族商人的商业建议"

"如果我创业，我能获得同民族商会的商业建议"等。

（3）创业学习。本书参考翟敏（2014）开发的创业学习量表，并根据少数民族大学生实际情况进行了补充和完善，即前文使用过的量表，但这里将其分为理论学习和实践学习2个维度，共15个题项。其中，理论学习包括5个题项，实践学习包括10个题项。

（4）控制变量。借鉴以往研究，本书选取性别、年级、专业、考试类别、汉语水平作为控制变量。

调查问卷各测量题项均采用Likert 5点量表进行测量，其中，1代表完全不符合，5代表完全符合。

2.量表的信效度检验

（1）同源方差检验。本书采取Harman的单因子检测方法，检测结果显示未旋转成分得到的第一个主成分解释率为33.127%，低于平均标准50%，检验结果表明本书所使用的数据同源误差在可接受的范围内，适合用于后续分析。

（2）量表的信效度分析。本书运用SPSS 19.0统计软件分析，采用Cronbach's α值检验量表的信度，各变量的Cronbach's α值均大于0.7，达到了较高水平，表明量表具有良好的信度。量表各因子的KMO值均大于0.7，Bartlett球形检验结果在0.001水平上显著，量表可以做因子分析。探索性因子分析显示，少数民族大学生创业能力量表抽取8个因子，累计可解释变异总量的58.258%，因素负荷在0.402至0.770之间；民族网络量表抽取1个因子，累计可解释变异总量的64.581%，因素负荷在0.786至0.829之间；创业学习量表抽取2个因子，累计可解释变异总量55.163%，因素负荷在0.427至0.746之间，表明各量表具有良好的内部结构，具体见表6-18。

运用AMOS 17.0进行变量的区分效度分析，单因子和双因子模型的RMSEA达到基本标准（小于0.08）；双因子模型的χ^2/df达到了基本标准（小于5），但其他指标均未达到基本的拟合要求；3个模型中三因子模型拟合效果最好，虽然GFI、NFI、CFI、IFI的值略微偏低，但是χ^2/df、RMSEA达到了良好标准，具体见表6-19。综合考虑，本书认为各变量区分度较好。

表6-18 信度检验和因子分析结果

分量表	因子	Cronbach's α系数	因子分析适宜性		因素负荷	累计解释总体方差变异
			KMO值	Bartlett球形检验χ²值		
少数民族大学生创业能力	机会识别能力	0.825	0.967	17 304.704（sig.=0.000）	0.402~0.77	58.258%
	人际关系能力	0.731				
	战略管理能力	0.875				
	创新能力	0.866				
	学习能力	0.789				
	资源整合能力	0.813				
	受挫能力	0.878				
	跨文化能力	0.846				
民族网络		0.890	0.878	2 334.522（sig.=0.000）	0.786~0.829	64.581%
创业学习	理论学习	0.829	0.946	5 224.678（sig.=0.000）	0.427~0.746	55.163%
	实践学习	0.894	0.922			

表6-19 模型主要拟合优度评价表（N=745）

模型	χ²/df	GFI	NFI	IFI	CFI	RMSEA
三因子模型	3.330	0.721	0.737	0.8	0.799	0.056
双因子模型	4.140	0.652	0.672	0.730	0.729	0.065
单因子模型	5.034	0.556	0.606	0.658	0.657	0.074

注：三因子模型：民族网络；创业学习；少数民族大学生创业能力。

双因子模型：民族网络+创业学习；少数民族大学生创业能力。

单因子模型：民族网络+创业学习+少数民族大学生创业能力。

6.5.4 分析结果

1.变量间的相关性分析

在讨论因果关系前，对各个变量进行描述性统计分析和相关分析。从各变量的相关性分析可知：（1）民族网络与少数民族大学生创业能力、创业学习、理论学习、实践学习分别呈现显著正相关关系（r=0.526，P<0.001；r=0.381，P<0.001；r=0.355，P<0.001；r=0.361，P<0.001），假设H1、H3、H3a、H3b得到初步支持；（2）创业学习、理论学习、实践学习与少数民族大学生创业能力分别呈现显著正相关关系（r=0.629，P<0.001；r=0.576，P<0.001；r=0.602，P<0.001），假设H2、H2a、H2b得到初步支持，具体见表6-20。

表6-20 变量的描述性统计结果和相关系数矩阵（N=745）

变量	M	SD	1	2	3	4	5	6	7	8	9	10
性别	1.68	0.467	1									
年级	2.79	0.939	0.141**	1								
专业	4.87	3.546	0.012	0.039	1							
考试类别	2.04	1.043	0.024	-0.03	0.06	1						
汉语水平	3.75	0.815	0.019	0.140**	0.255**	0.190**	1					
民族网络	3.677	0.700	-0.080*	-0.026	0.042	0.017	-0.016	1				
创业能力	3.644	0.533	-0.059	-0.064	0.029	-0.004	-0.128**	0.526***	1			
创业学习	3.350	0.702	-0.116**	-0.115**	-0.028	0.017	-0.161**	0.381***	0.629***	1		
理论学习	3.382	0.750	-0.076	-0.122**	-0.052	0.017	-0.163**	0.355***	0.576***	0.884**	1	
实践学习	3.334	0.743	-0.127**	-0.102**	-0.014	0.016	-0.146**	0.361***	0.602***	0.972**	0.750**	1

注：*表示$P<0.05$，**表示$P<0.01$，***表示$P<0.001$。

2.回归分析

为进一步明确各变量之间的关系，本书在考虑性别、年级、专业、考试类别、汉语水平等控制变量的影响下，使用分层多元回归方法对主要变量回归，分析结果见表6-21和表6-22。

表6-21　　　　民族网络对少数民族大学生创业能力和创业

学习的回归分析结果（N=745）

	少数民族大学生创业能力		创业学习		理论学习		实践学习	
	M1	M2	M3	M4	M5	M6	M7	M8
性别	-0.052	-0.011	-0.104*	-0.074*	-0.061	-0.034	-0.116**	-0.088*
年级	-0.039	-0.033	-0.077*	-0.073*	-0.089*	-0.085*	-0.065	-0.061
专业	0.067	0.041	0.014	-0.004	-0.011	-0.028	0.026	0.008
考试类别	0.019	0.008	0.047	0.039	0.046	0.039	0.044	0.036
汉语水平	-0.143**	-0.127***	-0.160***	-0.150***	-0.155***	-0.145***	-0.149***	-0.139***
自变量：民族网络		0.520***		0.370***		0.348***		0.349***
R^2	0.026	0.294	0.047	0.183	0.042	0.162	0.043	0.164
ΔR^2	0.019	0.288	0.041	0.176	0.036	0.156	0.037	0.157
F值	3.898	51.195***	7.319***	27.537***	6.511***	23.839***	6.701***	24.161***
容忍度最小值	0.886	0.885	0.886	0.885	0.886	0.885	0.886	0.885
VIF最大值	1.129	1.130	1.129	1.130	1.129	1.130	1.129	1.130

注：*表示P<0.05，**表示P<0.01，***表示P<0.001。

表6-22　　　　　　　创业学习的中介作用回归分析（N=745）

	少数民族大学生创业能力				
	M2	M9	M10	M11	M12
性别	−0.011	0.013	0.026	0.010	0.024
年级	−0.033	0.010	0.004	0.012	0.005
专业	0.041	0.058	0.043	0.060*	0.044
考试类别	0.008	−0.011	−0.012	−0.011	−0.012
汉语水平	−0.127***	−0.042	−0.053	−0.041	−0.052
自变量：民族网络	0.520***		0.336***		0.334***
创业学习		0.627***	0.498***		
理论学习				0.287***	0.219***
实践学习				0.384***	0.313***
R^2	0.294	0.400	0.496	0.402	0.497
ΔR^2	0.288	0.395	0.491	0.396	0.491
F值	51.195***	82.055	103.639***	70.795***	90.849***
容忍度最小值	0.885	0.865	0.817	0.431	0.422
VIF最大值	1.130	1.156	1.224	2.318	2.370

注：*表示 $P<0.05$，**表示 $P<0.01$，***表示 $P<0.001$。

（1）民族网络对少数民族大学生创业能力的作用。将少数民族大学生创业能力作为因变量，模型M1引入控制变量，模型M2在模型M1的基础上引入自变量民族网络，模型M2的 R^2 由0.026增加至0.294，且F值等于51.195（$P<0.001$），这表明模型M2比模型M1的预测效果好。模型M2的检验结果显示，民族网络对少数民族大学生创业能力有显著的正向影响（β=0.52，$P<0.001$），H1得到验证。

（2）民族网络对创业学习的作用。将创业学习作为因变量，模型M3引入控制变量，模型M4在模型M3的基础上引入自变量民族网络，模型M4的 R^2 由0.047增加至0.183，且F值等于27.537（$P<0.001$），表

明模型 M4 比模型 M3 的预测效果好。模型 M4 的检验结果显示，民族网络对创业学习有显著的正向影响（β=0.37，P<0.001），H3 得到验证。同时，模型 M6、M8 的检验结果显示，民族网络对理论学习和实践学习有显著的正向影响（β=0.348，P<0.001；β=0.349，P<0.001），H3a、H3b 得到验证。

（3）创业学习对少数民族大学生创业能力的作用。以少数民族大学生创业能力为因变量，模型 M9 引入控制变量，再将创业学习纳入回归方程。检验结果显示，创业学习与少数民族大学生创业能力显著正相关（β=0.627，P<0.001），H2 得到验证，与前述结论一致。模型 M11 以少数民族大学生创业能力为因变量，理论学习和实践学习为自变量进行回归。检验结果显示，理论学习和实践学习与少数民族大学生创业能力显著正相关（β=0.287，P<0.001；β=0.384，P<0.001），H2a、H2b 得到验证。

（4）创业学习的中介作用。以少数民族大学生创业能力为自变量，模型 M10 引入控制变量，再将自变量民族网络和中介变量创业学习同时纳入回归方程。检验结果显示，中介变量的效应显著（β=0.498，P<0.001），而自变量的效应明显减弱（β系数由模型 M2 中的 0.520（P<0.001）降低为模型 M10 中的 0.336（P<0.001）），这说明创业学习在民族网络和少数民族大学生创业能力之间起部分中介作用，H4 得到验证。对比模型 M2 和 M12 的分析结果，发现理论学习和实践学习在民族网络和少数民族大学生创业能力之间起部分中介作用，H4a、H4b 得到验证。

6.5.5　研究结论

1.民族网络对少数民族大学生创业能力具有显著的正向影响

嵌入民族网络有利于少数民族大学生创业能力的提升。这一结果与谢雅萍和黄美娇（2014）以社会创业者为研究对象得出的社会网络与创业能力之间关系的研究结果是一致的，说明民族网络是少数民族大学生创业能力提升的关键外部环境因素，能够显著影响少数民族大学生创业能力提升的进程。民族网络对少数民族大学生创业能力的积极影响主要表现在3个方面：一是民族网络为少数民族大学生提供了获取知识和信息的渠道；二是民族网络为少数民族大学生提供了资源支持；三是民族网络为少数民族大学生提供了惯例、流程和经验。

2.民族网络对创业学习及其各维度具有显著的正向影响

在创业过程中，为获取和吸收有价值的信息，民族网络成员之间可以不断地沟通和交流，从而推动少数民族大学生的创业学习。首先，民族网络作为少数民族大学生的重要情感支持，能够提升创业者的自信心和风险承担能力，从而促进其理论学习；其次，民族网络提供的市场需求信息为少数民族大学生的创业实践提供了动力；最后，民族网络成员在少数民族大学生的实践学习过程中通过给予一定的指导和帮助，使其更积极开展创业实践，并提高创业绩效。

3.创业学习及其各维度在民族网络与少数民族大学生创业能力的关系中起着部分中介作用

由模型M2、M4、M10的回归系数可以看出，民族网络对少数民族大学生创业能力的总效应为0.52，其中，间接效应为0.184（=0.37×0.498），直接效应为0.336。这表明民族网络对少数民族大学生创业能力的影响有一部分是通过创业学习传递的，即民族网络会通过影响创业学习来影响少数民族大学生的创业能力。民族网络嵌入度高的学生，会产生更多的积极创业行为，如通过理论学习和实践学习开发和利用民族网络中蕴含的巨大能量，进而在持续的创业学习过程中构建自身的创业能力。

6.6 本章小结

基于实证研究分析，本章分别探究了创业动机、不确定性规避、创业教育、创业学习、全球化导向、民族网络对少数民族大学生创业能力的影响。通过实证研究发现：第一，创业动机对少数民族大学生创业能力产生正向影响，通过分析创业动机各个维度即追名求富、自我实现、家庭影响及社会支持对少数民族大学生创业能力的影响程度及差异性，帮助少数民族大学生更好地识别创业动机，提升创业能力。第二，从文化的角度出发，引入变量不确定性规避，探索了不确定性规避对少数民族大学生创业能力的直接影响路径和间接影响路径，证实了不确定性规避是少数民族大学生创业能力的重要前因变量，丰富了大学生创业能力的实证研究领域。分析发现，创业教育对少数民族大学生创业能力有显著的正向影响，创业教育在不确定性规避与少数民族大学生创业能力关系中起部分中介作用，不仅为高校培养少数民族大学生创业能力提供了理论支撑，而且对改进高校对少数民族大学生的创业教育提供了经验借鉴。第三，创业学习对少数民族大学生创业能力有显著性影响，其中理论学习有显著正向影响，实践学习中亲历经验、先前经验对少数民族大学生创业能力有显著正向影响，交流学习的影响不显著。创业学习的5个维度对少数民族大学生创业能力的影响程度不同，为少数民族大学生增强创业学习提供理论和实践指导。第四，结合多元文化情境，引入文化变量全球化导向，证实了全球化导向的两个维度即多元文化习得与民族文化保护对少数民族大学生创业能力均有显著正向影响，创业学习在其关系中起部分中介作用，为培养与提升少数民族大学生创业能力提供了新视角。第五，民族网络对少数民族大学生的创业能力有显著的正向影响，创业学习及其各维度在民族网络与少数民族大学生创业能力的关系中起部分中介作用，这有助于少数民族大学生正确认识和有效利用民族网络，强化创业学习，提高创业能力。

第7章　新疆少数民族大学生创业能力开发的典型案例

案例研究方法是创业过程、创业管理研究的重要手段之一，本章将开展基于深度访谈的案例分析，通过对两名少数民族大学生创业者创业经历的细致研究，真实地展现少数民族大学生创业者创业的现实进程，系统地归纳和阐述少数民族大学生创业者在创业过程中体现出的创业能力以及存在的问题，以期从定性的角度验证实证研究结论，并得出一些具有实际意义的结论。

7.1　案例研究的基本思路

案例研究的目的在于回答以下问题：少数民族大学生在创业过程中真实表现出哪些创业能力？这些创业能力在创业过程中起到什么样的作用？他们的创业能力还存在哪些方面的问题？

7.1.1 案例选择的原则

案例选择关系到案例研究的结论和品质，典型性是案例选择的首要原则。案例研究一般选择4个以上案例（Eisenhardt，1989），但单案例研究也有其独特的价值（Fitterman & Yin，2004）。实际上，案例的数量对案例研究品质并无显著性的影响（陈春花和刘祯，2010）。从案例中探索提取新理论、构建新理论关系，需要聚焦于典型案例进行细致深度的挖掘，而不是对众多案例进行表面研究，案例研究的品质更多的在于其效用而非案例数量。本书对典型案例的筛选标准为：一是案例对象为少数民族大学生；二是创业活动发生在在校期间；三是创业活动有一定的影响力，取得了较好的收益。根据这3条标准，本书选取2个典型案例进行分析。

7.1.2 访谈内容的确立

访谈内容主要参考创业过程理论进行设计，主要从被访谈对象的创业过程展开，引导被访谈对象按照时间线索回忆整个创业过程。

7.1.3 资料获得的方式

直接观察、参与性观察、实物证据、访谈、文件、档案记录是案例研究数据的主要来源。参与性观察和档案记录需要有充足的时间和经费做保证，对本书来说可操作性较低，而大学生创业处于初级阶段，实物证据较少，且难以获得。因此，本书主要采用深度访谈，辅助采用直接观察、查阅文件的方式收集少数民族大学生创业的资料。为确保资料的完整性和正确性，在访谈过程中，经被访谈对象同意后，采用了录音和文字记录同步进行的方式。

7.2 新疆少数民族大学生创业的政策背景

近年来少数民族大学生创业受到党和国家以及相关部门的高度重视，2013年国务院办公厅下发的关于做好全国普通高等学校毕业生就业工作的相关文件中强调"各地区、各高校要高度重视少数民族高校毕业生的就业工作，给予必要的帮扶与指导，鼓励他们自主创业"。2014年中共中央、国务院印发的《关于加强和改进新形势下民族工作的意见》明确提出，"做好少数民族高校毕业生就业工作，引导他们到基层就业、自主创业。做好到各地务工经商的少数民族群众的服务管理工作，努力促进稳定就业"。根据党中央、国务院的有关指示要求，教育部在《关于做好2015年全国普通高等学校毕业生就业工作的通知》等政策文件中强调各地区、各高校要积极开展对少数民族毕业生的就业帮扶和就业指导，高度重视少数民族毕业生的就业工作，同时还要采取更加有效的政策措施，创造有利于少数民族高校毕业生创业的条件和环境，鼓励少数民族高校毕业生自主创业。

为贯彻落实国务院"以创业带动就业"的战略部署，新疆维吾尔自治区人民政府及有关部门积极制定出台政策措施以鼓励少数民族毕业生创业。如2009年发布的《自治区关于推动创业促就业工作实施意见》提出"要重视少数民族及女大学毕业生创业。各地、各部门要制定实施创业计划，全区力争从2009年起至2013年5年间每年扶持3万名创业人员成功创业，带动12万人就业"；为拓宽少数民族大学生就业渠道，自治区党委、自治区人民政府在2010年发布的《关于进一步促进大中专毕业生就业的意见（试行）》中明确了鼓励企业吸纳高校毕业生到企业工作的优惠政策，提出"吸纳少数民族毕业生减税限额可上浮，上浮额度20%"；2018年发布的《关于实施2018年高校毕业生就业创业促进计划的通知》专门针对新疆籍普通高校毕业生提出就业帮扶行动和创业引领行动。此外，新疆维吾尔自治区政府还实施了一系列促进高校毕业生就业创业的重大举措，为少数民族大学生提供涉及融资、税收、创业培训、创业指导等优越的创业平台，为少数民族大学生创业提供了大力的支持。这里将国家和新疆维吾尔自治区出台的关于大学生创业的具体政策进行梳理，具体见表7-1。

表7-1   国家和新疆维吾尔自治区出台的大学生创业的相关政策

政策类型	具体项目	政策内容
优惠性政策	税收优惠[①]	对持"就业创业证"(注明"自主创业税收政策"或"毕业年度内自主创业税收政策")或"就业失业登记证"(注明"自主创业税收政策"或附着"高校毕业生自主创业证")的人员从事个体经营的,在3年内按每户每年8 000元为限额依次扣减其当年实际应缴纳的增值税、城市维护建设税、教育费附加、地方教育附加和个人所得税。限额标准最高可上浮20%
	免收有关行政事业性收费[②]	毕业2年以内的普通高校学生从事个体经营(除国家限制的行业外)的,自其在工商部门首次注册登记之日起3年内,免收管理类、登记类和证照类等有关行政事业性收费
补贴性政策	享受培训补贴[③]	对大学生创办的小微企业新招用毕业年度高校毕业生,签订1年以上劳动合同并交纳社会保险费的,给予1年社会保险补贴 对大学生在毕业学年(即从毕业前一年7月1日起的12个月)内参加创业培训的,根据其获得创业培训合格证书或就业、创业情况,按规定给予培训补贴
	创业担保贷款和贴息[④]	对符合条件的大学生自主创业的,可在创业地按规定申请创业担保贷款,贷款额度为10万元 鼓励金融机构参照贷款基础利率,结合风险分担情况,合理确定贷款利率水平,对个人发放的创业担保贷款,在贷款基础利率基础上上浮3个百分点以内的,由财政给予贴息
扶持性政策[⑤]	创新人才培养	创业大学生可享受各地各高校实施的系列"卓越计划""科教结合协同育人行动计划"等,同时享受跨学科专业开设的交叉课程、创新创业教育实验班等,以及探索建立的跨院系、跨学科、跨专业交叉培养创新创业人才的新机制

---

① 财政部 税务总局 人力资源和社会保障部《关于继续实施支持和促进重点群体创业就业有关税收政策的通知》(财税〔2017〕49号)。
② 《国务院办公厅转发人力资源和社会保障部等部门关于促进以创业带动就业工作指导意见的通知》(国办发〔2008〕111号)。
③ 《关于印发〈新疆维吾尔自治区职业培训补贴办法〉的通知》(新人社发〔2009〕35号)。
④ 《2017年新疆大学生创业贷款优惠政策及其申请要求和条件》。
⑤ 国务院办公厅《关于深化高等学校创新创业教育改革的实施意见》(国办发〔2015〕36号)。

续表

政策类型	具体项目	政策内容
扶持性政策	开设创新创业教育课程	自主创业大学生可享受各高校挖掘和充实的各类专业课程和创新创业教育资源，以及面向全体学生开发开设的研究方法、学科前沿、创业基础、就业创业指导等方面的必修课和选修课，享受各地区、各高校资源共享的慕课、视频公开课等在线开放课程，以及在线开放课程学习认证和学分认定制度
	强化创新创业实践	自主创业大学生可共享学校面向全体学生开放的大学科技园、创业园、创业孵化基地、教育部工程研究中心、各类实验室、教学仪器设备等科技创新资源和实验教学平台。参加全国大学生创新创业大赛、全国高职院校技能大赛，各类科技创新、创意设计、创业计划等专题竞赛，以及高校学生成立的创新创业协会、创业俱乐部等社团，提升创新创业实践能力
	改革教学制度	自主创业大学生可享受各高校建立的自主创业大学生创新创业学分累计与转换制度，学生开展创新实验、发表论文、获得专利和自主创业等情况可折算为学分，将学生参与课题研究、项目实验等活动认定为课堂学习的新探索。同时，可享受为有意愿有潜质的学生制定的创新创业能力培养计划，创新创业档案和成绩单等系列客观记录并量化评价学生开展创新创业活动情况的教学实践活动。优先支持参与创业的学生转入相关专业学习
	完善学籍管理规定	有自主创业意愿的大学生，可享受高校实施的弹性学制，放宽学生修业年限，允许调整学业进程、保留学籍休学创新创业等管理规定
	大学生创业指导服务	自主创业大学生可享受各地各高校对自主创业学生实行的持续帮扶、全程指导、一站式服务，以及地方、高校两级信息服务平台为学生实时提供的国家政策、市场动向等信息，创业项目对接、知识产权交易等服务。可享受各地在充分发挥各类创业孵化基地作用的基础上，因地制宜建设的大学生创业孵化基地，以及相关培训、指导服务等扶持政策

新疆各地十分重视大学生创业，积极响应国家和自治区的政策，出台了相应的税收优惠、免收有关行政事业性收费、培训补贴、创业担保贷款和贴息、创新人才培养、创新创业教育课程设置、强化创新创业实践、改革教学制度、完善学籍管理规定、大学生创业指导服务等相关政策和措施，为当地大学生创业提供更加有效的政策支持。

以石河子市为例，2011 年石河子市根据自治区〔2010〕18 号文《关于进一步促进大中专毕业生就业的意见（试行）》的规定，将扶持大中专毕业生创业的小额担保贷款从 5 万元调整到 10 万元，贷款贴息从 2 年延长到 3 年。2014 年，为缓解大学生就业压力、鼓励大学生自主创业，石河子市政府与新疆天业有限公司、新疆天富电力有限责任公司、石河子温州商会等企业合作建立了 10 个创业见习基地，这是石河子市服务大学生创业的一项重要举措，对大学生创业行为有积极的促进作用。2015 年 8 月，新疆生产建设兵团首个青年高新技术创业孵化基地落户石河子市高新区，该创业孵化基地致力于为有志创业的青年和大学生提供"一条龙""一站式""一体化"的创业服务，从提供免费创业培训、办公场所、办公设备，搭建融资平台等方面帮助大学生成功创业。2016 年，石河子市农八师 150 团和 144 团先后成立了大学生创业园基地，为大学生创业搭建了良好的实践平台。

新疆各高校纷纷开设创业指导类课程，这类课程的普及为少数民族大学生创业提供了广泛的创业知识和技能。一些高校如新疆大学、石河子大学、新疆农业大学等成立了就业创业指导服务中心，专门负责大学生的创业教育，部分有条件的高校如新疆财经大学、新疆大学、石河子大学等还建立大学生创业园或创业实践基地，为在校大学生提供创业孵化教育和服务。新疆财经大学在乌鲁木齐市成立大学生创新创业孵化基地和大学生创新创业基金，为少数民族大学生设立了专项创新创业基金，有针对性地为少数民族大学生创新创业提供支持和帮助。

总之，国家和新疆维吾尔自治区出台的一系列优惠、扶持政策，为少数民族大学生创业打造了良好的政策环境，给予自主创业的少数民族大学生大力支持，使少数民族大学生在创业期间节省了大量的时间成本和金钱成本，增强了少数民族大学生的创业信心，提高了少数民族大学生的创业热情和创业成功率；相应地，各地在扶持大学生方面做了积极的探索，通过开展创业教育、建立创业实践实训基地等方式，为大学生创业搭建了良好的平台，营造了良好的氛围，这对大学生创业起到了很好的促进作用。

7.3 新疆少数民族大学生创业案例

7.3.1 艾某创业案例

1.创业者背景

艾某，新疆维吾尔族人，出生于新疆阿图什市一个普通的知识分子家庭，曾就读于石河子大学医学院临床医学专业，2011—2016年的5年时间里，经历4次创业实践活动，先后创办了石河子市伊蒂哈德商贸有限公司和新疆派尔汗国际贸易有限公司，现任公司董事长兼总经理。2013年，艾某被评选为"新疆最年轻的创业大学生"和"最年轻的公司创始人兼董事长"。

2.创业过程

2011年9月，刚刚走进大学校园的艾某腼腆而内向，不善与人交流，这让艾某异常苦恼，同时，刚刚离开父母身边的艾某并没有足够的理财经验，是个"月光族"，但是独立自强的个性让他不愿向父母开口要钱。怎样才能实现个人能力的成长以及自力更生，成为横在艾某心头的难题。艾某想到了创业，通过创业来增加自己与他人交流的机会，锻炼自己的胆量与交流技巧，在促进个人能力快速增长的同时也能满足自己的生活需求，于是艾某开始留意身边的创业机会。转眼间到了11月份，新疆进入了异常寒冷的冬天，从小在新疆长大的艾某深知一双厚棉袜在冬天的重要性。上大学之前，冬天的棉袜都是母亲给准备好的，但是现在他必须自己购买，艾某多次约舍友一同去买，但是大家都觉得太麻烦、不喜欢逛街而没有去。这时，艾某心中萌生了一个想法——上门去推销棉袜，这样不仅会受到学生欢迎，还能够练练自己的胆量，提高自己与他人沟通的能力，顺便挣点小钱。艾某将这个想法告诉了两位舍友，年轻而又富有激情的舍友一致觉得这是一个创业的好机会，于是3个人组建了一个销售团队，开始了第一次创业。为了拿到优质和低成本的棉袜货源，艾某通过网络和书籍以及父母亲朋的经验恶补棉袜的相关知识，跑遍了石河子和乌鲁木齐的各大批发市场，精心地对比和挑选不同品质的棉袜，并通过详细的成本核算，最终确定了理想的货源。然后，艾某和他的销售团队就开始销售棉袜。上门销售虽然并不烦琐，也没有太大难度，但是锻炼了艾某与他人沟通的能力，他赚到了第一桶金，这极大地鼓舞了艾某的创业热情。

除了冬天必备的棉袜，U盘也是每位老师和学生必不可少的物品，学校里不乏大量的商店销售U盘，那么怎么才能让自己的U盘独具特色，从而吸引老师和学生的注意以赢得市场呢？创新就是制胜的法宝，艾某的创新能力在这段创业历程中发挥得尤其好，他想到将U盘与石河子大学联系起来，将象征着石河子大学的校徽刻在U盘上，利用师生对学校的感情打动购买者。同时，他为每个学院定制礼品U盘，并刻上学院名称，用于奖励优秀师生等。再者，他还为每个班级定制班级U盘，刻上班级名称，并且为男生和女生设计不同的颜色，有效地激发了学生的购买热情。就是这样一个小小的创新，让老师和同学感到新奇不已，也给艾某带来了大量的订单，在不到半年的时间内他就获得了1万元以上的收益。

在卖U盘期间，艾某开始注意到电子市场。2013年的上半年，正值iPhone5即将上市，中国的部分消费者对苹果的产品达到一种前所未有的痴迷状态，大学生群体当然也不例外。一时间，同学之间讨论的话题都是苹果产品，但是由于没有固定收入且家长给予的生活费根本没有办法支付苹果手机昂贵的价格，所以许多人只能望而却步。与手机情况相同的还有电脑，在与同学交往过程中，艾某发现很多家庭困难的学生都买不起个人电脑，但学习上又特别需要。而在当时，分期付款购买手机、电脑等电子产品的服务还没有在新疆地区推广开来，艾某想道：如果采用分期付款的营销模式，那么很多同学将能够支付起这样一笔费用，那必然会受到同学的欢迎。这个想法让艾某兴奋不已，但是分期付款的模式必然有很大的风险，为保证自身的利益不受侵害，他决定创办一家公司。他将这一想法告诉了父母,尽管母亲有些犹豫,但是最终也给予了他资金上的支持。为节省费用,艾某没有选择代理注册公司,而是自己上网搜索创建公司的具体流程,花了一个半月的时间,辗转于工商局、税务局、商务局等部门,最终于2013年5月20号成功创办石河子市伊蒂哈德商贸有限公司,主要经营个人电脑、手机、U盘等电子产品的"分期付款"服务项目。项目一经推出就获得了同学们的一致认可,并在公司开业的首周就卖出了16部手机。4年来他累计帮助身边150余名在校学生实现个人电脑、手机梦。与艾某同宿舍的陈峥、马龙两名同学,也是公司"分期付款"项目的受益者。对此,他们很感激,现在提及此事还在说:"艾董这事儿做得漂亮,使我们这些穷学生也早早用上了高端手机和个人电脑。"

回忆起这段创业的经历,艾某说,有两大难题给他带来的阻碍最大,而克服阻碍又使得公司更加健康发展。

第一个难题,资金周转问题。"分期付款"项目前期需要大量的资金投入,而且投资没办法在短时间内收回,资金周转无疑成为没有太多积蓄的艾某面临的最大难题。艾某想到了从石河子大学创业园获取创业资金。在通过各种渠道联系到创业园的负责人后,负责人告诉他目前的政策规定创业贷款的对象是已经毕业的大学生,但是当时艾某并没有达到这个条件,无奈之下艾某不得不开口向父母寻求帮助,从家里获得了12万元的资金,最终扭转了公司面临的困境。

第二个难题,人情关系问题。按照分期付款的协议规定,首付需要缴纳1 000元,但有不少同学希望能少付一点,他们就找到艾某,而艾某重义气,很难拒绝同学们的要求。长此以往,公司的运作受到了极大的影响。于是艾某将接订单、签合同的事务全权交给了创业伙伴,而这个创业伙伴性格较为刚硬,讲原则,处理事情比较果断,从而很好地规避了这个问题。

艾某说,解决了这两个问题,"资金运作进入了良性循环,经济效益非常好,我感觉很有成就感"。

然而,艾某并没有就此止步。2014年初,艾某在新西兰留学的高中同学回到了新疆,这位同学主修国际贸易,对跨国食品贸易有着独到的见解，艾某在与他交谈的过程中对进口食品贸易产生了浓厚的兴趣。2014年2月初，他利用假期时间去迪拜参加了"迪拜海湾食品博览会"并深受启发，随后萌生进入新疆进口商品市场的想法。回到新疆，经过一段时间的筹备，他与朋友合伙，投入注册资金500万元，在乌鲁木齐成功创办"新疆派尔汗国际贸易有限公司"，改做食品贸易。创业的过程无疑是艰辛的，艾某深有体会："一边要亲自招聘员工，一边要到新疆各地选择有实力的代理商，同时要不停去观察市场，看市场上是否有本公司的商品，商品被摆放在超市的什么地方，哪种商品销量最好等，都要一一进行了解以便计算进货量等。"现在，经过一段时间的发展，公司运行渐渐步入正轨。

对于公司未来的发展，艾某有自己的战略方向，他认为"按照目前的情况，新疆人口总数大约有2 000万，有消费能力并且愿意消费我们的产品的最多50%，这个数量还比较有限，而公司想要做大做强，就不能仅仅局限于新疆地区，必须把市场推广到其他省份"，同时，"国际贸易特别依赖国际政策，公司大部分食品从土耳其进口，由于现在土耳其和俄罗斯之间的关系僵化，很多海关已经处于关闭状态，不给签证，尽管中国和土耳其的关系还不错，但是一旦国际形势出现变动，进口食品贸易就很难长久发展下去，所以接下来我们想在新疆地区自主生产，成立新疆本土的品牌，并将产品推到其他市场"。

3.创业者的创业能力分析

艾某作为少数民族大学生创业者，在创业过程中体现出的创业能力主要有以下几点：

（1）机会识别能力和创新能力。在4次创业经历中，艾某的机会识别能力都得到了很好的体现，例如对手机市场敏锐的洞察力，很好地把握住了市场的主流方向和大学生群体对于产品的心理需求，发现市场空缺，引入最新营销模式，识别出有潜力的商机。艾某的创新能力主要体现在U盘的设计上，他通过独到的设计方式，突出产品特色，获得了产品差异性竞争优势，体现了较强的创新思维和创新意识。

（2）学习能力。艾某在访谈过程中提到："我有一个习惯，遇到不懂的问题，就一定要把它弄明白。我每天都离不开百度。在公司遇到管理问题的时候，我会上百度搜索或者向商会有经验的人请教。"这样的一种学习精神和学习能力对他创业成功起着相当重要的作用，医学专业的学生学习企业经营管理、商务、税务、投资、法律等方面知识的机会较少，这就需要他不断从自学中得到有益补充。

（3）受挫能力。面对创业过程中遇到的种种问题，艾某并没有轻言放弃，而是想尽方法克服困难，体现了较强的受挫能力。艾某的舍友马龙在谈到艾某的创业历程时说："我感触最深的是，他就是持续不断地做这件事情，面对困难时也不轻易放弃，不停地在思考、实践、想办法去解决问题，每天晚上12点之后才回宿舍睡觉，早上六七点就起床，这种耐力是常人所不能及的。"

（4）人际关系能力和跨文化能力。在访谈过程中艾某提到："在学校，不论是同民族还是不同民族的朋友我都有很多，他们在我的创业过程中给我很多帮助，帮我在学校发宣传单，支持我的生意，在精神上给予我鼓励等。"2016年5月，艾某参加了石河子大学主办的"民族团结进步典型人物系列宣讲"，很好地阐释了不同民族之间的文化差异，强烈地表现出对文化多样性的欣赏，以此建立自己的社会网络。

但是，艾某的创业能力也存在一定的问题。首先，创业是一个资源整合的过程，创业所需的资源广泛地分布在社会中，需要创业者积极搜寻。艾某在创业过程中遇到的最大难题是资金问题，在解决这个问题时，艾某单一地从家庭中获取资源，未充分有效地利用学校、政府等资源，可见他的资源整合能力还非常有限。其次，虽然艾某对公司未来的发展有清晰的认识与规划，但是随着公司不断发展，还需要进一步提升其战略管理能力。据他介绍，目前公司的行政岗位都由他本人负责，各个地区的代理、市场监督管理部门有问题都是由他来协商解决，可见，在如何领导下属、合理分配工作任务、有效协调内部资源等方面，他急需提升管理能力。

4.创业者提升创业能力的难题

艾某的创业过程暴露出了当前影响大学生创业能力开发的几方面原因：一是家庭对于创业的支持力度不够，尽管在艾某创业早期，父母给予了资金支持，但是在创业后期，其母亲是反对他创业的，这对于艾某来说是一个严重的困扰，缺乏父母精神上的支持在一定程度上影响了其创业能力的培养；二是创业支持政策门槛过高，艾某在向大学创业园申请创业资金时，因为未满足毕业生的条件而被拒绝，并且申请的流程烦琐而困难，这样的一种支持政策无法发挥提升少数民族大学生创业能力的作用。

5.案例启示

从艾某的创业过程可以得到以下启示：

第一，对在校少数民族大学生来说，受知识储备不足、经验能力有限、创业资本匮乏等因素的影响，集中在高知识、高科技创新等领域的创业不容易成功，因此，可以从小处着手，慢慢积累，逐步成长。

第二，在创业过程中要正确地认识和把握机会。创业成功不仅仅是靠运气，更多的是靠个人的努力和正确识别并把握机会。寻找创业机会的一个重要途径是通过细心观察去发现和体会自己和他人在需求方面的问题，敏锐地感知社会大众的需求变化，识别出创业机会，并对创业机会进行评估，客观地判断其价值。

第三，注重创新能力的塑造。创新能力的塑造是少数民族大学生创业能力开发与培养的根本。从自我开发的角度来说，重点应当强化问题意识。问题是思维的起点，任何思维过程总是指向某一具体问题，问题又是创造的前提，一切发明创造都是从问题的发现开始，以问题的解决而结束的。少数民族大学生在学习时要有质疑精神，善于发现问题、思考问题、解决问题，遇事多问一个为什么，充分发挥主观能动性，大胆创新，不拘泥于陈规旧制，积极思考解决问题的新途径和新方法。

第四，少数民族大学生创业能力培养是一项涉及全社会的复杂工程，需要学生自身、学校、家庭、政府等各方面的通力合作。在个体层面，学生应当学会自我培养，提升培养创业能力的意识，积极参加创业实践活动。在学校层面，应当做好人才培养目标以及高校创业教育模式的更新，为少数民族大学生开展创业提供优越的创业环境和获取创业知识、资源的途径。在家庭层面，家长要转变传统观念，帮助孩子树立正确的创业观并给予孩子支持。在政府层面，应当放宽少数民族大学生创业群体获取创业资源的条件，尽可能为少数民族大学生创业群体开设创业绿色通道。

7.3.2 谢某创业案例

1.创业者背景

"微商"生于自媒体时代，他们存在于现代人的每一个网上社交圈，一时间，QQ空间、微信朋友圈、微博等私人领域迅速成了一个大卖场。有人对之不胜烦恼，有人对之趋之若鹜，而商家从中嗅到了商机。90后的维吾尔族姑娘谢某便是利用这样一个社交平台走上了创业的道路。谢某出生于新疆喀什市，2015年7月毕业于石河子大学经济与管理学院工商管理专业。她在大四期间开始经营微店，在"零成本"投入的情况下取得了较好的收益，是小微创业者的典型代表。

2.创业过程

谢某的创业想法很简单，只是想利用空闲的时间去挣点生活费，以减轻家庭的负担。南疆地区地处偏僻，受语言、计算机水平等多种因素的限制，当地的人们还没有习惯网购。从小上汉族学校的谢某，在高中的时候就开始接触网络，并学会了网购。网购给她的感觉就是方便，尤其在买衣服的时候比实体店便宜并且可供挑选的款式多，但是她同时发现身边很多人都不会网购，这让她萌发了创业的想法。

创业之初，谢某并不以营利为目的，而是通过建立初步的信任来扩大自己的客户群。谢某的母亲是喀什当地的一名教师，在学校有着良好的人脉关系。学校很多老师喜欢买衬衣，与谢某母亲关系较好的老师知道谢某会网购，就让她帮忙在网上挑一下衬衣，在了解她们喜欢的款式和颜色等信息后，谢某就帮她们在网上挑选，然后把挑选好的衣服图片发给需要的老师，她们满意之后，就告诉谢某需要的尺码和收货地址，然后由谢某在网上买好直接发货到她们指定的收货地址。在这段时间谢某是完全没有获利的，仅仅按照客户的需求帮客户挑选衣服。但是，谢某与这些老师建立了很好的信任关系，有了很好的口碑。学校的老师众多，老师之间口口相传，很快客户便多了起来。这时，谢某才开始了自己的生意，创建了微店。

在起步阶段，谢某主要是按照季节的需求，譬如说冬天主要推广销售羽绒服、保暖内衣等，首先按照款式、质量等在网上挑选商品，然后将挑选好的商品图片上传至微店，供客户挑选，再按照客户预订的款式和数量进货。微店的盈利渠道主要有两个：一是在挑选商品的同时与天猫商家取得联系，并达成协议——累计进货达到一定数量时天猫商家给予一定优惠；二是微店上标出的价格会略高于商品本身的价格，但是低于实体店的价格，谢某可以获得这两部分的价格差。在这段时间，谢某的客户基本还是前期谢某为她们挑选过商品的那部分人。

与其他商家相比，谢某非常细心，她会认真地了解每一位客户偏爱的款式、喜欢的颜色等，这样她挑选出来的商品客户满意度高，慢慢地客户越来越多，从教师群体扩大到她们的亲人朋友等，以及其表妹所就读高中的一部分学生群体。由于客户群体扩大，谢某开始按照一定的批量自己进货，这样天猫商家让出的利润会更大一些，谢某所赚取的价格差也更大，每个月的营业额能达到5 000元左右。

尽管服装商品给谢某带来了不菲的收益，但是2015年谢某大学毕业后回到家乡找了一份工作，同时创办了中小学培训班，她晚上要给学生上课，白天要到单位上班，在微店经营上无法投入太多的精力，经常没有办法及时回复客户的消息，更没有充足的时间为客户精心挑选商品。毕业之后，谢某的母亲及亲人对于她创业持一种消极的态度，仅仅允许她在工作之余兼职创业，后来，在来自工作和父母的双重压力之下，谢某停止了微店的自我运营，将微店转让。

3.创业者的创业能力分析

开微店的创业者有很多，但并不是每一个人都能够成功。谢某的成功离不开她自身具备的创业能力，主要体现在以下几点：

（1）人际关系能力。广泛的人际关系是微商们成功的基础，谢某的成功同样离不开她的人际关系，她依托家人、亲戚等的人际关系网络，不断扩展人际关系链，并通过记录客户需求等措施，很好地将弱关系转换为强关系，体现了她较强的人际关系能力。

（2）资源整合能力。谢某很好地整合了身边可利用的资源，体现了较强的资源整合能力。在创业初期她有效地借助了母亲的关系网络，获取和整合了教师群体这部分客户资源，并以相互信任为基础建立了自己与客户之间的网络关系；同时谢某还积极与天猫商家合作，整合了供应商资源；随着微店的发展，以谢某表妹为代表的学生群体也成为微店的稳定客户，为微店带来了更多的经济效益。

（3）机会识别能力。谢某善于从身边发现创业机会，通过对生活的细心观察，抓住了机会，同时跟准了移动端迅速崛起这一个好时机，抢占了微商发展的先机，获得了成功。

（4）创新能力。谢某的创新能力主要体现在创业初期市场推广的方式上。在创业初期，她并没有急于盈利，也没有采用传统的微信营销的市场推广方式——广泛添加好友，而是以点带面，先从身边人开始，建立良好的信任基础，由身边的人自觉帮忙宣传，这种宣传带来的效果远远好于在微信上刷屏的效果，在客户达到一定规模后她才开始正式运营微店。这种市场推广方式一方面体现了她的创新能力，另一方面体现了她具有一定的前瞻性和战略眼光。

（5）学习能力。尽管谢某身边没有做微商的朋友为其提供经验指导，但是她通过参加网上微商培训课程等方法，学习了有效解决问题的各种知识和技能，在没有任何先前经验的情况下取得创业的成功，体现了较强的学习能力。

（6）跨文化能力。谢某从小在汉族学校就读，汉语非常好，在大学期间也是与汉族学生在一起学习生活，对汉族的服装等文化有较深的理解，同时能积极接纳这种不同民族的文化，这是她发现服装代理商机的重要因素之一，体现出较强的跨文化能力。

谢某的微店创业历程也体现出其创业能力的不足之处。影响其创业能力发挥的原因主要有以下两个方面：第一，个人创业意志不坚定。在面临来自外界的一些困难和阻碍时，谢某产生了较大的心理压力和负担，动摇了其继续创业的信念，缺乏坚持信念的毅力。第二，家长观念保守。尽管谢某的家长并没有强烈反对其创业，但是在心理上存在一定的软排斥，不赞成她将全部精力投入到创业中，这无疑限制了其创业项目的发展和创业能力的培养。

4.案例启示

通过对谢某创业能力的分析发现，人际关系能力和资源整合能力对谢某创业成功起到关键作用。对于这两种创业能力的开发，从创业者的创业实践中能够得到以下几点启示：

第一，在创业过程中应当广泛积累社会人脉资源。大学生掌握的社会资源非常有限，而在创业过程中市场开拓、产品推介等都需要调动社会资源，因此平时应当多参加各种社会活动，扩大人际交往的范围，并且有意识地锻炼沟通技巧，培养人际交往能力。

第二，要善于利用网络关系以获取和整合资源。创业资源在未整合之前大多是零散的，要使其发挥最大效用、创造最大价值，创业者需要运用一定的方法将不同来源、不同效用的资源进行配置与优化，使有价值的资源融合起来，发挥"1+1>2"的放大效应。从本案例可以看出，网络关系的构建是少数民族大学生创业者获取与整合创业资源的有效途径。通过信任、信息共享等机制，网络关系能够为少数民族大学生带来创业资源，促进资源的整合。

第三，家长及亲人对于创业支持与否在很大程度上影响着子女的创业活动，不利于少数民族大学生创业能力的培养。鉴于此，一方面，家长自身应当积极转变传统观念，给予子女适当的支持，使家庭成为子女创业的有力后盾；另一方面，地方政府应当积极推动创业文化的建设，大力宣传创业文化，提倡全民创业活动，使少数民族大学生创业得到社会舆论的支持和认可，改变家长及社会对于少数民族大学生创业的看法和质疑态度。

7.4 本章小结

为了验证实证研究结果，本章选取了两个具有代表性的少数民族大学生创业案例进行分析。通过对少数民族大学生在创业过程中表现出来的创业能力进行分析发现，少数民族大学生在创业过程中较大程度地还原了本书提出的少数民族大学生创业能力结构维度，从而验证了本书开发的量表的合理性。访谈及案例分析的结果表明，少数民族大学生具备的创业能力有效地推动了创业活动的生存和成长，开发和培养创业能力对于促进少数民族大学生创业成功有着极其重要的作用。与前文中对少数民族大学生创业能力的分析情况对比，在总样本创业能力中得分较高的跨文化能力、人际关系能力和学习能力以及得分较低的创新能力和机会识别能力在两位创业者身上得到良好的体现，可见机会识别能力与创新能力对创业成功至关重要。但是，资源整合能力、受挫能力以及战略管理能力与创业需求存在一定的差距，成为限制创业企业可持续发展的阻碍。

少数民族大学生创业能力的影响因素有以下几个方面：一是在个体层面上，少数民族大学生个体创业意志不坚定；二是在学校层面上，高校创业教育有所欠缺，对少数民族大学生创业能力开发没有明显的促进作用；三是在家庭层面上，父母对于少数民族大学生创业的支持力度不足，有时还是他们创业的阻碍因素；四是在政府层面上，由于政策门槛过高，针对大学生创业的支持政策没有发挥其应有的作用。

第8章 新疆少数民族大学生创业能力的开发策略

　　培养并提升少数民族大学生创业能力是新疆维吾尔自治区积极响应国家"大众创业、万众创新"号召的应有之举，有利于促进少数民族大学生更高质量地创业就业、发挥少数民族大学生在自治区创新创业活动中独特的主体作用。通过归纳概括新疆少数民族大学生创业能力现状并剖析所存在的主要问题与原因，可以发现社会环境、学校教育、家庭观念及个人素质等4个方面在新疆少数民族大学生创业能力培养中起着重要作用，这些方面相互影响、相互作用，构成一个综合性系统。加快提升少数民族大学生的创业能力是有效推进创新创业工作的核心内容，也是关乎全社会的系统性工程，因此，需要从个人、家庭、学校、政府等4个方面出发合力提升新疆少数民族大学生创业能力，切实发挥好少数民族大学生在国家新一轮创新创业大潮中的特殊作用。

8.1 个体层面

少数民族大学生自我提升是提高创业能力的关键所在，政府、学校与家庭采取的措施只有通过个体"吸收"才能转化为现实价值。因此，少数民族大学生应注重自我主观能动性的发挥，树立并培养自己的创业主体意识，加强创业能力的自我培养与自我提升。

8.1.1 转变就业观念，完善职业生涯规划

就业定位决定了少数民族大学生在校期间的努力方向与努力程度，这是每一个少数民族大学生需要考虑的首要问题。

1.转变就业观念，将创业作为新型生活方式

根据少数民族大学生的访谈结果，"求稳"仍是绝大部分学生最重要的考虑因素，而"求稳"思想严重抑制少数民族大学生的创新性思维和创造性，因此少数民族大学生要转变就业观念，尝试摒弃"求稳"思想，机关事业单位、国企等并非唯一的就业选择，小微企业、民营单位甚至创业同样能够实现人生价值。少数民族大学生应该以当代创业明星为榜样，敢于转变安逸的生活方式，追求有挑战性的生活，以创业代替就业，尝试将创业作为自己的生活方式。此外，少数民族大学生应积极关注有关创新创业方面的政策，及时把握国家政策方向与商业机会，培养自己对于政策的敏感性与领悟能力，激发自己的创业热情。

2.完善职业生涯规划

无论将来是否创业，职业生涯规划对于少数民族大学生来说都十分必要。在日益严峻的就业形势下，大学生尤其是少数民族大学生，根据社会发展需求与自身定位，对就业创业问题应该早做思考和计划。特别是那些有想法、愿意尝试创业的同学，可以将创业计划融入自身的职业生涯规划当中，在校期间有针对性地完善相关专业知识和实践经验，为自己创业做好各方面准备，这样具有目的性的锻炼是提升大学生创业能力最有效的方式之一。

8.1.2 提升创新创业素质，强化创业动机

少数民族大学生必须要重新审视自身的创业能力，意识到自身创业能力存在的不足，努力寻求自我提升。

1.敢于打破常规与尝试，培养创新创业意识

少数民族大学生在生活与学习当中，应积极学习新知识、新方法，接受新思想、新观点，能够将不同的想法用于实践当中，反复尝试，真正提升自己的创新意识与创业能力。少数民族大学生应该树立市场、资本、竞争、创新、开放观念，积极探索不同的解决方法和思路，愿意并敢于尝试而不是一味地墨守成规。

2.坚持创业理论学习和实践学习相结合

少数民族大学生创业学习尤其是实践学习的整体水平不高，而创业学习对少数民族大学生提升创业能力具有积极作用，因此少数民族大学生应加强理论与实践相结合的创业学习。一方面，要提高语言能力，积极学习专业知识，丰富自己的理论知识与专业技能，锻炼自己的逻辑思维能力；积极学习创业相关基础知识，善于总结学习经验，积极寻求不同的学习方法与技巧，提高自身创业学习能力与效果。另一方面，要抓住一切机会，善于向家族或本民族有经验的前辈、企业家、导师等请教，就创业方面的知识进行交流和学习，或者借助各类创业平台同其他创业人员交流，及时弥补自身的不足之处；借助互联网平台，充分利用各种网络资源，关注行业最新动态，保持学习和"充电"习惯。

3.善于观察与思考，主动寻求并把握创业机会

机会总是留给有准备的人，少数民族大学生无论是在校内还是在校外，平时都要注意观察并勤加思考，积极培养"商人"思维，学会用经济学相关知识与企业管理相关理论观察并分析生活中的人与事，培养自身的商业机会挖掘能力。少数民族大学生要学会整合本民族独特的文化资源、经济资源、物质资源，深入挖掘其经济价值，充分利用少数民族特色资源的优势。

4.学会自我心理调适，不断增强自身的抗挫折能力

创业过程充满了各种困难和挫折，少数民族大学生可能要面对、处

理各种文化、习俗冲突。解决这些问题的关键在于全面了解社会，客观地分析理想与现实存在差异的原因，全面地分析、评价自我，清晰地定位自我，从而积极应对创业活动中出现的各种困难和挫折，正确处理理想与现实的矛盾关系，促进创业活动可持续发展。

5.构建以自我为纽带的创业社会关系网络

民族网络是少数民族大学生特定群体形成的社会网络，是少数民族大学生开展创业学习、创业交流的重要平台。向少数民族大学生提供可以模仿的创业对象，请成功的创业者指导初创者创建、管理、运作企业，有助于少数民族大学生不断获得新的创业知识、转变心智模式，并在实践中将其内化为个人的经验和技能，实现创业认知或创业行为的改变，进而促进创业能力的提升。民族网络也是少数民族大学生获得资源和精神支持的重要平台。少数民族大学生创业所需的资金、人脉等资源主要来自家庭和学校，在创业中遇到困难和挫折时，也是家人、同学、朋友和老师给予他们安慰和鼓励。因此，少数民族大学生应加强对本民族同学、朋友、家族关系的整合，逐步构建自身的民族社会网络资源。同时，创业资源不应仅局限于民族内部，应积极整合不同民族人脉，提升自身资源的开发与整合能力；真诚对待其他民族同学，坚持民族平等原则，相互理解、相互尊重、相互包容、相互支持，求同存异，培养共同兴趣与语言，妥善处理相互间矛盾，有效提高人际关系能力，打造多民族关系网与和谐人际关系。

8.1.3 积极参与社会实践活动，锻炼创业能力

实践能力是大学生在创业过程中解决具体问题的关键能力，实践活动是其提升实践能力的重要途径。少数民族大学生应充分利用课余时间积极参与各类社会实践活动，把课堂中学到的创业理论、知识和技能用于实践，一方面促进理论知识的升华，另一方面积累宝贵的社会经验。

1.积极参与各种创业类竞赛

少数民族大学生要利用本民族具有丰富创业资源的优势，努力将创意转化成具有可操作性的策划方案，积极参与由政府或者学校举办的各

类创业大赛，将参赛作为自己学习和提升的重要平台。此外，通过将概念转化为方案，强化少数民族大学生的创业动机，在较大程度上锻炼自身的逻辑思维、风险规避、思考能力。

2.积极参与少数民族大学生模拟创业活动

利用各类模拟创业平台，如创业实训网络平台等，虚拟经营企业，熟悉创业流程，预先体验创业，及时发现并解决所存在的各类问题。少数民族大学生创业团队可以利用学校或政府提供的"创业体验"平台试运营理论化的策划方案，及时发现创业策划方案的不足，将其作为进行创业学习的重要途径。

3.积极尝试各类创业活动

从事创业实践活动的根本特征之一是自负盈亏，这是提升少数民族大学生创业能力最有效的途径之一。少数民族大学生应积极发现并把握商机，充分利用自身民族特色优势与互联网平台，选择适宜自己的创业方式，如尝试开网店、代购等，真正体验创业生活；可利用校园大学生集中的特点，从事一些小买卖，如摆地摊、推销电话卡等；积极寻求与企业合作，尤其是少数民族企业，在校园内开展一些促销活动、代理活动等。

4.积极参与校园实践活动

利用学校、院系、班级或者社团、学生会组织的公益类社会实践活动，锻炼自己的沟通交流能力、社会关系能力、组织协调能力及问题处理能力。

5.积极参与企业实践活动

企业实践经验不同于校园社团活动，其能够让在校大学生真正学习现代企业的运作模式、人事关系、供销渠道及领导力发挥等方面的知识。少数民族大学生要注意丰富企业的实习经验，充分利用寒暑假、周末的时间在自己喜欢的行业企业内实习，把握学校与企业的异同点，注意虚心向前辈学习企业运作方面的必备知识，注重分析市场与行业信息，锻炼自己在把握机会、营销、管理等方面的能力。

8.2 家庭层面

家庭对于个人的性格塑造、能力培养、职业生涯发展具有重要的影响。受自身民族文化的影响，少数民族大学生创业更易受到家庭的影响。因此，对少数民族大学生创业能力的培养，需要充分考虑少数民族家庭的因素。

8.2.1 转变家庭教育观念，强化创新创业意识培养

除学校教育外，少数民族家长应充分认识到家庭教育对孩子提升创新创业能力的重要作用。

1.家长要转变观念，发挥榜样作用

家长的行事作风对子女具有潜移默化的重要作用，父母拥有冒险与创新精神的少数民族大学生往往更具有创新创业导向。因此，少数民族家长要转变观念，重视自身在孩子性格塑造过程中的关键作用。

2.注重培养孩子的创新意识与风险承担意识

家长在孩子的儿童时期就应积极关注其好奇心与想象力，以启发式和鼓励式教育为主，尊重孩子的想法与个性化发展，着力培养孩子的创新意识与创造性思维；注重培养孩子的自信心，鼓励孩子敢于表达自己的真实想法，大胆尝试，敢闯敢干；培养孩子"敢作敢当"的责任意识，鼓励孩子自己承担责任而不是选择逃避，积极引导孩子克服人生中的困难，提升自我解决问题的能力，养成自信、自立、自强的性格。

3.灵活对待工作"求稳"的传统思想，尊重孩子的个性化择业意愿

少数民族父母在为孩子的职业选择出谋划策时，应该解放思想，不要单方面将工作"求稳"思想强加给孩子，应尽量尊重孩子的想法与选择，以开放心态包容孩子的个性化择业观与行为，鼓励孩子不断挑战自己，追求创业生活方式。

8.2.2　加强家庭社会网络支持

家族关系是少数民族大学生的基本社会网络，是培养少数民族大学生创业能力、支撑其创业成功的主要因素。因此，除了改变教育观念之外，家庭还应该给予必要的支持，为少数民族大学生创业减轻家庭阻碍。

1.给予精神方面的鼓励

根据相关研究，家庭的支持在大学生态度形成与行为选择过程中有时起着决定性作用。根据少数民族大学生的访谈结果，父母的理解与明确支持能够强化他们的创业动机，增强创业自我效能感，能够提升他们创业的成功率。对于那些有创业想法或者正从事创业类实践活动的少数民族大学生，父母应注意多与孩子沟通交流，了解孩子的真实想法，帮助孩子分析可能出现的机遇与挑战；对于孩子所面临的困难与挫折，多进行开导与鼓励，并出谋划策，帮助其克服心理障碍，增强少数民族大学生的创业自我效能。

2.给予物质方面的支持

根据少数民族大学生的访谈结果，创业初期资金匮乏是少数民族大学生创业尝试、创业可持续性的重要制约因素。因此，对于那些有创业想法的孩子，家长应该根据自身经济能力与创业实际需要提供必要的资金，鼓励并支持其进行创业尝试，锻炼其创业能力。

3.给予经验方面的指导

家长拥有丰富的社会经验，如处理各种社会关系、了解买卖规则等，因此，家长要经常与有创业意愿的少数民族大学生沟通，传授自身有价值的社会经验，给予孩子必要的忠告。自己创业或者做生意的少数民族家长要多给孩子进行经商方面的引导与培训，培养孩子的商业思维，并适当对其进行锻炼，使其能够积累一些经验。

8.3　学校层面

创业能力并非创业者与生俱来，可以通过后天培养，创业教育与培训是培养与提升大学生创业能力的主要方式。高校是国家创新创业教育体系的关键一环，应发挥高校在少数民族大学生创业能力培养与提升方面的独特作用，努力造就"大众创业、万众创新"主力军。

8.3.1 强化创新创业教育开发，提升少数民族大学生创新创业素质

高校应重视少数民族大学生创业教育，把创业教育贯彻到学生培养的全过程，力求培养一支规模宏大、具有创新创业素质、富有创新精神、勇于投身实践的少数民族创新创业人才队伍。

1.深化高校创新创业教育改革

将创新精神、创业意识和创新创业能力的培育作为高等教育的教育理念与培养目标。进一步提升创新创业教育地位，将创业能力培养融入高校人才培养全过程，把握大学生不同阶段成长特点和教育需求，设置与大学生成长规律相适应的教育内容，实现创业能力的阶段性发展和递进式培养，从根本上将创业教育作为高校人才培养的重要组成部分。

2.健全少数民族大学生创新创业教育课程体系

尝试打通一级学科或专业类下相近学科专业的基础课程，开设跨院系、跨学科、跨专业的交叉课程，丰富少数民族大学生知识广度、拓宽视野，并促进专业教育与创新创业教育有机融合。重点完善少数民族大学生课程体系，加强创业基础、技术创新创业、学科前沿、就业创业指导等方面的必修课与选修课建设以及国家创业相关政策解读课，同时高校可以根据需要编写适用于少数民族大学生特点的创新创业教材。

3.改革教学方法与教育模式

第一，突出少数民族学生在课堂中的主导地位，广泛开展启发式、讨论式、参与式教学，重点培养少数民族大学生的创造性思维、发散性思维、批判性思维。第二，推动少数民族学生与汉族学生集中统一授课，加强不同民族间学生的交流和学习。第三，推行"互联网+创业教育"，开设"创业大讲堂"线上同步课堂，完善在线教育，建设"少数民族大学生创业慕课"平台，辐射全疆少数民族创业大学生。第四，推动企业家或者创业成功者尤其是少数民族创业家进课堂，定期举办专家

主体论坛或者创业主题讲座，让学生直接与创业大师对话。

4.推进教学、科研、实践紧密结合，强化创业研究

支持相关教师或学者开展少数民族大学生创业研究，把握少数民族大学生创业特点，积极探索并创新少数民族大学生创业模式，更好地为少数民族大学生提供理论指导。建设教师科研成果与学生创业项目对接平台，探索建立二者创业合作模式，进一步激发少数民族大学生创业动机。

5.加强教师创新创业教育教学能力建设

通过理论培养和到企业挂职锻炼等方式，培训并选拔一批创新创业教育与创业就业指导专职教师。聘请疆内外企业家、创业成功者、风险投资人等担任创业导师，探索实行"创业双导师制"。尝试成立新疆维吾尔自治区创新创业导师人才库，主要吸纳疆内高校与对口援疆高校的教师、企业家、创业者及风险投资人等人才，尤其是少数民族创业导师。

8.3.2 强化各类创业支撑平台开发，锤炼少数民族大学生创业能力

创业实践活动是锻炼少数民族大学生创业能力的重要方式，他们只有通过亲身的实践体验才能真正提升自身的创业素质与技能，因此高校在教授理论知识的同时，应着力打造各类创业实践平台，提供更多创业实践机会，鼓励少数民族大学生进行创业实践，可以打造模拟平台、竞赛平台、实践平台、交流平台与试错容错平台。

1.创业模拟平台

模拟平台鼓励少数民族大学生开展创业模拟训练，在虚拟世界中感知创业，有利于提升少数民族大学生的创业感知与创业意愿。利用高校学生活动中心，开辟少数民族大学生创客空间，组织进行创业沙盘演练，鼓励少数民族大学生进行企业虚拟经营，熟悉创业流程，提高创业能力。

2.创业竞赛平台

鼓励少数民族大学生参与国家、地方政府举办的各类创新创业设计大赛，对于获奖者在本校给予配套奖励。与新疆维吾尔自治区政府合

作，联合创办针对少数民族大学生的创新创业大赛，进一步激发少数民族大学生的创业热情。少数民族学生比例较高的高校可举办各类创业设计大赛、创业计划大赛，并鼓励有条件的院（系）创办创新创业大赛等，营造校园创新创业文化氛围。

3.创业实践平台

一方面，建立与政府及企业合作的协同创新创业基地，加强与校外力量的联合；另一方面，突出民族文化定位与低成本、便利化、全要素、开放式的特点，建立创新创业基地，推进各类创业训练营、孵化基地建设，完善设施功能并出台优惠政策，积极吸纳少数民族大学生、创业团队甚至教师入园。在这一过程中，突出扶持重点创业项目，避免"撒胡椒面"，加大对高新技术项目、民族文化项目等具有良好发展潜力的新兴产业项目及具有代表性的少数民族创业者的扶持力度。与此同时，高校要利用自身条件尝试积极开展创业实践教学，将创业教育与各创业实践平台结合，打造创业教育实践平台，将理论教学与实践教学统一起来；发挥学生团体优势，支持相关学生社团开展各类商业实践活动。

4.创业交流平台

尝试建立高校、政府、企业、行业协会及其他组织间的交流平台，采用在线交流与现场讲座的形式，加强少数民族学生、学者、校友、政府官员、企业家、创业者等之间的交流。尝试在区域内建立由各高校发起的少数民族大学生创业联盟，鼓励不同高校具有创业意识或从事创业活动的少数民族大学生交流想法与经验。在交流内容方面，侧重对创业意识培养、创业项目选择、商机把握、创业经历分享及少数民族大学生创业政策等方面的交流。

5.创业试错容错平台

创业肯定有风险、有失误，若是能够由高校甚至政府与少数民族大学生共担风险，则会进一步降低其创业心理成本。因此，可以成立由高校、政府主导的高端试错容错服务平台，打造少数民族大学生"创业高端试错容错服务器"，在资金、设备、技术、心理疏导等方面给予大力支持，一方面支持少数民族大学生进行创业实践活动，另一方面鼓励有创业意愿的少数民族大学生大胆尝试，这样可以强化有创业意向的少数民族大学生的创业动机，为敢想的人"开绿灯"，为敢干的人"兜住底"。

8.3.3　完善体制机制，形成创业能力培养制度保障

积极响应国家"双创"号召，需要高校完善相关体制机制，为少数民族大学生创业能力培养与提升提供制度保障。

1.强化组织保障

由于少数民族大学生的特殊性，要成立由校领导及多个部门参加的创新创业工作委员会，并在高校创新创业工作委员会下面专设少数民族大学生创新创业工作室，每年定期召开创新创业工作会议，以强有力的组织机构来推动高校少数民族大学生的创新创业教学工作与管理工作。

2.优化管理制度

探索创新创业学分积累与转换制度，对需要休学的在校创业少数民族大学生实施弹性学分制，放宽其修业年限，允许灵活调整学业进程、保留学籍休学创业。在实际操作中，简化行政审批程序，支持少数民族在校大学生休学创业。

3.推动协同创新

积极开展与政府、企业、疆内外高校及国际组织的合作交流，共建各类科技园，积极吸纳少数民族大学生参与科技创新。以学校团委名义支持各类学生团体，鼓励成立高校创业协会，完善创业服务；支持跨学校、跨学院、跨专业合作，打造各类创新创业类团队。

4.完善激励机制

成立高校创新创业奖励基金与奖学金，奖励在创新创业工作中有突出贡献的少数民族大学生个人、团队与单位，并增加少数民族大学生评奖评优比例与范围，用于表彰创新创业少数民族大学生。

5.完善少数民族大学生创业融资机制

有条件的高校成立少数民族创新创业基金，放宽申请条件、覆盖范围与额度等，尽最大可能支持少数民族大学生创业实践。鼓励有条件的

企业设置各类创新创业基金，建立高校-企业-少数民族大学生创新创业合作机制。尝试建立以高校名义为少数民族大学生贷款的机制，鼓励少数民族大学生进行创业尝试。

8.4 政府层面

政府在推动新疆少数民族大学生创业能力提升方面发挥着重要的调控作用，是引导少数民族大学生创业能力提升、促进创新创业活动顺利开展的外部保障。因此，要发挥新疆维吾尔自治区及各地州政府在培养少数民族大学生创业能力方面的重要作用。

8.4.1 继续推行国家通用语言教育，强化跨文化能力培养

双语教育对新疆少数民族儿童与青少年的世界观、人生观与价值观的培养起着基础性作用，能提升少数民族大学生的多元文化认知水平、跨文化交流能力，接受良好的双语教育是提升少数民族大学生创业能力的重要保障。因此，新疆维吾尔自治区政府应该加大在少数民族聚集地区推行国家通用语言的教育力度，有效提升少数民族大学生的跨文化能力。

1.加大对语言教育的财政支持力度，合理分配资金用途

加强国家通用语言教育专项财政支持，做到专款专用，确保中央财政与新疆地方财政在未来较长时间内对国家通用语言教育支持经费只增不减。有重点地推动资金向南疆少数民族聚集区、边疆少数民族聚集区，以及其他贫困、边疆地区的重点区域流动。

2.加强国家通用语言教育师资队伍建设

制定落地政策，引人与留人相结合。根据实际提升基层教师待遇，逐步建立以本土化教师为主的国家通用语言师资队伍。

3.有序推动民汉合校与混班教学，提升少数民族教育质量

提升国家通用语言教育在中学教育中的基础性地位与主导作用，进一步完善课程体系设置。加大普通话在各类学校的推进力度，鼓励少数民族学生与教师在课堂课外用普通话交流。支持少数民族大学生考取普

通话语言等级证书，提升普通话水平。

8.4.2 强化创业政策环境开发，激发创业意愿与动机

良好的创业环境有利于规避社会性风险、降低创业交易成本及创业者创业心理成本，有利于激发少数民族大学生的创业意愿与动机，进一步增强创业者自我效能感，因此，为提升少数民族大学生创业能力，必须精心打造良好的创业环境，进一步激发包括少数民族大学生在内的创业主体的创业意愿与动机，而在完善创业扶持政策的同时既要坚持一般性原则又要兼顾民族特色。

1.积极制定少数民族更具差异化的激励性创业扶持政策

将少数民族大学生列为新疆维吾尔自治区创业重点扶持群体之一。在用好中央政策的同时，进一步放宽少数民族大学生注册资本登记条件以及经营范围与经营场所限制，提高少数民族大学生创业补贴标准；支持在校或者毕业3年之内的少数民族大学生享受自主创业税收减免优惠，如增值税、城市维护建设税、教育费附加、地方教育附加和个人所得税，并延长税收优惠期限；加强政府与银行等金融机构的合作，拓宽少数民族大学生融资渠道，完善创业担保贷款和贴息，为符合条件者提供减息或者免息贷款，尝试以政府名义给符合条件的少数民族大学生提供贷款担保，并适当降低创业贷款门槛，加大小额担保贷款力度，提高创业贷款最高额度，延长大学生创业贷款期限。

2.简政放权、放管结合，完善政府服务少数民族大学生创业职能

深化行政审批制度改革，重点取消和下放束缚企业生产经营、制约"大众创业、万众创新"的行政审批事项，同时设置专门的少数民族大学生创业服务窗口，进一步提供便利化、人性化、精细化服务。此外，对所有少数民族大学生创业免收有关行政事业性收费，进一步降低创业成本。

3.做好宣传，营造良好创业氛围

充分利用广播、电视、报刊及网络等媒体优势，宣传中央、自治区各级政府针对少数民族大学生创新创业制定的优惠政策，在全社会营造一种"各民族争先创业"的良好舆论氛围，突出在疆内各高校的宣传，

加强舆论引导，有效激发少数民族大学生创业动机。

4.优化服务改革，保障服务与政策的系统性

鼓励各地州政府健全大学生创业政策支持体系。不断完善人事管理、户籍管理、税费减免等制度，减少少数民族大学生自由创业的阻碍因素；确保少数民族大学生创业优惠政策的系统性和连贯性，确保创业各阶段的政策支持，可通过优化创业服务平台，在政府机构网站上开辟少数民族大学生创业服务栏目，建立网上服务窗口和创业平台登记，利用QQ、微信等社交工具联合有创业意愿的大学生，完善创业跟踪服务。建立健全社会保障体系，为创业失败的学生提供基本生活保障，免除后顾之忧。

8.4.3　加强政校企合作，打造创业支撑平台

政府在出台创业扶持政策、优化创业环境方面扮演着主导角色，而任何有利于少数民族大学生创业的优惠政策又必须获得高校的大力支持与配合，考虑到任何类型的创业活动均是以营利为目的经济性活动，创业必然离不开行业企业的技术与经验，故需要加强政府、高校与企业间合作，打造各类创业实训基地，发挥各自优势，统一发力，共同促进少数民族大学生创业能力的培养与提升。

1.建立由政府主导、高校配合、企业参与的合作推进机制

政府政策的制定要切实符合高校管理与少数民族特点，积极吸纳高校人员与少数民族大学生的意见，提高政策的人性化程度与可操作性；推行"创业政策校园行"活动，加强对相关创业政策的宣讲与解读，同时由市场监督管理、税务、人力资源和社会保障等政府部门针对企业注册流程、税费及社会保障等方面进行培训，确保高校相关老师与少数民族大学生能够知晓并准确理解，进一步激发少数民族大学生的创业热情。高校的重点任务是做好创业教育，加强对少数民族大学生理论知识与技能的培训，做好对少数民族大学生创新创业精神及其他必备素质的培养。此外，由政府协调，高校参与，选中一些少数民族创业型企业或者发展潜力大的企业作为少数民族大学生创业实践基地，三方签订合作协议，政府给予相关政策支持，而企业在创业技能、相关技术等方面给

予指导与支持。

2.打造具有民族特色的创新创业孵化基地

成立自治区级少数民族大学生创业园，鼓励有条件的地州政府成立少数民族大学生创业分园，成立专门组织机构和建立良好运行机制。允许因地制宜地在厂房设备、技术、水电费、税费、市场咨询等方面给予更优惠的支持；根据需要在建筑风格、生活设施、文化标志等方面突出民族特色，创新并完善少数民族大学生创业服务体系，最大限度地吸纳具有创业意愿或者创业项目的少数民族大学生入园创业。

3.着力构建以企业为主体支持少数民族大学生创业的模式

鼓励企业积极进行创业服务，促进创业活动市场化运作。制定相关的优惠政策，积极吸纳企业参与少数民族大学生创业帮扶工作。加强自治区政府与其他省份的先进创业服务企业合作，为少数民族大学生在创业项目选择、经营企业、投融资、相关技能等方面提供服务。

4.充分利用实训基地发展集教学、科研、生产于一体的创业服务

一方面，实训基地的先进技术与设备可以为学生实训、行业（企业）员工培训和科研等创造条件；另一方面，实训基地是人才汇集之地，有利于开展应用项目研究、科技成果推广、生产技术服务、科技咨询和开发等科技工作及社会服务活动，教学、科研、生产之间相互配合，从而促进科技成果的转化与推广。

5.设立专门的少数民族大学生创业基金

基金主要用于支持创业期的创业者、奖励国家支持的创业项目等。设置少数民族创新创业大赛或在现有各级创业大赛中设立少数民族大学生专赛或给予单列奖励名额，鼓励少数民族大学生的创新创业活动。考虑在主要高校设置创新创业奖学金，可以分为创意奖和实践奖两项，一方面奖励创意，另一方面奖励实践，每年资助一批具有创新创业思想、敢于尝试创业的在校少数民族大学生。

6.加强少数民族大学生创业网络建设

积极动员民委、工会、妇联、工商联、行业协会与企业等社会组织的力量，对有创业意愿、积极开展创业的少数民族大学生进行结对帮

扶，传授创业经验、知识和技能，提高创业本领，成就少数民族大学生创业梦想。

8.5　本章小结

少数民族大学生创业能力的开发是一项系统性工程，应综合各方力量，实现协同开发。本章从个人、家庭、学校及政府等4个方面提出少数民族大学生创业能力开发的具体措施。首先，少数民族大学生自身是创业能力提升的主体，应发挥主体作用，将创业纳入生活方式的选择，完善职业生涯规划；培养创新创业素质，强化创业动机；积极参与社会实践活动，锻炼创业能力。其次，家庭观念与支持是少数民族大学生创业能力开发的助推力，家长应积极转变教育观念，强化创新创业意识培养，给予孩子必要的精神、物质与经验支持。再次，学校层面，发挥高校在少数民族大学生创业能力培养中的平台作用，强化创新创业教育开发，提升少数民族大学生创新创业素质；强化各类创业支撑平台的开发，锤炼少数民族大学生创业能力；完善体制机制，形成创业能力培养制度保障。最后，政府是引导少数民族大学生创业能力提升、促进创新创业活动顺利开展的外部保障，应发挥政府在少数民族大学生创业能力培养中的调控作用，继续推行双语教育，强化跨文化能力培养；强化创业政策环境开发，激发创业意愿与动机；加强政校企合作，打造创业支撑平台。

索引

参考文献

[1]   ALDRICH H E, ZIMMER C. Entrepreneurship through social networks [J]. California Management Review, 1986, 33: 3-23.

[2]   ANAKWE U P, GREENHAUS J H. Prior work experience and socialization experiences of college graduates [J]. International Journal of Manpower, 2000, 21 (2): 95-111.

[3]   AUTIO E. Global entrepreneurship monitor: 2007 global report on high-growth entrepreneurship [M]. Babson College, 2007.

[4]   BANDURA A, LIPSHER D H, MILLER P E. Psychotherapists approach-avoidance reactions to patients' expressions of hostility [J]. Journal of Consulting Psychology, 1960, 24 (1): 1-8.

[5]   BAUM J R, LOCKE E A. The relationship of entrepreneurial traits, skill, and motivation to subsequent venture growth [J]. Journal of Applied Psychology, 2004, 89 (4): 587-598.

[6]   BAYON M C, VAILLANT Y, LAFUENTE E. Antecedents of perceived entrepreneurial ability in Catalonia: the individual and the entrepreneurial context [J]. Journal of Global Entrepreneurship Research, 2015, 5 (1): 3.

[7]   BERTONI F, COLOMBO M, GRILLI L. External private equity financing

and the growth of new technology based firms: the chicken and egg problem revisited [J]. SSRN Electronic Journal, 2005.

[8] BHAVE M P. A process model of entrepreneurial venture creation [J]. Journal of Business Venturing, 1994, 9 (3): 223-242.

[9] BIKSE V, RIEMERE I. The development of entrepreneurial competences for students of mathematics and the science subjects: the latvian experience [J]. Procedia-Social and Behavioral Sciences, 2013, 82 (2): 511-519.

[10] BIKSE V, RIVZA B, RIVZA S. Possibilities for evaluation and reduction of social and economic risks in micro enterprises [J]. Ekonomika ir vadyba: aktualijos ir perspektyvos, 2011, 4 (24): 70-80.

[11] BIRLEY S. The role of networks in the entrepreneurial process [J]. Journal of Business Venturing, 1985, 1 (1): 107-117.

[12] BLAWATT K R. Entrepreneurship in estonia: profiles of entrepreneurs [J]. Journal of Small Business Management, 1995, 33 (2): 74-79.

[13] BRONDOLO E, GALLO L C, MYERS H F. Race, racism and health: disparities, mechanisms, and interventions [J]. Journal of Behavioral Medicine, 2009, 32 (1): 1-8.

[14] CARSWELL M, RAE D. Using a life-story approach in researching entrepreneurial learning: the development of a conceptual model and its implications in the design of learning experiences [J]. Education and Training, 2000, 42 (4-5): 220-228.

[15] CHANDLER G N, HANKS S H. Measuring the performance of emerging business: a validation study [J]. Journal of Business Venturing, 1993, 8 (5): 391-408.

[16] CHANDLER G N, JANSEN E. The founder's self-assessed competence and venture performance [J]. Journal of Business Venturing, 1992, 7 (3): 223-236.

[17] CHANG S C, CHENG J W, WU T Y, et al. Can multicultural experience stimulate creativity? The moderating role of regulatory focus [J]. International Journal of Innovation & Learning, 2017, 21 (3): 329-347.

[18] CHEN C C, GREENE P G, CRICK A. Does entrepreneurial self-efficacy distinguish entrepreneurs from managers? [J]. Journal of Business Venturing, 1998, 13 (4): 295-316.

[19] CHEN S X, LAM B C P, HUI B P H, et al. Conceptualizing psychological processes in response to globalization: components, antecedents, and consequences of global orientations [J]. Journal of Personality & Social Psychology, 2015, 110 (2): 1-30.

[20] CHENG C Y, LEUNG K Y, WU T Y. Going beyond the multicultural experience-creativity link: the mediating role of emotions [J]. Journal of Social Issues, 2011, 67 (4): 806-824.

[21] COPE J. Toward a dynamic learning perspective of entrepreneurship [J]. Entrepreneurship Theory and Practice, 2005, 29 (4): 373-397.

[22] CORBETT A C, HMIELESKI K M.The conflicting cognitions of corporate entrepreneurs [J]. Entrepreneurship Theory and Practice, 2007, 31 (1): 103-121.

[23] CROSS S H, BIRD A P. CpG islands and genes [J]. Current opinion in genetics & development, 1995, 5 (3): 309-314.

[24] DEW A M, WARD C. The effects of ethnicity and culturally congruent and incongruent nonverbal behaviors on interpersonal attraction [J]. Journal of Applied Social Psychology, 2010, 23 (17): 1376-1389.

[25] DORFMAN P W, HOWELL J P. Dimensions of national culture and effective leadership patterns: Hofstede revisited [J]. Advances in International Comparative Management, 1988, 3: 127-150.

[26] DOWN S. Owner-manager learning in small firms [J]. Journal of Small Business and Enterprise Development, 1999, 6 (3): 267-280.

[27] EISENHARDT K M. Agency theory: an assessment and review [J]. Academy of Management Review, 1989, 14 (1): 57-74.

[28] FITTERMAN D V, YIN C. Effect of bird maneuver on frequency-domain helicopter EM response [J]. Geophysics, 2004, 69 (5): 1203-1215.

[29] GALBRAITH J K. La economía fraude inocente: la verdad de nuestro tiempo [M]. Editorial Crítica, 2004.

[30] GRANOVETTE M. Economic action and social structure: the problem of embeddedness [J]. American Journal of Sociology, 1985, 91 (3): 481-510.

[31] HAMILTON E. Entrepreneurial learning in family business [J]. Journal of Small Business and Enterprise Development, 2011, 18 (1): 8-26.

[32] HILLS G E, LUMPKIN G T, SINGH R P. Opportunity recognition: perceptions and behaviors of entrepreneurs [J]. Frontiers of Entrepreneurship

Research, 1997, 17: 168-182.

[33] HOFSTEDE G, GARIBALDI DE HILAL A V, MALVEZZI S, et al. Comparing regional cultures within a country: lessons from Brazil [J]. Journal of Cross - Cultural Psychology, 2010, 41 (3): 336-352.

[34] HOFSTEDE G. Culture's consequences: International differences in work-related values [M]. Sage, 1984.

[35] JOINER T A. The influence of national culture and organizational culture alignment on job stress performance: evidence from Greece [J]. Journal of Managerial psychology, 2001 (16): 229-238.

[36] JUNG J M, KELLARIS J J. Cross-national differences in proneness to scarcity effects: the moderating roles of familiarity, uncertainty avoidance, and need for cognitive closure [J]. Psychology & Marketing, 2004, 21 (9): 739-753.

[37] KRUEGER D. Characteristics of the female entrepreneur [J]. Journal of Business & Entrepreneurship, 2000, 12 (1): 87.

[38] KORYAK O, MOLE K F, LOCKETT A, et al. Entrepreneurial leadership, capabilities and firm growth [J]. International Small Business Journal, 2015, 33 (1): 89-105.

[39] KYNDT E, BAERT H. Entrepreneurial competencies: Assessment and predictive value for entrepreneurship [J]. Journal of Vocational Behavior, 2015, 90 (3): 13-25.

[40] LEUNG A K, CHIU C Y. Interactive effects of multicultural experiences and openness to experience on creative potential [J]. Creativity Research Journal, 2008, 20 (4): 376-382.

[41] LEUNG A K, CHIU C Y. Multicultural experience, idea receptiveness, and creativity [J]. Journal of Cross-Cultural Psychology, 2010, 41 (5): 723-741.

[42] LIÑÁN F. Skill and value perceptions: how do they affect entrepreneurial intentions? [J]. International Entrepreneurship & Management Journal, 2008, 4 (3): 257-272.

[43] MACMILLAN K, CURRAN J, DOWNING S. Government consultation with small business owners: empirically evaluating communications strategies [J]. International Small Business Journal, 1990, 8 (4): 14-32.

[44] MAKEEV N I. Entrepreneurial activity in the system of primary

professional education as a mechanism for the formation of the students' business competencies [J]. Russian Education & Society, 2013, 55 (10): 3-19.

[45] MAN W T Y, LAU T, CHAN K F. The competitiveness of small and medium enterprises a conceptualization with focus on entrepreneurial competencies [J]. Journal of Business Venturing, 2002, 17 (2): 123-142.

[46] MAN W T Y. Entrepreneurial competencies and the performance of small and medium enterprises in the Hong Kong services sector [D]. The Hong Kong Polytechnic University, 2001.

[47] MENG Z, WANG M, MAN W. High performance low temperature metal-induced unilaterally crystallized polycrystalline silicon thin film transistors for system-on-panel applications [J]. Electron Devices IEEE Transactions on, 2000, 47 (2): 404-409.

[48] MEULEMAN M, LOCKETT A, MANIGART S, et al. Partner selection decisions in inter firm collaborations: the paradox of relational embeddedness [J]. Journal of Management Studies, 2010, 47 (6): 995-1019.

[49] MILLER D. The correlates of entrepreneurship in three types of firms [J]. Management Science, 1983, 29 (7): 770-791.

[50] MINNITI M, BYGRAVE W. A Dynamic model of entrepreneurial learning [J]. Entrepreneurship Theory & Practice, 2001, 25 (3): 5-16.

[51] MITRA J, MATLAY H. Entrepreneurial and vocational education and training: lessons from eastern and central europe [J]. Industry & Higher Education, 2004, 18 (1): 53-61.

[52] MOHRMAN S A, TENKASI R V, MOHRMAN A M. The role of networks in fundamental organizational change: a grounded analysis [J]. The Journal of Applied Behavioral Science, 2003, 39 (3): 301-323.

[53] MULDER M, LANS T, VERSTEGEN J, et al. Competence development of entrepreneurs in innovative horticulture [J]. Journal of Workplace Learning, 2007, 19 (1): 32-44.

[54] NAFFZIGER D W, HORNSBY J S, KURATKO D F. A proposed research model of entrepreneurial motivation [J]. Entrepreneurship: Theory & Practice, 1994, 18 (3): 29-42.

[55] NAKTIYOK A, KARABEY C N, GULLUCE A C. Entrepreneurial self-

efficacy and entrepreneurial intention: the Turkish case [J]. International Entrepreneurship & Management Journal, 2010, 6 (4): 419-435.

[56] NGUYEN T V, BRYANT S E, ROSE J, et al. Cultural values, market institutions, and entrepreneurship potential: a comparative study of the united states, Taiwan and Vietnam [J]. Journal of Developmental Entrepreneurship, 2009, 14 (1): 21-37.

[57] NICOLAOU N, SHANE S, CHERKAS L, et al. Is the tendency to engage in entrepreneurship genetic? [J]. Management Science, 2008, 54 (1): 167-179.

[58] NIJKAMP P, MASUREL E. Differences between first-generation and second-generation ethnic start-ups: Implications for a new support policy [J]. Environment and Planning C: Government and Policy, 2004, 22 (5): 721-737.

[59] NOBLE A D, JUNG D, EHRLICH S. Entrepreneurial self-efficacy: the development of a measure and its relationship to entrepreneurial action [J]. Frontiers of Entrepreneurship Research, 1999: 73-87.

[60] NOVÁ J. Developing the entrepreneurial competencies of sport management students [J]. Procedia-Social and Behavioral Sciences, 2015, 174: 3916-3924.

[61] NUTHALL P L. Determining the important management skill competencies: the case of family farm business in New Zealand [J]. Agricultural Systems, 2006, 88 (2-3): 429-450.

[62] OLSON P D, BOSSERMAN D A. Attributes of the entrepreneurial type [J]. Business Horizons, 1984, 27 (3): 53-56.

[63] PETKOVA A P. A theory of entrepreneurial learning from performance errors [J]. International Entrepreneurship and Management Journal, 2009, 5 (4): 345-367.

[64] POLITIS D. The process of entrepreneurial learning: a conceptual framework [J]. Entrepreneurship Theory and Practice, 2005, 29 (4): 399-424.

[65] RASMUSSEN E, MOSEY S, WRIGHT M. The evolution of entrepreneurial competencies: a longitudinal study of university spin-off venture emergence [J]. Journal of Management Studies, 2011, 48 (6): 1314-1345.

[66] REVANS R W. ABC of action learning [J]. Learning Organization,

1983, 11 (1): 252-259.

[67] SÁNCHEZ J C. The impact of an entrepreneurship education program on entrepreneurial competencies and intention [J] . Journal of Small Business Management, 2013, 51 (3): 447-465.

[68] SHANE S, KHURANA R. Bringing individuals back in: the effects of career experience on new firm founding [J]. Industrial & Corporate Change, 2003, 12 (3): 519-543.

[69] SHANE S, VENKATARAMAN S. The promise of enterpreneurship as a field of research [J]. Academy of management review, 2000, 25 (1): 217-226.

[70] SHANE S. Uncertainty avoidance and the preference for innovation championing roles [J] . Journal of International Business Studies, 1995, 26 (1): 47-68.

[71] SIRMON D G, HITT M A. Managing resources: Linking unique resources, management and wealth creation in family firms [J]. Entrepreneurship Theory and Practice, 2003, 27 (4): 339-358.

[72] TAYLOR D W, THORPE R. Entrepreneurial learning: a process of co-participation [J]. Journal of Small Business and Enterprise Development, 2004, 11 (2): 203-211.

[73] THOMAS A S, MUELLER S L, MUELLER. A case for comparative entrepreneurship: assessing the relevance of culture [J]. Journal of International Business Studies, 2000, 31 (2): 287-301.

[74] WANG C L, ALTINAY L. Social embeddedness, entrepreneurial orientation and firm growth in ethnic minority small businesses in the UK [J]. International Small Business Journal, 2012, 30 (1): 3-23.

[75] WANG C L, ALTINAY L. Social embeddedness, entrepreneurial orientation and firm growth in ethnic minority small businesses in the UK [J]. International Small Business Journal, 2012, 30 (1): 3-23.

[76] WARREN L. A systemic approach to entrepreneurial learning: an exploration using storytelling [J] . Systems Research & Behavioral Science, 2004, 21 (1): 3-16.

[77] WENNEKERS S, THURIK R, STEL A V, et al. Uncertainty avoidance and the rate of business ownership across 21 OECD countries, 1976-2004 [J]. Journal of Evolutionary Economics, 2007, 17 (2): 133-160.

[78] ZAHRA S A, WRIGHT M. Entrepreneurship's next act [J] . Academy

of Management Perspectives, 2011, 25 (4): 67-83.

[79] 沃纳, 德西蒙. 人力资源开发 [M]. 徐芳, 董恬斐, 译. 4版. 北京: 中国人民大学出版社, 2009.

[80] 阿布都力. 从经济视角看伊斯兰文化对维吾尔族生活的影响 [J]. 新疆社会科学, 2010 (5): 74-78.

[81] 曾春水, 毛国涛, 罗红雁. 大学生创业教育与创业能力的培养 [J]. 农林经济管理学报, 2005 (4): 109-111.

[82] 曾维希, 张进辅. 少数民族大学生在异域文化下的心理适应 [J]. 西南大学学报: 社会科学版, 2007 (2): 82-86.

[83] 陈晨. 大学生创业能力的内涵及其影响因素探析 [J]. 理论观察, 2011 (5): 145-146.

[84] 陈春花, 刘祯. 案例研究的基本方法——对经典文献的综述 [J]. 管理案例研究与评论, 2010 (2): 175-182.

[85] 陈权, 施国洪. 大学生情绪智力与创业能力关系实证研究 [J]. 高校教育管理, 2013 (3): 109-114.

[86] 陈旭阳, 陈松. 大学生异质化创业能力对创业绩效的影响——创业团队的中介作用 [J]. 科技管理研究, 2016 (8): 222-228.

[87] 谌启标. 西方国家创业学习研究发展述评 [J]. 教育评论, 2014 (2): 153-155.

[88] 单标安, 蔡莉, 陈彪, 等. 中国情境下创业网络对创业学习的影响研究 [J]. 科学学研究, 2015 (6): 899-906, 914.

[89] 范巍, 王重鸣. 创业倾向影响因素研究 [J]. 心理科学, 2004 (5): 1087-1090.

[90] 范巍, 王重鸣. 创业意向维度结构的验证性因素分析 [J]. 人类工效学, 2006 (1): 14-16.

[91] 高桂娟, 苏洋. 大学生创业能力的构成: 概念与实证 [J]. 高教发展与评估, 2013 (3): 27-35, 123.

[92] 高日光, 孙健敏, 周备. 中国大学生创业动机的模型建构与测量研究 [J]. 中国人口科学, 2009 (1): 68-75, 112.

[93] 高日光. 个人、家庭和社会对大学生创业动机的影响——基于江西省高校大学生的实证研究 [J]. 高校教育管理, 2011 (6): 86-90.

[94] 郭海. 管理者关系对企业资源获取的影响: 一种结构性观点 [J]. 中国人民大学学报, 2010 (3): 134-143.

[95] 韩晨光, 曲绍卫, 纪效珲. 能力基点: 理工科大学生创业创客教育课程设计及实践——基于两岸理工科大学生创业能力调查数据 [J]. 现代教育技

术，2015（2）：114-119.

[96] 贺小刚，李新春. 企业家能力与企业成长：基于中国经验的实证研究［J］.
经济研究，2005（10）：101-111.

[97] 黄湖滨，周金星，赵君. 试论新形势下大学生创业培训的基本内容［J］.
湖南科技学院学报，2014（11）：97-101.

[98] 黄妍娟. 成就动机、自我效能感对求职行为影响的实证研究［D］. 上海：
上海交通大学，2008.

[99] 胡晓龙，徐步文. 创业素质、创业文化、创业意愿的相互关系与影响［J］.
社会科学家，2015（11）：71-76.

[100] 霍夫斯泰德. 文化与组织：心理软件的力量［M］. 李原，孙健，译. 北
京：中国人民大学出版社，2010.

[101] 金昕. 当代大学生创业能力结构及其现状的实证研究［J］. 东北师大学报：
哲学社会科学版，2016（3）：204-209.

[102] 纪玉超，林海涛. 大学生创业能力的内涵解析及多维培养方式［J］. 教育
与职业，2011（10）：83-84.

[103] 孔洁珺，臧宏. 大学生创业能力结构与提升策略研究［J］. 思想理论教育，
2015（2）：91-94.

[104] 黎晓燕，井润田. 社会网络、创新行为、企业信任间的关系研究［J］. 科
学学研究，2007（5）：947-951.

[105] 李爱国，曾宪军. 成长经历和社会支撑如何影响大学生的创业动机？——
基于创业自我效能感的整合作用［J］. 外国经济与管理，2018（4）：
30-42.

[106] 李晓曼，曾湘泉. 新人力资本理论——基于能力的人力资本理论研究动态
［J］. 经济学动态，2012（11）：120-126.

[107] 林聚任. 社会网络分析：理论、方法与应用［M］. 北京：北京师范大学出
版社，2010.

[108] 林佩云，吴惠灵，陈宇栋. 大学生创业能力综合评价研究［J］. 教育与职
业，2014（2）：95-96.

[109] 林强，姜彦福，张健. 创业理论及其架构分析［J］. 经济研究，2001
（9）：85-94.

[110] 刘预，朱秀梅. 创业能力的构建与提升对策［J］. 中国职业技术教育，
2008（30）：46-47，53.

[111] 陆秋萍. 论高校创业教育与大学生创业能力的相关性［J］. 教育评论，
2015（6）：21-24.

[112] 陆晓莉. 高职院校大学生创业能力的评价与提升机制［J］. 高等工程教育

研究，2015（3）：152-156.

[113] 马鸿佳，董保宝，常冠群. 网络能力与创业能力——基于东北地区新创企业的实证研究 [J]. 科学学研究，2010（7）：1008-1014.

[114] 马志强，李钊，李国昊，等. 高校创业服务价值对大学生创业能力的影响——基于大学生创业动机的调节作用 [J]. 预测，2016（4）：42-49.

[115] 梅伟惠，徐小洲. 大学生创业技能要素模型研究 [J]. 高等工程教育研究，2012（3）：57-61.

[116] 梅伟惠. 创业人才培养新视域：全校性创业教育理论与实践 [J]. 教育研究，2012（6）：144-149.

[117] 彭正霞，陆根书，康卉. 个体和社会环境因素对大学生创业意向的影响 [J]. 高等工程教育研究，2012（4）：75-82.

[118] 苗青，孙洋，李东辉. 国际创业企业组织学习对知识管理的影响研究 [J]. 情报理论与实践，2013（8）：77-80.

[119] 牛芳，张玉利，田莉. 创业者的自信、乐观与新企业绩效——基于145家新企业的实证研究 [J]. 经济管理，2012（1）：83-93.

[120] 秦双全，李苏南. 创业经验与创业能力的关系——学习能力与网络技术的作用 [J]. 技术经济，2015（6）：48-54.

[121] 汤淑琴. 新企业创业导向对资源整合的影响研究——组织学习的中介作用 [A] //第六届中国管理学年会——创业与中小企业管理分会场论文集 [C]. 中国管理现代化研究会，2011.

[122] 唐靖，姜彦福. 创业能力概念的理论构建及实证检验 [J]. 科学学与科学技术管理，2008（8）：52-57.

[123] 谭力文，曹文祥，宋晟欣. 高校创业教育与大学生创业意愿关系研究 [J]. 技术经济与管理研究，2015（11）：34-39.

[124] 王辉，张辉华. 大学生创业能力的内涵与结构——案例与实证研究 [J]. 国家教育行政学院学报，2012（2）：81-86.

[125] 文亮，李丽娜. 创业意向影响因素分析 [J]. 求索，2010（9）：78-79，221.

[126] 巫程成，闫道武，刘世超，等. 大学生创业动机与创业能力关系：归因方式的中介效应和调效应 [J]. 中国健康心理学杂志，2014（5）：692-695.

[127] 吴士健，孙专专，刘新民. 知识特性、创业导向对大学衍生创业绩效的影响——一个被调节的中介效应模型 [J]. 科技进步与对策，2017（12）：120-127.

[128] 吴卫平，樊葳葳，彭仁忠. 中国大学生跨文化能力维度及评价量表分析 [J]. 外语教学与研究，2013（4）：581-592，641.

[129] 肖璐，范明. 家庭社会网络对大学生创业动机的影响机制研究 [J]. 中国

科技论坛，2013，1（2）：134-138，146.

[130] 肖芒. 伊斯兰文化对回族商业活动的影响［J］. 西南民族大学学报：人文社科版，2000（12）：28-34，166.

[131] 谢雅萍，黄美娇. 创业学习、创业能力与创业绩效——社会网络研究视角［J］. 经济经纬，2016（1）：101-106.

[132] 谢雅萍，黄美娇. 社会网络、创业学习与创业能力——基于小微企业创业者的实证研究［J］. 科学学研究，2014，32（3）：400-409.

[133] 杨道建，赵喜仓，陈文娟，等. 大学生创业能力结构的理论分析与实证检验［J］. 科技进步与对策，2014（20）：151-155.

[134] 颜世富. 培训与开发［M］. 北京：北京师范大学出版社，2007.

[135] 杨道建，赵喜仓，陈文娟，等. 大学生创业培养环境、创业品质和创业能力关系的实证研究［J］. 科技管理研究，2014（20）：129-136.

[136] 杨隽萍，唐鲁滨，于晓宇. 创业网络、创业学习与新创企业成长［J］. 管理评论，2013（1）：24-33.

[137] 尹苗苗，费宇鹏. 创业能力实证研究现状评析与未来展望［J］. 外国经济与管理，2013（10）：22-30.

[138] 尹苗苗，马艳丽. 新企业战略导向对创业能力的影响——基于中国情境的实证研究［J］. 经济管理，2016（4）：72-82.

[139] 翟敏. 创业学习、创业能力对网店创业绩效的影响研究［D］. 杭州：浙江大学，2014.

[140] 张红，葛宝山. 创业学习、机会识别与商业模式——基于珠海众能的纵向案例研究［J］. 科学学与科学技术管理，2016（6）：123-136.

[141] 张凯竣，雷家骕. 基于成就目标理论的大学生创业动机研究［J］. 科学学研究，2012（8）：1221-1227，1280.

[142] 张炜，王重鸣. 中小高技术企业创业者组合模式与胜任特征研究［J］. 科学学与科学技术管理，2004（3）：90-93.

[143] 张一力，张敏，李梅. 对海外移民创业网络嵌入路径的重新审视——从"走出去"到"走进去"［J］. 科学学研究，2016（12）：1838-1846.

[144] 张玉利，曲阳，云乐鑫. 基于中国情境的管理学研究与创业研究主题总结［J］. 外国经济与管理，2014（1）：65-72，81.

[145] 张玉利，王晓文. 先前经验、学习风格与创业能力的实证研究［J］. 管理科学，2011（3）：1-12.

[146] 赵静. 创业者特质、创业教育对大学生创业动机的影响研究［D］. 武汉：华中师范大学，2015.

[147] 赵文红，王文琼. 基于创业学习的资源构建对创业绩效的影响研究［J］.

科技进步与对策，2015（15）：86-90.

[148] 赵向阳，李海，RAUCH A. 创业活动的国家（地区）差异：文化与国家（地区）经济发展水平的交互作用 [J]. 管理世界，2012（8）：78-90.

[149] 中华人民共和国教育部高等教育司. 创业教育在中国：试点与实践 [M].北京：高等教育出版社，2006：14.

[150] 钟云华，罗茜. 大学生创业能力的影响因素及提升路径 [J]. 现代教育管理，2016（3）：124-128.

[151] 朱贺玲，周霖. 大学生创业动机的性别差异实证研究——以厦门大学为例 [J]. 高等理科教育，2010（4）：68-71.

[152] 朱水萍. 体验学习：促进学习方式变革的理论审思 [J]. 中国成人教育，2008（20）：129-130.

附录1 新疆各高校少数民族大学生统计情况

表1　　　　　　　　　昌吉学院少数民族大学生统计情况　　　　　单位：人，%

类别	维吾尔族	哈萨克族	回族	柯尔克孜族	蒙古族	其他	小计	比重
本科	2 014	536	366	129	43	83	3 171	82.5
专科	363	119	130	17	14	31	674	17.5
小计	2 377	655	496	146	57	114	3 845	100
比重	61.8	17.0	12.9	3.8	1.5	3.0	100	

表2　　　　　　新疆农业职业技术学院少数民族大学生统计情况　　　　单位：人，%

类别	维吾尔族	哈萨克族	回族	柯尔克孜族	蒙古族	其他	小计	比重
本科			—					
专科	2 825	556	398	65	20	178	4 042	100
小计	2 825	556	398	65	20	178	4 042	100
比重	69.9	13.8	9.8	1.6	0.5	4.4	100	

表3　　　　　　　　　新疆大学少数民族大学生统计情况　　　　　单位：人，%

类别	维吾尔族	哈萨克族	回族	柯尔克孜族	蒙古族	其他	小计	比重
本科	7 207	2 055	514	140	124	335	10 375	100
专科	—							
小计	7 207	2 055	514	140	124	335	10 375	100
比重	69.5	19.8	5.0	1.3	1.2	3.2	100	

表4　　　　　　　　　新疆农业大学少数民族大学生统计情况　　　　　单位：人，%

类别	维吾尔族	哈萨克族	回族	柯尔克孜族	蒙古族	其他	小计	比重
本科	4 856	1 537	564	29	39	432	7 457	99.4
专科	19	7	15	0	2	4	47	0.6
小计	4 875	1 544	579	29	41	436	7 504	100
比重	65.0	20.6	7.7	0.4	0.5	5.8	100	

表5　　　　　　　　　新疆财经大学少数民族大学生统计情况　　　　　单位：人，%

类别	维吾尔族	哈萨克族	回族	柯尔克孜族	蒙古族	其他	小计	比重
本科	4 624	1 032	402	106	83	155	6 402	100
专科	—							
小计	4 624	1 032	402	106	83	155	6 402	100
比重	72.2	16.1	6.3	1.7	1.3	2.4	100	

表6　　　　　　　　　新疆师范大学少数民族大学生统计情况　　　　　单位：人，%

类别	维吾尔族	哈萨克族	回族	柯尔克孜族	蒙古族	其他	小计	比重
本科	4 844	751	401	204	301	310	6 811	84.9
专科	754	213	131	23	21	68	1 210	15.1
小计	5 598	964	532	227	322	378	8 021	100
比重	69.8	12.0	6.6	2.8	4.0	4.7	100	

表7　　　　　　新疆医科大学少数民族大学生统计情况　　　　单位：人，%

类别	维吾尔族	哈萨克族	回族	柯尔克孜族	蒙古族	其他	小计	比重
本科	3 644	602	265	80	53	149	4 793	82.8
专科	686	164	81	29	13	23	996	17.2
小计	4 330	766	346	109	66	172	5 789	100
比重	74.8	13.2	6.0	1.9	1.1	3.0	100	

表8　　　　　　新疆工程学院少数民族大学生统计情况　　　　单位：人，%

类别	维吾尔族	哈萨克族	回族	柯尔克孜族	蒙古族	其他	小计	比重
本科	1 761	496	138	60	21	67	2 543	35.9
专科	2 768	869	520	112	69	198	4 536	64.1
小计	4 529	1 365	658	172	90	265	7 079	100
比重	64.0	19.3	9.3	2.4	1.3	3.7	100	

表9　　　　　　喀什大学少数民族大学生统计情况　　　　单位：人，%

类别	维吾尔族	哈萨克族	回族	柯尔克孜族	蒙古族	其他	小计	比重
本科	5 240	129	241	216	44	125	5 995	81.9
专科	1 200	28	16	58	0	24	1 326	18.1
小计	6 440	157	257	274	44	149	7 321	100
比重	88.0	2.1	3.5	3.7	0.6	2.0	100	

表10　　　　　　塔里木大学少数民族大学生统计情况　　　　单位：人，%

类别	维吾尔族	哈萨克族	回族	柯尔克孜族	蒙古族	其他	小计	比重
本科	3 270	359	316	31	28	157	4 161	96.6
专科	80	3	29	0	6	27	145	3.4
小计	3 350	362	345	31	34	184	4 306	100
比重	77.8	8.4	8.0	0.7	0.8	4.3	100	

表 11　　　　伊犁师范学院少数民族大学生统计情况　　　单位：人，%

类别	维吾尔族	哈萨克族	回族	柯尔克孜族	蒙古族	其他	小计	比重
本科	1 850	1 888	506	98	132	178	4 652	85.3
专科	264	343	108	19	23	42	799	14.7
小计	2 114	2 231	614	117	155	220	5 451	100
比重	38.8	40.9	11.3	2.1	2.8	4.0	100	

附录 2　新疆少数民族大学生创业能力访谈提纲

访谈提纲（学生）

一、第一轮预调研访谈提纲

1.您觉得少数民族大学生创业需要哪些能力？哪个最重要？具体包含哪些内容？

2.关系能力：在与人打交道的过程中您是怎么去维持你们之间良好的关系的？

3.机会识别能力：您觉得身边有好的商机吗？你是如何判断的？举例说明。

4.资源整合能力：您认为您周围有哪些可利用的创业资源，包括人、财、物，如果有，请举例说明。

5.跨文化能力：您都有哪些民族的朋友？您觉得跟这些朋友有哪些文化差异？您能接受这些差异吗？

6.学习能力：您学习成绩如何？有哪些好的学习经验？请具体说明。

7.创新能力：您在学习、生活中采用过哪些新想法来解决问题？请具体说明。

8.管理能力：您在哪些活动、事件当中当过组织者？您有什么体会？请具体说明。

9.战略能力：您对哪些事情做过完善的计划和长远考虑？您有什么体会？请具体说明。

10.风险承担能力：您在学习、生活中承担过哪些风险？请举例说明。

11.受挫能力：您在学习生活中遇到过什么挫折吗？当时你是如何解决的？请举例说明。

12.作为少数民族大学生，您认为和汉族大学生相比在创业能力上存在哪些显著差异？

二、第二轮预调研访谈提纲

（一）少数民族大学生创业情况

1.请您先简单介绍一下自己（包括您的年级、专业、主要课程、籍贯、家庭情况等）。

2.请您谈一谈对于创业概念的理解。

3.请问您有没有想过自主创业（是否具有创业意愿）？若有，您打算如何将其转化为行动？

（二）关于少数民族大学生创业能力基本情况

1.请问您有没有接触过与创业相关的实践活动、培训、宣传教育等？从中获得了哪些能力？

2.您认为少数民族大学生创业与汉族大学生创业有无显著差异？存在哪些优势和劣势？

3.为确保创业成功，您觉得少数民族大学生创业需要哪些能力？

4.您认为机会识别能力、人际关系能力、管理能力、战略能力、创新能力、学习能力、资源整合能力、受挫能力、风险承担能力及跨文化能力重要吗？

5.请进一步谈谈它们的具体内容包含什么。

6.您觉得应该如何提升少数民族大学生的创业能力？请从自身、家庭、学校、政府4个方面阐述。

<h2 style="text-align:center">访谈提纲（专家）</h2>

一、少数民族大学生创业情况

1.请简单介绍您从事创业研究的情况，包括年限、主要方向，或者从事创业教育的基本情况，包括年限、所授课程、学生特征（民族学生、年级）。

2.您觉得高校创业教育对少数民族大学生创业的作用主要体现在哪些方面？

3.您是否接触过少数民族大学生进行创业（包括相关实践活动、真实创业）的真实案例？请简要说明并浅谈看法。

4.您觉得少数民族大学生创业存在哪些优劣势？

二、关于少数民族大学生创业能力的基本情况

1.您认为大学生想去创业，他们应具备哪些能力？

2.您觉得少数民族大学生与汉族同学相比，在创业能力方面存在哪些差异？

3.您觉得少数民族文化对大学生创业能力有什么影响？

4.您认为目前在少数民族大学生创业能力开发过程中应该注意哪些问题？有什么建议和想法？

5.您觉得高校创业教育对少数民族大学生创业的作用体现在哪些方面？

6.请您介绍一下少数民族大学生进行创业（包括相关实践活动、真实创业）的真实案例。您可以简单介绍一下他们创业的情况吗？

三、其他

您对少数民族大学生创业能力开发还有什么建议和想法？

附录3 新疆少数民族大学生创业能力调查问卷

您好!

本课题组正在进行国家社会科学基金教育学青年项目"新疆少数民族大学生创业能力现状调查及开发策略研究"的研究。为科学、合理、有针对性地调查少数民族大学生创业能力,课题组特制定此调查问卷调查您对少数民族大学生创业能力的看法。课题组向您承诺,您填写的信息,只作为研究参考,您声明不宜公开的资料和观点,我们将为您严格保密。谢谢您给予我们支持和帮助!

课题组

2016年5月24日

注:本书所指的创业是指个体或团队通过消耗一定时间、金钱和智力,并承担一定风险去实现具体目标的活动。例如:创办企业、开店、买卖牲畜、微商、开淘宝店、其他小生意等。

第一部分 个人信息

请根据您的实际情况，在每个项目前面的方格中打"√"，画线部分请按要求填写。

1.学　　校：＿＿＿＿＿＿＿＿＿＿＿＿＿＿＿＿＿＿＿＿＿＿＿

2.专　　业：＿＿＿＿＿＿＿＿＿＿＿＿＿＿＿＿＿＿＿＿＿＿＿

3.生源地：＿＿＿＿＿＿＿＿＿＿＿＿＿＿＿＿＿＿＿＿＿＿＿

4.QQ：＿＿＿＿＿＿＿＿＿＿＿＿＿＿＿＿＿＿＿＿＿＿＿

5.您的性别：

□男　□女

6.您的民族：

□维吾尔族　　□哈萨克族　　□回族　　□柯尔克孜族　　□蒙古族

□锡伯族　　□其他

7.您的年龄：

□18岁及以下　　□19～21岁　　□22～24岁　　□25岁及以上

8.您的年级：

□大一　　□大二　　□大三　　□大四　　□研究生

9.您所学的专业领域：

□管理学　　□经济学　　□法学　　□教育学　　□哲学　　□历史学

□理学　　□工学　　□农学　　□医学　　□文学艺术

10.您的考试类别：

□民考民　　□民考汉　　□双语班　　□普通高考

11.您的汉语水平：

□HSK＿＿＿＿级　或　□MHK＿＿＿＿级　□没考＿＿＿＿

12.您的亲人、朋友中是否有人创业：

□有　　□没有

13.您在生活、学习中使用微信、QQ、百度等其他网络平台的频率：

□偶尔或基本不使用　　□1周1次　　□1周2~4次　　□每天　　□随时

14.您是否参加过与创业有关的课程、讲座、比赛或社会实践：

□参加过　　□没参加

第二部分　少数民族大学生创业能力问卷调查

请考虑您的实际情况与下列描述是否相符，并在每个项目后面相应的数字上打"√"；1代表"非常不符合"，2代表"不符合"，3代表"一般"，4代表"符合"，5代表"非常符合"。

（一）创业教育

序号	问卷题目	非常不符合	不符合	一般	符合	非常符合
K1	学习了创业课程后，我会考虑创业	1	2	3	4	5
K2	聆听创业明星或名人的报告或讲座后，会使我也想创业	1	2	3	4	5
K3	参加过创业竞赛，会使我在生活中也想尝试创业	1	2	3	4	5
K4	学校为学生搭建完善的创业实践基地，会使我对创业产生浓厚的兴趣	1	2	3	4	5
K5	如果学校有一系列支持创业的政策，会增加我的创业兴趣	1	2	3	4	5
K6	学校着力打造良好的创业氛围，会使我对创业产生浓厚的兴趣	1	2	3	4	5

（二）创业学习

序号	问卷题目	非常不符合	不符合	一般	符合	非常符合
F1	我通过互联网学习创业相关知识	1	2	3	4	5
F2	我通过阅读创业相关书籍，学习创业理论知识	1	2	3	4	5
F3	我通过听亲朋好友、创业导师等他人讲授，学习创业理论知识	1	2	3	4	5
F4	我通过社会培训课程学习经营管理、财务、人力资源、电子商务等相关创业理论知识	1	2	3	4	5
F5	我通过正式的学校课堂教学，学习经营管理、财务、人力资源、电子商务等相关创业理论知识	1	2	3	4	5
F6	我与创业导师或行业专家交流创业实战经验，获得创业指导	1	2	3	4	5
F7	我与身边对创业感兴趣的人，面对面交流经验	1	2	3	4	5
F8	我通过微信群、QQ群、旺旺群、卖家社区等网络互动平台与对创业感兴趣的人进行创业交流	1	2	3	4	5
F9	我参与各种正式或非正式的创业经验分享讨论会	1	2	3	4	5
F10	我会自学并探索不同的营销或推广方法	1	2	3	4	5
F11	我观察模仿其他人的创业经营管理方法	1	2	3	4	5
F12	我对自己的创业经营进行反思并不断改进已有的经验	1	2	3	4	5
F13	我积极关注与创业相关的各种信息	1	2	3	4	5
F14	我有兼职或实习的经验	1	2	3	4	5
F15	我有其他的项目管理经验	1	2	3	4	5

（三）创业能力

序号	问卷题目	非常不符合	不符合	一般	符合	非常符合
A1	我可以发现生活中有发展潜力的创业机会	1	2	3	4	5
A2	我通过观察他人的创业活动或创业行为，发现创业机会	1	2	3	4	5
A3	我能够发现生活中没有被满足的消费需求	1	2	3	4	5
A4	我会与他人交流所发现的商业机会	1	2	3	4	5
A5	我对感兴趣的领域或行业非常了解	1	2	3	4	5
A6	我能通过各种渠道广泛结交新朋友	1	2	3	4	5
A7	我会主动和新结识的朋友保持联系	1	2	3	4	5
A8	我能与朋友互相信任	1	2	3	4	5
A9	当朋友有需要时，我愿意主动提供帮助	1	2	3	4	5
A10	我能减少风险和不确定性	1	2	3	4	5
A11	我能按照目标来制订计划	1	2	3	4	5
A12	我能够与他人进行良好的沟通	1	2	3	4	5
A13	我能够管理好获得的资金	1	2	3	4	5
A14	我能够合理地分配工作任务	1	2	3	4	5
A15	我能让团队成员明确各自的任务目标	1	2	3	4	5
A16	我能说服别人接受任务安排	1	2	3	4	5
A17	我能制订长远计划	1	2	3	4	5
A18	我擅长从众多可行方案中辨别最佳方案	1	2	3	4	5
A19	我善于发现新产品和服务	1	2	3	4	5
A20	当我需要支持时，我会向朋友、老师或家人推销我的新想法	1	2	3	4	5
A21	我善于营造创新氛围，鼓励人们尝试新事物	1	2	3	4	5
A22	我经常思考和关注如何才能创新	1	2	3	4	5
A23	我做事情时总是有一种很强的创新意识	1	2	3	4	5
A24	我经常有新的想法和点子	1	2	3	4	5
A25	我看到新鲜事物会来灵感	1	2	3	4	5
A26	我善于学习他人的成功经验	1	2	3	4	5
A27	我善于倾听与学习他人的好想法	1	2	3	4	5
A28	我能有效地学习解决问题的各种知识和技能	1	2	3	4	5
A29	我可以有效利用他人的经验来完成目标	1	2	3	4	5
A30	我能够通过亲朋好友、学校、政府等渠道获取创业所需资金	1	2	3	4	5
A31	我能够有效利用可获得的各种资源	1	2	3	4	5
A32	我善于整合分散的资源去完成一项任务或活动	1	2	3	4	5
A33	我遇到困难时，能够容易地从外部获得帮助	1	2	3	4	5
A34	我可以高效地在持续的压力、压迫和冲突下工作	1	2	3	4	5
A35	我可以承受意想不到的变化和失败	1	2	3	4	5
A36	面对挫折和失败，我仍能保持积极的态度	1	2	3	4	5
A37	遇到困难时，我经常自我鼓励、自我激励	1	2	3	4	5
A38	对自己制定好的目标，我会坚持到底直到完成	1	2	3	4	5
A39	做事情面对困难的时候，我不会轻易放弃	1	2	3	4	5
A40	我具有很强的抗挫折能力	1	2	3	4	5
A41	面对全新的工作，我勇于接受挑战	1	2	3	4	5
A42	我愿意承担可能的风险	1	2	3	4	5
A43	我能用汉语与他人进行正常交流	1	2	3	4	5
A44	我能够包容不同民族的价值观、饮食习惯和忌讳等	1	2	3	4	5
A45	我能够尽量避免对其他民族产生片面的看法	1	2	3	4	5
A46	我能够放下本民族文化优越感，欣赏文化多样性	1	2	3	4	5
A47	出现跨文化交流误解时，我能够妥善解决	1	2	3	4	5

（四）创业意愿

序号	问卷题目	非常 不符合	不符合	一般	符合	非常 符合
G1	我对自主创业很感兴趣	1	2	3	4	5
G2	我会经常考虑自主创业	1	2	3	4	5
G3	我积极地为自主创业做准备	1	2	3	4	5
G4	如果创业，我愿意尽最大的努力去克服困难	1	2	3	4	5
G5	如果条件具备，我会尽快开始自主创业	1	2	3	4	5

（五）创业动机

序号	问卷题目	非常 不符合	不符合	一般	符合	非常 符合
L1	我很崇拜创业偶像	1	2	3	4	5
L2	我羡慕当老板的权力与地位	1	2	3	4	5
L3	我认为创业是为了发财致富	1	2	3	4	5
L4	我认为创业能提高自身社会地位	1	2	3	4	5
L5	如果创业，我主要是想自我挑战	1	2	3	4	5
L6	如果创业，我主要是为了锻炼提升能力	1	2	3	4	5
L7	如果创业，我主要是想证明自己的能力与才华	1	2	3	4	5
L8	如果创业，我主要是想发挥自己的专长	1	2	3	4	5
L9	亲戚朋友创业会对我的创业活动产生影响	1	2	3	4	5
L10	如果我创业主要是亲戚朋友创业拉我入股	1	2	3	4	5
L11	如果我创业主要是家人朋友鼓励创业	1	2	3	4	5
L12	如果我创业主要是家庭能为创业提供帮助	1	2	3	4	5
L13	如果我创业主要是受学校良好创业氛围影响	1	2	3	4	5
L14	如果我创业主要是政府提供优惠政策	1	2	3	4	5
L15	如果我创业主要是政府有创业基金支持	1	2	3	4	5
L16	如果我创业主要是学校提供创业基金与条件	1	2	3	4	5

（六）创业导向

序号	问卷题目	非常不符合	不符合	一般	符合	非常符合
J1	面对未知的事物，我喜欢采取积极的冒险行动	1	2	3	4	5
J2	在能取得高回报的事物上，我愿意投入更多的时间和金钱	1	2	3	4	5
J3	我倾向于处理有风险的状况	1	2	3	4	5
J4	即使没有经验，我也愿意尝试新的事物	1	2	3	4	5
J5	一般情况下，我更喜欢采用新项目和新方法，而不采用先前验证过的方法	1	2	3	4	5
J6	我喜欢用自己的方式去学习新事物，而不是采用常规的做法	1	2	3	4	5
J7	我倾向于用实验的方法或原始方法去解决问题，而不是采用其他人用过的方法	1	2	3	4	5
J8	我常常提前发现问题、需求和未来的变化	1	2	3	4	5
J9	我喜欢提前做好项目计划	1	2	3	4	5
J10	我喜欢主动带头去确保任务正常完成，而不是等其他人去做	1	2	3	4	5

（七）民族网络

序号	问卷题目	非常不符合	不符合	一般	符合	非常符合
D1	如果我创业，我能获得同民族商人的商业建议	1	2	3	4	5
D2	如果我创业，我能获得同民族商会的商业建议	1	2	3	4	5
D3	如果我创业，我能获得同民族劳动力	1	2	3	4	5
D4	如果我创业，我能找到同民族的供应商	1	2	3	4	5
D5	如果我创业，我能找到同民族的经销商	1	2	3	4	5
D6	如果我创业，我能获得同民族的顾客	1	2	3	4	5

（八）多元文化习得

序号	问卷题目	非常不符合	不符合	一般	符合	非常符合
B1	我学习并且会说母语以外的其他语言	1	2	3	4	5
B2	我认为文化多样性对社会有益	1	2	3	4	5
B3	我很自豪我会讲多门语言	1	2	3	4	5
B4	我通过旅行来获得其他文化的体验	1	2	3	4	5
B5	在多元文化群体中，我认为意识到文化差异很重要	1	2	3	4	5
B6	我认为应该努力去理解不同文化背景的人	1	2	3	4	5
B7	我很愿意和其他文化背景的人交朋友	1	2	3	4	5
B8	我对其他文化传统很感兴趣	1	2	3	4	5
B9	我通过读书或互联网等方式来获得其他文化的知识	1	2	3	4	5
B10	我愿意尝试来自不同文化的食物	1	2	3	4	5
B11	我认为应该积极地让自己接触多元文化环境	1	2	3	4	5
B12	我很乐意了解其他文化的传统和习俗	1	2	3	4	5
B13	我很乐意了解其他文化的历史和地理	1	2	3	4	5

（九）少数民族文化保护

序号	问卷题目	非常不符合	不符合	一般	符合	非常符合
C1	我觉得在多元文化环境下生活很有压力	1	2	3	4	5
C2	我通常只和本民族的人交朋友	1	2	3	4	5
C3	我认为本民族的文化优于其他文化	1	2	3	4	5
C4	不论我在哪，我都只坚持遵守本民族文化传统	1	2	3	4	5
C5	说其他语言让我感到焦虑	1	2	3	4	5
C6	为了更好适应新环境，我应该尽可能忘记自己的文化	1	2	3	4	5
C7	我只欣赏来自本民族文化的艺术、音乐和娱乐项目	1	2	3	4	5
C8	通过对其他文化的了解，能帮助我预测其他文化群体成员的行为	1	2	3	4	5
C9	不同文化背景的人的思想和行为经常使我感到困惑	1	2	3	4	5
C10	不论在任何场合，我都只穿本民族风格的服装	1	2	3	4	5
C11	我担心其他文化的人不理解我的行为方式	1	2	3	4	5
C12	我感到自己被来自其他文化的人孤立了	1	2	3	4	5

（十）不确定性规避

序号	问卷题目	非常 不符合	不符合	一般	符合	非常 符合
E1	与非常规的情况相比，我更喜欢常规的情况	1	2	3	4	5
E2	与宽泛的指导相比，我更喜欢具体的指导	1	2	3	4	5
E3	当我不能预料到下一步的发展结果时，我会感到焦虑	1	2	3	4	5
E4	当我不能预料到结果时，我不会去冒险	1	2	3	4	5
E5	我不喜欢模糊、不明确的情况	1	2	3	4	5
E6	我认为不应该随意改变规则	1	2	3	4	5
E7	面对不熟悉的情况或结果时，我往往会感到焦虑	1	2	3	4	5

再次感谢您的大力支持！

后记

　　本书是在国家社科基金教育学青年项目"新疆少数民族大学生创业能力现状调查及开发策略研究"最终成果的基础上修改完成的。虽然课题研究已于2017年4月提前完成，但结题过程历时一年多，全国教育科学规划领导小组办公室的严格要求和对标管理让我难以忘怀，也让我今后的课题研究工作受益匪浅。本书的完成离不开诸多领导、专家、同仁给予的指导和帮助，更离不开课题组成员的协作和努力工作。

　　感谢石河子大学文学艺术学院原书记王立昌教授、动物科技学院原书记杨卫华教授、农学院党政办韩旭红主任、医学院李玲副教授、政法学院曹缅副教授、学工部张明主任、经济与管理学院范公广教授、机械工程学院李景彬教授等领导和同仁，以及新疆财经大学马远副教授、新疆农业大学朱新鑫老师、塔里木大学胡宝华老师、昌吉学院刘惠玲老师、新疆农业职业技术学院任婕老师、库尔勒职业技术学院马小江老师等在课题调研中给予我们的大力支持和协调。

　　在本书初稿的写作过程中，汤伟娜、张志菲、姜海云、闫舒迪、王玉、刘孟、陈利芳等做了大量工作。这一过程不仅使课题组成员积累了丰富的研究经验和成果，也为笔者今后的研究生培养工作指明了方向。

本书的出版得到了石河子大学"中西部高校综合实力提升工程"高水平学术专著资助，在此深表谢意。同时，感谢东北财经大学出版社的领导和工作人员对本书的出版给予支持和帮助。

由于笔者学识有限，书中定有许多不足之处，恳请读者不吝赐教。

刘追

2019年3月